# कहानी के नये प्रतिमान

# कहानी के नये प्रतिमान

कुमार कृष्ण

वाणी प्रकाशन

**वाणी प्रकाशन**

*4695, 21-ए, दरियागंज, नयी दिल्ली 110 002*

फ़ोन : +91 11 23273167 फ़ैक्स : +91 11 23275710

**शाखाएँ**

*अशोक राजपथ, पटना 800 004, बिहार*

*कॉफ़ी हाउस कैम्पस, महात्मा गांधी मार्ग, इलाहाबाद 211 001, उत्तर प्रदेश*

*महात्मा गांधी अन्तरराष्ट्रीय हिन्दी विश्वविद्यालय, वर्धा 442 001, महाराष्ट्र*

www.vaniprakashan.in
marketing@vaniprakashan.in
sales@vaniprakashan.in

KAHANI KE NAYE PRATIMAN
*by* Kumar Krishna

ISBN : 978-81-8143-352-7
Criticism



संस्करण 2005, 2012
आवृत्ति 2018

मूल्य : ₹ 395



*एम.एस. प्रिंटर्स, दिल्ली-110 095 में मुद्रित*

*वाणी प्रकाशन का लोगो मक़बूल फ़िदा हुसेन की कूची से*

*स्वयं प्रकाश, उदय प्रकाश*
*तथा*
*विजयदान देथा*
*के लिए*

# यह किताब

'पश्यंती' के पुराने अंक में कथाकार प्रियंवद की कहानी 'हरी काई' पढ़ रहा था कि उसी अंक में प्रमोद त्रिवेदी के आलेख की पंक्तियों पर नज़र गई। वह इस बात को लेकर चिंतित थे कि हिंदी कहानी की समीक्षा का एक 'कामचलाऊ और प्राध्यापकीय ढाँचा' ही अभी हमारे पास है और हिंदी का अपना कोई 'कथाशास्त्र' विकसित नहीं हो सका है। उन्हीं के शब्दों में कहूँ तो 'हमारे देश में काव्यशास्त्र की तो बड़ी प्राचीन और समृद्ध परंपरा है। हिंदी का अपना काव्यशास्त्र भी विकसित हो गया है पर अभी तक 'कथाशास्त्र' जैसा कोई व्यवस्थित और सुविचारित 'शास्त्र' विकसित नहीं हो सका है।...आश्चर्य है कि कहानी जिसे संसार की प्राचीनतम विधा मांना गया है उसका अपना कोई 'कथाशास्त्र' विकसित नहीं हो सका।...अभी भी हमारे पास कहानी की समीक्षा का ढाँचा लगभग कामचलाऊ और प्राध्यापकीय ही है। हिंदी में 'नयी कहानी' के दौर में एक पहल जरूर हुई थी। कुछ निकष गढ़े भी गए पर बात कुल मिलाकर समय और वैचारिकता पर केंद्रित हो गई और कहानी का स्वरूप ढीला-ढाला ही रहा। जब सृजन विरोधी स्थितियाँ अपना एक भाष्य भी तैयार कर चुकी हैं तब कहानी को भी अपना कथाशास्त्र निर्मित करना ही होगा।'

किसी समय मैं भी प्रमोद त्रिवेदी की तरह ही सोचता था कि हिंदी कहानी का भी अपना कथाशास्त्र होना चाहिए किंतु धीरे-धीरे जानने लगा कि शास्त्र तो रीति है, एक फ्रेम, एक खूँटा है। जबकि कहानी की सार्थकता तो रीतिमुक्त होने में है। एक बेहतर कहानी बने-बनाए तमाम खूँटों को तोड़ती है। वह आलोचना को पराजित करती है। अतः समय के अनुसार जब कहानियाँ बदलती हैं तब उनके प्रतिमान भी बदल जाते हैं। शायद यही वजह है कि कथाकार एवं आलोचक विजयमोहन सिंह भी किसी भी प्रकार के कथा शास्त्र की माँग को खारिज करते हुए सदी के अंत में प्रकाशित 'इंडिया टुडे' के अंक में लिखते हैं, 'कहानी तो कविता की अपेक्षा तीव्रता से बदलने वाली विधा है। उसके 'तम्बू तले' सारी 'सल्तनतें' आ जाती हैं इसलिए उसके बदलाव को रेखांकित किया जा सकता है, आकलन भी, किंतु उसका कोई 'शास्त्र' निर्मित नहीं किया जा सकता। शायद शास्त्र की माँग ही बेतुकी है

क्योंकि शास्त्र तो 'रीति' है, जब कि रचना का कर्म और धर्म दोनों ही उस रीतिबद्धता को तोड़कर छिन्न-भिन्न करना है। अतः रचनाकार स्वयं रीति तथा शास्त्र की माँग करे, यह कुछ ऐसा ही है जैसे बैल स्वयं अपने कंधों पर जुए की माँग करे।'

पिछले लगभग तीस वर्षों से कहानियाँ पढ़ते-पढ़ते जो सोच और समझ पैदा हुई है उसी के आधार पर इस किताब में प्रेमचंद से लेकर विजयदान देथा तक हिंदी के कुछ महत्त्वपूर्ण कहानीकारों की कहानियों को पहचानने की कोशिश की गई है। आप देखेंगे कि जिस तरह से प्रेमचंद और जैनेंद्र की कहानियों को समझा जा सकता है ठीक उसी तरह तथाकथित नये कहानीकारों की कहानियों को नहीं समझा जा सकता। इसके अतिरिक्त जिस तरह से साठोत्तरी कहानीकारों की पहचान की जा सकती है उन्हीं औजारों के आधार पर हम स्वयं प्रकाश, उदय प्रकाश, पंकज विष्ट, संजीव, शिवमूर्ति, अखिलेश, महेश कटारे, देवेंद्र और विजयदान देथा की पहचान नहीं कर सकते। यही नहीं इन कहानीकारों की अलग-अलग कहानियाँ अलग-अलग औजारों की माँग करती हैं।

इस पुस्तक के अंत में 'उत्तराभिलेख' के अंतर्गत 'सदी के अंत में हिमाचल की हिंदी कहानी' आलेख प्रस्तुत किया गया है जो भाषा एवं संस्कृति विभाग की पत्रिका 'विपाशा' में छपा था। इसके छपने पर इस प्रदेश के कुछ स्वयंभू कहानीकारों द्वारा इसके विरोध में महीनों समाचार-पत्रों में पता नहीं क्या कुछ छपता रहा। इस आलेख में ऐसा क्या था इसे मैं आज तक नहीं समझ सका। इस पुस्तक के सभी आलेख अलग-अलग समय पर लिखे गए अथवा संगोष्ठियों में पढ़े गए हैं अतः इनमें कुछ सामग्री की आवृत्ति भी देखने को मिलेगी। इनकी सामग्री में परिवर्तन न करते हुए उनको ज्यों का त्यों प्रस्तुत किया गया है।

'सत्यप्रिया', कैथलीघाट, **कुमार कृष्ण**
सोलन-173215 (हिमाचल प्रदेश)

# कुछ इस तरह

# उपस्थापन

*'कहानीकार के पास संवेदना की गहराई, व्यापक दृष्टि संपन्नता तथा सामाजिक दायित्वबोध होना आवश्यक है। मेरे विचार से सजग सामाजिक अध्ययन और सतर्क अंतर्दृष्टि से ही कहानी अधिक प्रासंगिकता प्राप्त करती है। कहानी मेरी दृष्टि में एक परियोजना है। समय, समाज, समसामयिक स्थितियों, समस्याओं, संवेदनाओं तथा सामाजिक दायित्वबोध से उपजी परियोजना। ऐसी परियोजना पर काम करते समय कहानीकार आस्थाओं, अनुभवों, अनुभूतियों, अध्ययन तथा आब्जर्वेशन्स के रचनात्मक तनाव के आधार पर इतिहास तथा परंपरा की पुनर्रचना करता है। लेकिन ध्यान रहे यह पुनर्रचना सबसे पहले कहानी होनी चाहिए।'*

**—कुमार कृष्ण**

# कहानी के नये प्रतिमान

जब-जब रचनाकार आत्मचिंतन, आत्मविश्लेषण अथवा आत्मसाक्षात्कार करता है, मुझे लगता है तब-तब उसके भीतर आलोचना की कोंपलें फूटती हैं। 'ग्यारह वर्ष का समय' का कहानीकार ही 'चिंतामणि' की रचना कर सका तथा 'बाणभट्ट की आत्मकथा' के लेखक ने कबीर को हिंदी साहित्य में प्रतिष्ठा दिलाई। फिर चाहे 'तार सप्तक' से यात्रा प्रारंभ करने वाला आलोचक रामविलास शर्मा हो या 'नयी कविता' का कवि नामवर सिंह। सभी मूलतः रचनाकार रहे हैं। अतः यहाँ प्रस्तुत मेरी चिंताएँ भी एक रचनाकार की मीमांसा हैं।

हमारे आस-पास जो सच है उसे शब्दों में रूपांतरित करने का नाम कविता है लेकिन अपने आस-पास के झूठ को सच में बदलने की बेमिसाल तरकीब का नाम कहानी है। दूसरे शब्दों में इसे हम यों भी कह सकते हैं कि मिथ्या को तथ्य बनाकर उपस्थित करने का कलात्मक उपकरण कथा है। निश्चित रूप से इससे कहानी की विराट सामाजिक शक्ति का पता चलता है और इस दृष्टि से देखें तो कहानी साहित्य की दूसरे दर्जे की विधा हरगिज नहीं रह जाती।

मैं अपनी बात एक कहानी सुनाकर आगे बढ़ाना चाहूँगा। एक ऐसी कहानी जिसमें समकालीन कहानी के तमाम बीज मौजूद हैं। आप चाहें तो उसे आधुनिकता बोध की पहली कहानी कह सकते हैं जिसमें वे सभी बातें पूरी शिद्दत, ऊर्जा, जीवंतता, मौलिकता तथा इंटेंसिटी के साथ मौजूद हैं जो आज की कहानी में देखने को मिलती हैं। पता नहीं उस कहानी का रचयिता कौन रहा होगा, लेकिन इतना निश्चित है कि वह कहानी इसी देश की किसी दादी अथवा नानी ने रची है। इसी के आधार पर मैं एक और बात भी स्पष्ट शब्दों में कहना चाहूँगा कि जो विद्वान आधुनिक हिंदी कहानी को पाश्चात्य प्रभाव का परिणाम मानते हुए उसे एडगर एलन पो, मोपासां, ओ. हेनरी से जोड़ते हैं उनको निश्चित रूप से भारतीय दादी अथवा नानी की कहानी सुनने के बाद अपनी धारणा बदलनी पड़ेगी। कहानी इस प्रकार से है कि एक बार एक चिड़िया कहीं से चने का दाना लेकर आई और उसे खाने के लिए एक खूँटे पर बैठ गई। जिस खूँटे पर चिड़िया बैठी थी उस खूँटे में एक दरार थी। चिड़िया

से थोड़ी असावधानी हो गई और उसकी चोंच से दाना छूटकर खूँटे की दरार में फँस गया। चिड़िया ने खूँटे से निवेदन करते हुए कहा कि खूँटा महाराज उसका दाना उसे वापस कर दो। खूँटे ने साफ शब्दों में चिड़िया से कहा, 'नहीं मैं तुम्हारा दाना तुम्हें वापस नहीं करूँगा।' चिड़िया उड़कर बढ़ई के पास गई और कहने लगी, 'मेरा दाना एक खूँटे की दरार में फँस गया है, आप मेरी मदद करो और खूँटे को निकाल कर मेरा दाना मुझे दिला दो।' बढ़ई ने चिड़िया को अपना सहयोग देने से इनकार कर दिया। चिड़िया साँप के पास गई और कहने लगी कि वह उसकी मदद करे और बढ़ई को अपने काटने का भय दिखाए। साँप ने चिड़िया की मदद करने से साफ इनकार कर दिया। चिड़िया ने हार नहीं मानी। वह उड़ते-उड़ते एक लाठी के पास गई और उससे कहने लगी कि वह उसके साथ चले और साँप को मार दे। लाठी ने भी ऐसा करने से मना कर दिया। चिड़िया फिर भी निराश नहीं हुई। उसने आग, समुद्र और सूरज से निवेदन किया। अंततः सूरज सागर सोखने के लिए तैयार हो गया। सागर आग बुझाने को, आग लाठी जलाने को, लाठी साँप मारने को, साँप बढ़ई को काटने को और बढ़ई के भय से खूँटे ने चिड़िया का दाना अपने आप निकालकर उसे दे दिया। ऊपर से देखने पर यह कथा जितनी सरल लगती है वास्तव में उतनी है नहीं। यह कथा अपने रचना-कौशल में बेशुमार मीनिंग्स छुपाए हुए है। यहाँ विभिन्न अर्थच्छायाएँ मौजूद हैं। जीवन-संघर्ष और जिजीविषा का द्वन्द्व जितनी सरलता, सजगता और प्रभावपूर्ण ढंग से यहाँ उभरकर सामने आया है वह इधर की बहुत-सी कहानियों में नहीं दिखाई देता। यह कथा अपने अर्थ-संप्रेषण में पूरी तरह आधुनिक है। यहाँ न तो उपदेशात्मकता है न कृत्रिमता। चिड़िया की भूख, चिड़िया का श्रम, चिड़िया की लड़ाई, चिड़िया का हार न मानना, इस दुनिया में गैरबराबरी तथा अस्तित्व पर खतरा आदि ऐसी अनेक बातें हैं जो श्रोता को बेचैन करती हैं, उद्वेलित करती हैं, उसकी चेतना को झकझोरती हैं तथा उसके सामने जीवन और समाज की व्याख्या करने के लिए बेशुमार सवाल खड़े करती हैं।

आरंभ में लोग एक-दूसरे के सामने बैठकर कहानियाँ सुनते थे। आगे चलकर कहानियाँ पढ़ी जाने लगीं। आज लोग न तो कहानियाँ सुनना पसंद करते हैं, न देखना, अपितु वे कहानियाँ देखना पसंद करते हैं। बहरहाल इतना निश्चित है कि भारत में कहानी की परंपरा पाश्चात्य प्रभाव से हरगिज विकसित नहीं हुई क्योंकि लोक और शास्त्र दोनों में कहानी की एक समृद्ध परंपरा रही है। भारतीय काव्यशास्त्र में काव्य के दो भेद किए गए हैं—गद्य और पद्य। गद्य में पद्य की भाँति पद-संतान तो होता है परंतु वह पाद-बद्ध नहीं होता। इस गद्य बद्ध काव्य के दो भेद हैं—कथा और आख्यायिका। भामह ने दोनों के जिन सामान्य भेदक तत्त्वों का उल्लेख किया है। दंडी ने उनका खंडन किया है और दोनों को एक ही जाति का माना है, परंतु वाग्भट्ट, विद्याधर, विश्वनाथ महापात्र आदि विद्वानों ने दंडी की बात नहीं मानी और

इन दोनों भेदों को स्वीकृति दी। दोनों में महत्त्वपूर्ण भेद यह था कि 'आख्यायिका' की कथावस्तु ऐतिहासिक होती थी जब कि 'कथा' की काल्पनिक। बाण का 'हर्षचरित' आख्यायिका है और कादंबरी 'कथा', सुबंधु की 'वासवदत्ता' और दंडी का 'दशकुमार चरित' कथा हैं पर अम्बिकादत्त व्यास का 'शिवराज विजय' आख्यायिका। पर ये सभी गद्यबद्ध काव्य हैं।....संक्षेप में कहें तो भारतवर्ष में कथा-साहित्य का विशाल भंडार रहा है। ब्राह्मण, बौद्ध और जैन धार्मिक वाङ्मय में उपदेशपरक कथाओं की परंपरा तो है ही, स्वतंत्र रूप से भी नीतिकथा और लोक कथा की परंपरा चली आ रही है। नीति कथा के पात्र मानव, मानवेतर पशु-पक्षी रहे हैं। नीतिकथाएँ तो भारत की सीमा लाँघकर बाहर तक फैल चुकी हैं। 'पंचतंत्र' ऐसी ही नीति कथाओं का आगार है। इसी परंपरा में 'हितोपदेश' भी आता है। इन कथाओं में दोनों पक्षों पर बल है—कुतूहलतर्यक घटना-शृंखला की भी और वर्णनों द्वारा मार्मिकता लाने की भी।[1] संभवतः इसी साहित्य से प्रेरणा पाकर हिंदी कथा साहित्य में 'चंद्रकांता' और 'चंद्रकांता संतति' की रचना हुई हो। देवकीनंदन खत्री तथा गोपालराम गहमरी जैसे कथाकारों ने एक विशेष प्रकार की इनक्विस्टिवनैस के साथ अपनी कथाओं का जो तंतु विन्यास निर्मित किया शायद उसी के लिए हम आज भी उनको याद करते हैं। धनपतराय प्रेमचंद हरगिज न बन पाते यदि उन्होंने इन कहानीकारों से पाठकों को बाँधने के जादू के नुस्खे—रोचकता, जिज्ञासा उत्पन्न करने का कानफिडेंस का मंत्र न सीखा होता।

व्यक्ति की बात हो और व्यक्तित्व की न हो। कहानी की बात हो और कहानीपन की न हो—यह भला कैसे संभव है? कहानीपन के अंतर्गत ही आता है शिल्प का सवाल। यह सवाल तब भी था, जब हिंदी कहानी ने 'कानों में कंगना' (राधिकारमण प्रसाद सिंह) और पाँवों में 'पाजेब' (जैनेंद्र कुमार) पहनना नहीं सीखा था, तब भी जब 'उसने कहा था' (चंद्रधर शर्मा गुलेरी), 'अनमोल रतन' (प्रेमचंद) और 'मुहब्बत का रंग' (शिवपूजन सहाय) के सलमे सितारे उसकी चूनर में नहीं टँक पाए थे। यह सवाल 'टोकरी भर मिट्टी' (माधवराव सप्रे) और 'दुलारी बाई' (बंग बाला) की हिंदी कहानी के साथ ही जन्मा और उसके साथ ही विकसित हुआ। सन् 30 में ही उसे 'बर्बर भेड़िए' (भुवनेश्वर) के आतंक और सन् 35 में ही शोषण के मायावादी छद्म (ठगिनी क्यों नैना झमकावे 'कफ़न' : प्रेमचंद) को चित्रित करने का भाषा-संस्कार आ गया था, तब भी वह इस सवाल से जूझ रही थी और छठे दशक में 'फूलो का कुर्ता' (यशपाल) उलटकर सामंती ढोंग की परंपराओं को नंगा कर दिया था, तब भी। आज भी जब वह शोषण के जटिल व्यूह के बीच अपनी भूमिका पहचानकर फैसला ले रही है, तब भी। कहानी जब तक जीवंत और विकासमान कला है, शिल्प की प्रासंगिकता बनी ही रहेगी, नये-नये कल्ले फूटते रहेंगे, नयी-नयी आलोक-अल्पना के केलेडेस्कोप खिलते रहेंगे; इसके विपरीत जिस दिन कहानी का निबंधवत निबंधन

हुआ, उसकी सरस्वती मरुभूमि में बिला जाएगी।[2]

कथाकार संजीव की यह चिंता सही है कि जब-जब कहानी जैसी विधा का निबंधवत निबंधन होगा, वह मरुभूमि में बिला जाएगी। शायद यही वजह है कि 'पूस की रात' और 'कफ़न' जैसी कहानियों से आगे हमें अमरकांत, भीष्म साहनी, मोहन राकेश और उषा प्रियंवदा की कहानियाँ तो याद आती हैं किंतु राजेंद्र यादव, कमलेश्वर, निर्मल वर्मा, अज्ञेय, कृष्ण बलदेव वैद आदि कहानीकारों की कोई कहानी याद नहीं आती। आगे चलकर रेणु और शैलेश मटियानी के साथ हमें काशीनाथ सिंह और ज्ञानरंजन तो याद आते हैं लेकिन जगदंबा प्रसाद दीक्षित, गिरिराज किशोर, रघुवीर सहाय, मुक्तिबोध, रमेश उपाध्याय, गोविंद मिश्र, मधुकर सिंह, असगर वजाहत, सुभाष पंत, स्वदेश दीपक, दूधनाथ सिंह, पानू खोलिया, मणि मधुकर, रवींद्र कालिया, ममता कालिया, चित्रा मुद्‌गल, सूर्यबाला, दीप्ति खंडेलवाल, सुधा अरोड़ा, अचला शर्मा, बलराम, धीरेंद्र अस्थाना आदि कहानीकारों की कोई कहानी याद नहीं आती। सदी के अंत तक पहुँचते-पहुँचते उदय प्रकाश, स्वयं प्रकाश, पंकज विष्ट, संजीव, शिवमूर्ति, अखिलेश, महेश कटारे, देवेंद्र और विजयदान देथा की कहानियाँ हमारे जीवन क्रम में ऐसा हस्तक्षेप करती हैं कि हम यह कहने के लिए बाध्य होते हैं कि अपने आस-पास के झूठ को सच में बदलने की बेमिसाल तरकीब का नाम कहानी है। कहानी मिथ्या को तथ्य बनाकर उपस्थित करने का कलात्मक उपकरण है। कहानी समय, समाज, इतिहास तथा जीवन की पुनर्रचना है। प्रकाशित रूप में जब एक कहानी पाठक तक पहुँचती है तब एक मनुष्य दूसरे मनुष्य में विस्तार पाता है। जिसे हम कहानी कहते हैं वह वास्तव में रचनाकार की तीसरी दुनिया है जो मन की दुनिया और बाहरी दुनिया के संघर्ष से बनती है। अनुभवों के डिक्टेशन तथा तथ्य बहुलता की वजह से कहानी का रचनात्मक तनाव समाप्त हो जाता है। कहानी की सफलता इसी में है कि कहानीकार मिथ्या को तथ्य बनाकर प्रस्तुत करे न कि तथ्यों और सूचनाओं के अनावश्यक विवरणों से कहानी के मर्म को ही दबा दे। कहानी में झूठ और सच का संश्लिष्ट गुंफन कहानी की संवेदना के साथ होना आवश्यक है।

कहानी एक भाषिक संरचना है। समकालीन कहानियों में भाषा यथार्थ का अनुकरण नहीं करती अपितु भाषा यथार्थ का सृजन करती है। अकसर कहा जाता है कि कहानी में भाषा गढ़ी नहीं जाती। जब-जब भाषा को गढ़ने की कोशिश की जाएगी उसका हश्र पारिभाषिक शब्दावलियों जैसा होगा। वह तो गली-कूचों, सड़कों-पगडंडियों, स्कूलों-दफ्तरों, चरवाहों-हलवाहों, मल्लाहों, बुनकरों, किसानों, मजदूरों, विद्यार्थियों, शिक्षकों, बाबुओं, छोटे-बड़े दुकानदारों, मंत्रियों, सिपाहियों, हरकारों, वकीलों, आदि के यहाँ से निकलती है। ऐसा किसी समय मैंने ही कहा था। आज मुझे लगता है मेरा यह सोचना सही नहीं था। सवाल उठता है कि क्या इन जगहों से निकली भाषा को कहानी में ज्यों का त्यों रख देना चाहिए? शायद हरगिज नहीं। इन जगहों

से निकली भाषा रॉ फार्म में होगी। उसे कहानी की भाषा नहीं कहा जा सकता। कहानीकार रचनात्मक ऊर्जा के ट्रीटमेंट से उसे ट्रांसपेरेंट लैंग्वेज में बदलकर जब अपनी कहानी में प्रयोग करेगा ऐन उसी वक्त एक झूठी घटना सच्ची जैसी लगने वाली कहानी में बदलने लगेगी।

वास्तव में कहानीकार के अनुभव में शब्दों को ग्रहण करने की और शब्दों में अनुभव को ग्रास्प करने की एक जबरदस्त भूख होनी चाहिए। यदि किसी कहानीकार के पास अनुभव है, दृष्टि है तथा रचनात्मक भाषा है तो भी वह एक बेहतरीन कहानीकार नहीं बन सकता, जब तक उसके पास इन तीनों को डिजॉल्व करने का, एक खूबसूरत कैनवस पर समेटने का सामर्थ्य न हो। इधर लिख रहे कहानीकारों में मुझे यह सामर्थ्य स्वयं प्रकाश, उदय प्रकाश, संजीव, शिवमूर्ति, पंकज बिष्ट, अखिलेश, महेश कटारे, देवेंद्र और विजयदान देथा में ही दिखाई देता है। वैसे इन कहानीकारों की कथा भूमि ठीक वह नहीं है जो इसके पूर्व ज्ञान, काशी, महेंद्र, रवींद्र आदि की थी। समकालीन कहानीकारों ने मनुष्य के बदलते हुए जीवन को एक नये कैनवस पर ऐतिहासिकता के बोध को गहराई से पहचानते हुए चित्रित करने का प्रयास किया है। फिर चाहे वह 'वारेन हेस्टिंग्स का साँड' (उदय प्रकाश) हो या 'शहर कोतवाल की कविता' (देवेंद्र) हो, चाहे 'ऊसर' (अखिलेश) हो या 'अपराध' (संजीव) या फिर हमसे ऐसा सवाल पूछने वाली कहानी हो कि 'क्या तुमने कभी कोई सरदार भिखारी देखा है?' (स्वयं प्रकाश) अथवा कहानी में एक नयी उम्मीद जगाने वाली कहानी 'आशा अमरधन' (विजयदान देथा) हो। मेरा यह मानना है कि ये कहानियाँ कथा-मानदंडों को निरस्त करती हुई आलोचना को पराजित करती हैं। यहाँ मुझे यह कहने में भी कोई संकोच नहीं कि उदय प्रकाश तथा विजयदान देथा की कहानियाँ आज के तमाम कहानीकारों के लिए चुनौती हैं। यदि आज कोई रचानकार खुद को कहानी विधा में शामिल करना चाहता है तो उसे उदय प्रकाश तथा विजयदान देथा के कहानीकार को क्रॉस करना होगा।

कहानीकार के पास संवेदना की गहराई, व्यापक दृष्टि संपन्नता तथा सामाजिक दायित्वबोध होना आवश्यक है। मेरे विचार से सजग सामाजिक अध्ययन और सतर्क अंतर्दृष्टि से ही कहानी अधिक प्रासंगिकता प्राप्त करती है। कहानी मेरी दृष्टि में एक परियोजना है। समय, समाज, समसामयिक स्थितियों, समस्याओं, संवेदनाओं तथा सामाजिक दायित्वबोध से उपजी परियोजना। ऐसी परियोजना पर काम करते समय कहानीकार आस्थाओं, अनुभवों, अनुभूतियों अध्ययन तथा आब्जर्वेशंस के रचनात्मक तनाव के आधार पर इतिहास तथा परंपरा की पुनर्रचना करता है। लेकिन ध्यान रहे यह पुनर्रचना सबसे पहले कहानी होनी चाहिए। समकालीन कहानीकार कहानी में आदि से अंत तक कथ्य पर लगातार दबाव बनाता जाता है। परिणामस्वरूप कथा गायब हो जाती है। मेरी दृष्टि में यह उसकी सबसे बड़ी सीमा है। जिस कहानी

में सरप्राइज, सरगर्मी, सन्नाई, औत्सुक्य, अपनापन और कहानीपन नहीं वह भला पाठक क्यों पढ़ेगा। एक बेहतर कहानी मनुष्य के भीतर की रिक्तता को भरती है।

यहाँ एक दूसरी बात का भी उल्लेख करना चाहूँगा कि जिस कहानीकार के पास दास्तानों, किस्सों की भाषा नहीं होगी वह गल्प का शिल्प निर्मित नहीं कर सकेगा और फिर कहानी जैसी विधा में विचारों को कथा के नैरंतर्य तथा रचनात्मक तनाव को बचाते हुए डिजॉल्व करना हर किसी के बस की बात नहीं। महान कथाकार टॉलस्टॉय ने एक अत्यंत महत्त्वपूर्ण बात कही है कि रचनाकार के द्वारा भाषा का लापरवाही से इस्तेमाल करने का मतलब है विचार में लापरवाही करना। यशपाल से लेकर इधर के दर्जनों कहानीकारों ने यही किया है।

यह निर्विवाद सत्य है कि बिना विजन अथवा दृष्टि के कहानी नहीं लिखी जा सकती किंतु दृष्टि के स्तर पर एक बेहतरीन कहानी की परख कैसे की जा सकती है इसके संबंध में मुक्तिबोध ने स्पष्ट शब्दों में कहा है कि कहानीकार को सामाजिक यथार्थ के मात्र उसी पक्ष या अंश को उठाना चाहिए जो उसे सृजन की बेचैनी पैदा करने की हद तक संवेदित करते हैं। 'समूचे सूरज' अर्थात् यथार्थ को आत्मा में उतारने के बजाय यदि उसकी कोई छिटकी हुई किरण अपनी-सी लगती है तो समझ लीजिए इसी किरण में रचना के बीज मौजूद हैं।

जिस अनुभूति, अनुभव और अवसाद ने कहानीकार को आब्सेस तथा आक्रांत किया हो मात्र उसी को उसे कहानी में रूपांतरित करना चाहिए। कहानीकार की अनुभूति की ऑथेंटिसिटी तथा उस अनुभूति में उसकी इन्वाल्वमेंट की वजह से ही कोई कहानीकार याद किया जाएगा। ऐसे कहानीकारों की कहानियाँ ही पाठक के दिल और दिमाग में एक साथ पैठ बनाती हैं।

कहानी का अच्छी या बुरी होना, सफल या असफल होना, संवेदना के स्तर पर नितांत आधुनिक होना आज कोई मायने नहीं रखता। किसी समय घटनाहीन जीवन के फोटोग्राफिक चित्रों का अंकन या संवेदना के सूक्ष्म से सूक्ष्म स्तरों का चित्रण या निजी अनुभूतियों का बारीक विश्लेषण एक बढ़िया काम था लेकिन आज की बदलती हुई स्थितियों में हम देखना चाहते हैं कि कोई कहानी हमारे जीवन-क्रम में कोई हस्तक्षेप भी करती है या नहीं।

आज का समय संचार, प्रचार, आविष्कार तथा व्यापार का समय है। मनुष्यता पर होने वाले प्रहार का समय, जहाँ दुनिया के बड़े देशों का अहंकार दिन-ब-दिन खूँखार होता जा रहा है। इस समय में दुराचार, व्यभिचार, अत्याचार, भ्रष्टाचार, शिष्टाचार, तिरस्कार और रिश्तेदार जैसे शब्द अपना परंपरागत अर्थ खो चुके हैं। यह समय प्यार का समय नहीं बाजार का समय है। यह समय गाँधीवाद-मार्क्सवाद का नहीं आतंकवाद, नवसाम्राज्यवाद, उपयोगितावाद तथा उपभोक्तावाद का है। यह समय राजेंद्र यादव का नहीं पप्पू यादव का है। यह समय 'इंदुमति' का नहीं ज्येंद्र

सरस्वती का है। यह समय बुधिया के 'कफ़न' का नहीं कारगिल के कोफिन का है। आज हमारे ऊपर जो तारापथ है उसमें टिमटिमाते तारे, वो तारे नहीं जो हमारी दादी-नानी या 'चंदामामा' की कहानियों में चमकते थे। उस तारापथ में सूचनाएँ ही सूचनाएँ हैं—बेशुमार सूचनाएँ और उनके बीच है एक विध्वंसक तड़िता जो किसी क्षण भी इस खूबसूरत वसुंधरा को भस्म कर सकती है। यह ऐसा समय है जब बच्चों की शरारतें मर चुकी हैं। उनके सपने 'गुलीवर' ने नहीं 'ही मैन' ने छीन लिए हैं। बहुत बार सोचता हूँ हमारे शिशुओं के शैशव की शरारतों का मरना क्या भविष्य के मनुष्य का मरना नहीं है! एक समय था जब बाजार मनुष्य की आवश्यकताओं के अनुसार बनते थे, विकसित होते थे लेकिन आज बाजार की आवश्यकता के अनुसार मनुष्य को ढाला जा रहा है। फिर इस बाजारवाद की फाँउड्री में क्या वास्तव में मनुष्य बच पाएगा? ऐसे समय में एक कहानीकार के सामने किस प्रकार की चुनौतियाँ हैं, वह स्वयं अनुमान लगा सकता है।

इस समय को प्रत्येक जागरूक कहानीकार इसे जानते, पहचानते, समझते हुए अपनी कहानियों में चित्रित कर रहे हैं। कथाकार अखिलेश ने इस समय की सही तस्वीर जिन शब्दों के द्वारा प्रस्तुत की है उनको नजरअंदाज नहीं किया जा सकता। अखिलेश कहते हैं, 'एक लेखक के लिए यह समय असह्य है और यह भी हकीकत है कि इस समय के लिए लेखक भी असह्य है। इस समय के अनुयायी चकित होते हैं कि ये कैसे लोग हैं जो अलग डफली बजाते हैं। संवेदना, सरोकार, विचार, ज्ञान, रचनात्मक रूपांतरण क्या-क्या बकते हैं ये लोग। दूसरी तरफ एक लेखक के लिए यह समय कैसे सह्य हो सकता है, जिसमें समाज की आत्यंतिक सुंदरता तबाह हो रही है। ऐसे हथियारों के बारे में विदित है कि उनका हमला मनुष्यों को खत्म कर देगा लेकिन संपत्तियाँ बची रहेंगी। क्या इस बाजार ने कई लाख ऐसे हथियारों को कत्लेकाम के काम में नहीं लगा रखा है? मनुष्य खत्म हो रहे हैं और वस्तुएँ खिली हुई हैं। कई लाख हथियार मनुष्यता को बड़ी कलात्मकता से खत्म कर रहे हैं। ये मनुष्यों को वस्तुओं में तबदील कर दे रहे हैं। मनुष्य की आत्मा को, उसकी इच्छाओं को, खुशिओं और आँसुओं को, उसके साहस और शौर्य को सभी को वस्तु में बदल दे रहे हैं। इसी कार्रवाई में आत्यंतिक सुंदरताएँ नष्ट हो रही हैं। उनके विनाश की झड़ी लग गई है। आत्यंतिक सुंदरताएँ चेतना और हृदय में बसती हैं और आँखों, होठों और माथे पर दिखाई देकर विचारों और भावनाओं में प्रगट होती हैं, लेकिन बाजार बताता है कि सुंदरता क्रीम, साबुन, पाउडर, बाडी लोशन, तेल, बालसफा में बसती हैं। यह उसी तरह है जैसे बाजार उपदेश देता है कि दुःख स्त्री, दलित और गरीबी में नहीं है। मृत्यु और वियोग में नहीं है, वह आपके पास रेफ्रिजेरेटर या लग्जरी कार या चाकलेट न होने में है। बाजार की वशीकरण विद्या कमाल दिखाती है और लोग समझने लगते हैं कि ज्ञान चेतना में नहीं इंटरनेट में ही बसता है। कर्म मनुष्य

नहीं कंप्यूटर ही करता है। लेखक के रूप में इसी झूठ और सौंदर्य हत्या के विरुद्ध संघर्ष मेरा मंतव्य है।[3] अखिलेश की यह चिंता कि मनुष्य खत्म हो रहे हैं और वस्तुएँ खिली हुई हैं, किसी भी लेखक को बहुत कुछ सोचने, समझने और लिखने के लिए बाध्य कर सकती है। इस खूँख्वार समय में किसी कहानीकार की कहानी यदि पाठक में आत्मविश्वास, सजगता, साहस तथा संघर्ष पैदा करने की एक हल्की-सी स्पार्क उत्पन्न करती है तो यह उसकी एक उपलब्धि कही जाएगी।

## संदर्भ संकेत

1. मधुमती, अप्रैल 1997, पृ. 23-24।
2. निष्कर्ष 15-16, पृ. 179।
3. कथादेश, फरवरी 2000, पृ. 12।

*'वास्तव में 'नयी कहानी' अपने में विकसित होती आई है। पहले उन्मेष में इसका कोई नाम नहीं था, पर बदलते हुए यथार्थ ने जब मूल्यों की संक्रांति खड़ी कर दी तो नयी कहानी ने उसे वहन किया और प्रेमचंद-प्रसाद की कहानी-परंपरा को नये अर्थ तथा नये जीवन-संदर्भों की ओर अभिमुख किया।'*

# स्वातंत्र्योत्तर हिंदी कहानी

स्वातंत्र्योत्तर हिंदी-साहित्य में 'नयी कविता' के बाद कहानी ही एक ऐसी विधा है जिसने युगीन चेतना को उसकी समग्र जटिलताओं के साथ चित्रित करने की चेष्टा की है। सन् पचास के बाद की कहानी को जीवन की जटिलता एवं संकुलता का सामना करना पड़ा है जिसे अभिव्यक्ति देने के लिए भाव-बोध के नये स्तरों, सौंदर्य-बोध के नये तत्त्वों तथा यथार्थ के नये धरातलों की उद्भावना करनी पड़ी है। इन 'नये संदर्भों' की खोज ने ही पचास के आस-पास सामने आने वाली कहानी को 'नयी कहानी' की संज्ञा देने पर विवश किया है। इस 'नयी कहानी' से संबद्ध वाद-विवाद सबसे पहले पत्र-पत्रिकाओं के माध्यम से सामने आया, जिनमें 'कहानी', 'नयी कहानियाँ', 'लहर', 'विनोद', 'कल्पना' के नाम विशेष रूप से लिए जा सकते हैं। इनके अतिरिक्त कथाकारों ने स्वयं अपने संग्रह की भूमिकाओं में निजी दृष्टिकोण को स्पष्ट करने के प्रयास में 'नयी कहानी' के वस्तु-पक्ष तथा शिल्प-पक्ष पर आलोक डाला है।

'नयी कहानी' के रचना-विधान और अभिधान को लेकर काफी मतभेद रहा है। जैनेंद्र 'नयी कहानी' के 'नयेपन' से आज तक असहमत हैं। उपेंद्रनाथ अश्क इन प्रचलित रूपों को 'मात्र फैशन' की संज्ञा देते हैं। डॉ. वार्ष्णेय 'नयी' विशेषण से परहेज करते हैं। इनके अतिरिक्त और भी ऐसे विद्वान हैं जो 'नयेपन' को अंगीकार करते हुए भी इस आंदोलन को अस्वीकारने के लिए कृतसंकल्प दिखाई देते हैं। दूसरी ओर सृजनशील 'नये कथाकार' अपनी कथा-कृतियों, भूमिकाओं, चर्चाओं और समीक्षाओं द्वारा इस विधा की पुष्टि करते रहे हैं। जैसे कमलेश्वर (नयी कहानी की भूमिका), राजेंद्र यादव (एक दुनिया समानांतर), मोहन राकेश (परिवेश), गंगाप्रसाद विमल (नयी कहानी की रचनाप्रक्रिया) आदि। जो विद्वान इस संज्ञा से असहमत हैं वे इसे 'आधुनिक कहानी', 'आज की कहानी' आदि नाम देते हैं। डॉ. वार्ष्णेय कथ्य और कथन दोनों दृष्टियों से इसे पूर्ववर्ती कहानी से भिन्न मानते हैं; यथा कहानियाँ जहाँ समाप्त होती हैं वहीं से आज की कहानी प्रारंभ होती है। फिर भी उनका आग्रह है कि उसे 'नयी' की संज्ञा देना उचित नहीं।

इससे पूर्व कि हम 'नयी कहानी' के 'नयेपन' को स्पष्ट करें, 'नयी कहानी' के प्रवर्तन पर भी कुछ विचार कर लेना चाहिए। यद्यपि किसी भी साहित्यिक-विधा का आविष्कार किसी निश्चित तिथि तथा व्यक्ति द्वारा नहीं होता बल्कि उसमें कई समान-धर्मी रचनाकारों की सृजन-परंपरा का भी योग रहता है, फिर भी ऐतिहासिक संदर्भ में उनके प्रथम प्रयोक्ता को प्रवर्तन का श्रेय दिया ही जाता है। प्रथम 'नयी कहानी' और कथाकार का प्रश्न विवादास्पद है। डॉ. नामवर सिंह निर्मल वर्मा को पहला नया कथाकार और उनकी 'परिंदे' कहानी को पहली 'नयी कहानी' मानते हैं, दूसरी ओर डॉ. सुरेश सिन्हा राजेन्द्र यादव को पहला नया कथाकार मानने के पक्ष में हैं। डॉ. बच्चन सिंह ने इसका प्रथम प्रयोग 1950 में प्रकाशित डॉ. शिवप्रसाद सिंह की कहानी 'दादी माँ' में निर्दिष्ट किया है। निस्संग भाव से देखा जाए तो कमलेश्वर, मोहन राकेश, निर्मल वर्मा तीनों इस श्रेय के अधिकारी हैं। इनके अतिरिक्त और अनेक कथाकार हैं जो 'नयी कहानी' के रूप-गठन में अपना भरसक योग देते रहे हैं।

दरअसल पचास के आस-पास हिंदी-कहानी-क्षेत्र में जिस 'नयेपन' ने जन्म लिया वह कोई चमत्कृत करे देने वाला तत्त्व न होकर सहज और स्वाभाविक प्रक्रिया है जो अपनी साहित्यिक पृष्ठभूमि का परिणाम है। काल गतिमान है, अतः परिवर्तन अनिवार्य है। परिवर्तन जीवन का पर्याय है। गतिरोध की स्थिति मृत्यु है। मानव जीवन की नीरसता को सरसता में बदलने के लिए नये क्षेत्रों की टोह में रहता है, अतः नूतन की खोज प्राकृतिक, स्वाभाविक और नैसर्गिक है। नया शब्द परिवर्तित रूप को ही इंगित करता है।

नव, अभिनव, नूत, नूतन, ये सारे शब्द नये के ही पर्याय हैं। इनका कोषगत अर्थ है—जो जीर्ण नहीं है, जो ताजा है, अपूर्व है, अद्‌भुत है, मौलिक है और आधुनिक है। अंग्रेजी में नये का पर्याय 'न्यू' से है जिसका कोषगत अर्थ है—recent (हाल का), fresh (ताजा), modern (आधुनिक), original (मौलिक) इस प्रकार हिंदी और अंग्रेजी दोनों के अर्थों को मिलाकर देखें तो हमारे सामने तीन तत्त्व आते हैं—ताजा, मौलिक और आधुनिक।

ताजा से अभिप्राय है जो बासी नहीं—जिसमें जीवंतता है, स्फूर्ति है, शक्ति है, गति है, जो मृत और स्थिर नहीं है। मौलिक वास्तव में वह है जो अपने में एक दृष्टिकोण को बदलने की सामर्थ्य रखता है और यह शक्ति उसमें तभी आएगी जब उसमें मौलिकता का तत्त्व होगा। मौलिक अर्थात् जो अनुकरण नहीं, आंतरिक भावावेग का सहज परिणाम है। मौलिकता होगी तो वह नवीन अवश्य होगा। वास्तव में कोई भी वृत्ति जो आंतरिक आग्रह का परिणाम है, किसी भी काल, किसी भी स्थान की हो, नयी होगी। डॉ. देवराज के अनुसार नवीनता मौलिकता का ही एक तत्त्व है। आज आधुनिक और नये को एक ही अर्थ में लिया जा रहा है। परंतु नयी की सीमाएँ

विस्तृत हैं—आधुनिक की संकीर्ण। आधुनिक का संबंध केवल वर्तमान से है, आज से है, जबकि नया किसी भी युग, और स्थान का हो सकता है। आधुनिक सामयिकता को प्रकट करता है, नये से अभिप्राय परिवर्तन से है और जो परिवर्तन दृष्टिकोण को अभिव्यक्ति देता है वह आधुनिक है। नये में आधुनिकता शामिल है। जिस प्रकार नया गतिशील है उसी प्रकार आधुनिकता भी स्थिर नहीं। आधुनिकता और नये में समानता यह है कि वह बदलते समय के साथ बदलते मूल्यों को आत्मसात करते परिवर्तित दृष्टिकोण का वहन करते हैं। इस प्रकार हम कह सकते हैं कि 'नया' शब्द ताजा, मौलिकता और आधुनिकता को लिए हुए है। नया अर्थात् जिसमें ताजगी है, मौलिकता है अर्थात् आधुनिक दृष्टि है।

जब हम नये शब्द का प्रयोग करते हैं तो इसका अर्थ है—परिवर्तित दृष्टिकोण। यह परिवर्तन जीवन में हो या वयक्रम में, प्रकृति में हो या साहित्य में, भाव-बोध में हो या शिल्प में, सभी स्थलों पर घटित होता है। 'नया' काल सापेक्ष शब्द है। जिसे हम आज नया कहते हैं वही कल पुराना पड़ जाएगा और कल का पुराना कभी नया था, इसमें संदेह नहीं। अतः प्रत्येक क्षण का नयापन भिन्न है। युग की गति में जब प्रश्न, समस्याएँ, चिंतन बदल जाते हैं। तब युग के साथ-साथ उन प्रश्नों का उत्तर देने, समस्याओं को सुलझाने, चिंतन को दिशा देनेवाली चेतना तथा मूल्य भी बदल जाते हैं। जब यह परिवर्तन हमारे सामने आता है तो हम कह उठते हैं—'युग बदल गया'। डॉ. रांगेय राघव के अनुसार परिवर्तन का ही दूसरा नाम नया है।

यह 'नयी' शब्द कथाकारों द्वारा दिया हुआ नहीं है; जैसा कि पहले कहा जा चुका है, कहानी को 'नयी' से विभूषित करने वाले हैं—डॉ. नामवर सिंह। जब उन्होंने 'कहानी' पत्रिका में यह प्रश्न किया था कि क्या 'नयी कविता' के समान 'नयी कहानी' भी हो सकती है? प्रश्नात्मक रूप में प्रस्तुत किया गया विशेषण तत्कालीन कहानी के साथ लगा दिया गया और तभी से कहानी 'नयी कहानी' बन गई। तत्कालीन कथाकारों ने कहा कि 'नयी कहानी' का रूप, उसका अस्तित्व पुरानी कहानी से भिन्न है। वह परंपरागत कहानी का नवीन रूपांतर नहीं, प्रत्युत कथात्मक गद्य का एक नया क्षेत्र है। मोहन राकेश के शब्दों में, 'आलोचना पुस्तकों में गिनायी जाने वाली पाँच विधाओं में कहानी नाम की जो विधा थी उसकी पहचान के आधार पर आज की कहानी को समझना असंभव है। नयी कहानी पुरानी कहानी का नया रूप नहीं है, कथात्मक गद्य का एक नया क्षेत्र है, जिसमें युग की सभी वस्तुपरक और कथात्मक अनुभूतियों को लेकर रचना के प्रयोग किए जा सकते हैं, और किए जा रहे हैं।' कहानी के परिवर्तित रूप, रचना-विधान और शैली का वर्णन करना एक बात है किंतु यह कहना कि वह कहानी नहीं कथात्मक गद्य का नया क्षेत्र है, स्वयं को कहानी के दायरे से अलग करना है। यदि 'नयी कहानी' के लेखक इसे कहानी से अलग एक भिन्न विधा मानते हैं तो ऐसी स्थिति में इन विशिष्ट कथात्मक गद्य लेखकों

का कहानीकार के नाते कहानी की वकालत करने का न तो आधार ही रहता है और न अधिकार ही।

वास्तव में 'नयी कहानी' अपने में विकसित होती आयी है। पहले उन्मेष में इसका कोई नाम नहीं था, पर बदलते हुए यथार्थ ने जब मूल्यों की संक्रांति खड़ी कर दी तो 'नयी कहानी' ने उसे वहन किया और प्रेमचंद, प्रसाद की कहानी-परंपरा को नये अर्थ तथा नये जीवन-संदर्भों की ओर अभिमुख किया। 'नयी कहानी' की आंतरिक माँग भी यही थी कि उसकी यात्रा जीवन से साहित्य की ओर हो। 'नयी कहानी' ने जीवन की सारी संगतियों, विसंगतियों, जटिलताओं और दबावों को अनुभव किया। अर्थात् 'नयी कहानी' पहले और मूलरूप में जीवनानुभव है, उसके बाद कहानी है। 'नयी कहानी' का मूल स्रोत है—जीवन, अपनी समस्त जटिलताओं और संश्लिष्टताओं के साथ। यह आकस्मिक नहीं था कि 'नयी कहानी' के उन्मेष के साथ ही उसकी साहित्यिक विरासत की खोज में कुछ कहानियों पर से सहज ही आग्रह हटने लगा था। प्रेमचंद और प्रसाद की उन कहानियों पर से सहज ही ध्यान विकेंद्रित होने लगा था, जो पाठक समुदाय को कथ्य और कला की दृष्टि से संवेदित नहीं कर पा रही थीं। यह भी आकस्मिक नहीं था कि प्रेमचंद की 'ईदगाह', 'बड़े घर की बेटी', 'पंच परमेश्वर' आदि कहानियाँ उतनी चर्चा का विषय नहीं रही थीं। जीवन के नये और बदलते हुए परिप्रेक्ष्य में प्रेमचंद की ही 'कफ़न', 'पूस की रात', 'शतरंज के खिलाड़ी' जैसी कहानियों के प्रति सहज आग्रह बढ़ गया था। कहानियाँ नहीं बदली थीं, समय की माँग बदली थी और समय की माँग ने ही अपनी थाती में से नये चुनाव किए थे। कथा-साहित्य में इस बदलते हुए आग्रह को अजरअंदाज नहीं किया जा सकता और यह बदलता हुआ आग्रह ही वह बिंदु है जहाँ से हिंदी कहानी एक 'नया मोड़' लेती है, यह नया मोड़ ही 'नयी कहानी' के नाम से अभिहित किया गया।

साहित्य का आधार जीवन है किंतु जीवन को साहित्य में अंकित करने की दृष्टि साहित्यकार की भिन्न होती है। स्वतंत्रता के उपरांत आदर्श जीवन-दृष्टि की अपेक्षा यथार्थ जीवन-चित्रण पर लेखकों ने बल दिया। बल ही नहीं दिया अपितु स्वतंत्रता के उपरांत अस्तित्व में आयी 'नयी कहानी' का तो मूल स्रोत ही यथार्थ जीवन है। जीवन के यथार्थ को अभिव्यक्ति देने में ही लेखक अपनी अनुभूति की सार्थकता मानता है। क्योंकि वह जिसका वर्णन करता है वह केवल उसका देखा हुआ जीवन या बाहर से लादा हुआ जीवन न होकर उसका भोगा हुआ जीवन है। वह आस-पास के जीवन को प्रामाणिकता और ईमानदारी के साथ प्रस्तुत करता है। भले ही वह शिव हो या अशिव, उचित हो या अनुचित, ग्राह्य हो या अग्राह्य उसे वह निरपेक्षता और तटस्थता के साथ प्रस्तुत करता है। सामाजिक भ्रष्टाचार को वह भावुक बनकर आदर्श के आवरण में छिपाता नहीं प्रत्युत उसे ज्यों-का-त्यों प्रस्तुत करता है। जैसे—'उनके दिन फिरे' (हरिशंकर परसाई) संग्रह की सभी कहानियाँ सामाजिक

भ्रष्टाचार का ही उद्घाटन करती हैं। इस संग्रह की कहानियों में व्यंग्य की प्रधानता है। डॉ. लक्ष्मीनारायण लाल की 'रेलगाड़ी', राजेंद्र यादव की 'नये-नये आने वाले', कमलेश्वर की 'जार्ज पंचम की नाक', मोहन राकेश की 'परमात्मा का कुत्ता' आदि कहानियाँ बेईमान, कपटी और रिश्वतखोर अफसरों के चरित्रों को प्रस्तुत करती हैं।

जीवन के इस यथार्थ-बोध को लेकर चलने वाला है वह विराट मध्य और निम्नमध्यवर्ग जो अपनी जीवनी शक्ति से आज इस संकट का सामना करता है, कर रहा है। 'नयी कहानी' के अधिकांश कथाकारों ने अधिकतर इसी मध्य और निम्नमध्यवर्ग का चित्रण ही किया है। जीवन के संघर्ष में आगे बढ़ रहे व्यक्ति को परिवार, समाज और राजनीति में अनेक ठोकरें लगती हैं। कहीं वह टूट गया है, कहीं आगे बढ़ा है। उसके टूटने और उठने को कथाकारों ने वैसे ही प्रस्तुत किया है।

आज संबंधों के विघटन का युग है। पारिवारिक मोह छोड़कर युवकों ने संघर्ष क्षेत्र में पग बढ़ाए। उनके अंतर से पारिवारिक मोह नाम की वस्तु चुक गई। यांत्रिक जीवन में रहा तो केवल पैसा और पैसे के संबंध। माँ-बाप अपनी मान्यताओं की दुहाई देकर संतान को वर्जनाओं के घेरे में बाँधते रहे, किंतु संतान उन मान्यताओं को रूढ़ि मानकर, मिथ्या और व्यर्थ सिद्ध कर वर्जनाओं के जाल से मुक्त होकर बाहर आ गई है और अब है उनके हृदय में पूर्व-पीढ़ी के प्रति उपेक्षा और तिरस्कार जो उनकी अपनी मान्यताओं का उपहास करता है। पूर्व-पीढ़ी की उपेक्षा बहुत-सी नयी कहानियों में मिलती है। परसाई की 'चार बेटे' में संतान अपनी माँ पर लांछन लगाती है। कमलेश्वर की 'कुछ नहीं कोई नहीं' में पुत्र पिता के रक्त का प्यासा है। राजेंद्र यादव की 'शहर के बीच का वृक्ष' में भाई बहन को अवांछित जान मरवा डालता है।

यद्यपि स्त्री आज आत्मनिर्भर है, स्वतंत्र है, शिक्षित है—लेकिन इतना होते हुए भी उसके प्रेम तथा दांपत्य में अनेक समस्याएँ उत्पन्न हो गई हैं। सम्मिलित कुटुंब के अभाव में भी स्त्री और पुरुष के बीच विभिन्न दरारें हैं, जो उनकी अपनी बनायी हुई हैं, जो उन्हें अवसाद तथा घुटन देती हैं। इस अवसाद के मूल में कई कारण हैं—धन का अभाव, एक-दूसरे को न समझना तथा किसी तीसरे के प्रति आकर्षण। इन कारणों का परिणाम है—भावनात्मक आदान-प्रदान की समाप्ति। स्त्री-पुरुष के संबंधों का टूटना। एक-दूसरे के प्रति उपेक्षा, उदासीनता के कारण कुंठा का जन्म और दोनों ही पक्षों में आंतरिक द्वंद्व और संघर्ष।

'नयी कहानियों' में इस प्रकार की कहानियों की संख्या बहुत अधिक है, जिनमें स्त्री-पुरुष के संबंधों के टूटने के चित्र हैं या इकट्ठे रहने पर ऊब और घुटन का वातावरण है। मोहन राकेश की 'एक और जिंदगी' में उनकी गृहस्थी टूट चुकी थी किंतु विषाद और अवसाद की छाया दोनों के चेहरों पर विद्यमान थी, जीवन की

विडंबना; वे बीते हुए वर्षों को दुःस्वप्न की भाँति भुला भी तो नहीं सकते थे। 'राजा निरबंसिया' में कथा की नायिका अर्थाभाव के कारण पति की बीमारी में स्वयं को समर्पित करती है। राजेंद्र यादव की 'एक कमजोर लड़की की कहानी' वह कहानी है जिसमें लड़की अपने प्रेमी और पति दोनों के प्रति ईमानदार रहना चाहती है लेकिन इस द्वंद्व में वह दोनों में से किसी के प्रति भी ईमानदार नहीं रह पाती। इसके अतिरिक्त 'सुहागिनें', 'उर्मिल जीवन' (मोहन राकेश), 'अँधेरे में' (निर्मल वर्मा), 'एक कटी हुई कहानी' (राजेंद्र यादव) आदि कहानियाँ इसी वर्ग की हैं।

आज के इस यांत्रिक युग में व्यक्ति भीड़ में भी अकेला पड़ गया है। ऊँची आकांक्षाएँ लिए हुए पुरुष अनेक प्रकार के प्रयत्न करता है, हाथ-पैर मारता है लेकिन उसकी आकांक्षाएँ पूर्ण नहीं होतीं। सपने बिखर जाते हैं, वह टूट जाता है। उसके पास रह जाता है—अवसाद, घुटन और बढ़ता हुआ धुआँ। इस प्रकार की विभिन्न कहानियाँ हैं जिनमें अजनबी शहरों में परिचय की आकांक्षा लिए हुए युवक भटकते हैं, किंतु उन्हें मिलता है अपरिचय, भटकाव और अकेलापन। वे स्त्रियाँ जो न किसी पुरुष की बन सकीं, न किसी को अपना बना सकीं, कभी पारिवारिक बोझ के कारण और कभी मानसिक मोहबंधों के कारण—अकेलेपन और कुंठा के भार को ढोने के लिए विवश हैं। संपर्कों की तलाश में वे पराजित मनोभाव लिए निराशा और विषाद में घिरी रहती हैं। राजेंद्र यादव की 'टूटना' का नायक अपनी हीनता के कारण अकेलेपन का भार सहन करता है। कमलेश्वर की 'खोई हुई दिशाएँ' के युवक को अपनी पत्नी से पूछना पड़ता है कि क्या वह उसे पहचानती है। निर्मल वर्मा की 'जलती झाड़ी' में अजनबियत के बोझ से छुटकारा पाने का हल केवल मृत्यु ही पाता है। मोहन राकेश की 'मिस पॉल' खाली डिब्बों और पथरीली चट्टान के समान उदास और वीरान जीवन बिता रही है। अकेलेपन की व्यथा और पराजय की घुटन आज के जीवन का अभिशाप है और इस शाप को आज का मानव झेल रहा है। वह सबकी उपस्थिति में भी अकेला, स्वयं एक वीरान बना हुआ है। इनके अतिरिक्त निर्मल वर्मा की 'सितंबर की एक शाम', मार्कंडेय की 'रेखाएँ, कमलेश्वर की 'पराया शहर', राजेंद्र यादव की 'प्रतीक्षा' जैसी कहानियाँ अकेलेपन के अभिशाप को ही व्यक्त करती हैं।

नयी कहानियों में परिवेश-बोध अधिक है। वस्तुतः परिवेश ही मनुष्य को चेतना देता है। किसी विशेष परिस्थिति में, किसी विशेष वातावरण में ही मनुष्य कुछ अनुभव करता है। यदि उस परिवेश को अलग कर दिया जाए तो कथ्य में जीवन नहीं रहेगा। कहानी की सफलता इसी में है कि उसके परिवेश और पात्र को अलग न किया जा सके। नयी कहानियों में व्यक्ति और परिवेश में पूरा सामंजस्य और संतुलन है। इन कहानियों में परिवेशजन्य विविधता देखने को मिलती है। रेणु ने कहानी को आंचलिक परिवेश दिया है। शिवप्रसाद सिंह, मार्कंडेय और कमलेश्वर की प्रारंभिक कहानियों में ग्रामीण परिवेश है। मोहन राकेश, राजेंद्र यादव, कृष्ण बलदेव वैद, भीष्म

साहनी, कृष्णा सोबती ने कहानी को नागरिक परिवेश दिया है। निर्मल वर्मा, रामकुमार और उषा प्रियंवदा ने कहानी को विदेशी रंग से सँवारा। इन सभी कथाकारों की कहानियों में वातावरण और व्यक्ति को अलग करके नहीं देखा जा सकता।

स्थूलता से सूक्ष्मता की ओर आने की प्रक्रिया में 'नयी कहानी' में सांकेतिकता एक अनिवार्य तत्त्व के रूप में दिखायी पड़ती है। संश्लिष्टता को ग्रहण करने का आग्रह मन के अनेक स्तरों को एक साथ पकड़ने की आकांक्षा के कारण 'नयी कहानी' में सांकेतिकता की एक अनिवार्य स्थिति बन गई है। अधिकांश नयी कहानियों में कथाकार के भावों को अभिव्यक्त करने वाले संकेत ढूँढ़े जा सकते हैं। ये संकेत कथा को उलझाते नहीं उसे स्पष्टता प्रदान करते हैं। मोहन राकेश की 'मलबे का मालिक' का संकेत युग-सत्य को अभिव्यक्त करता है। 'मलबा' उन टूटती हुई मान्यताओं, मिथ्या रूढ़ियों की ओर संकेत करता है जिसे आज भी प्रगति के युग में व्यक्ति रक्खे पहलवान की तरह छोड़ नहीं पा रहे। निर्मल वर्मा की 'अंतर' कहानी में, पूरी कहानी में यह लगता है कि वे आपस में प्रेम करते थे किंतु कहानी की अंतिम पंक्ति का संकेत यह स्पष्ट कर देता है कि उसके प्रेम के मूल में उस युवक के प्रति गहरी घृणा थी। इसीलिए उसने उसके द्वारा लायी सारी चीजें खिड़की से बाहर फेंक दी थीं। इस अंतर्मन में छिपी घृणा से वह स्वयं भी अनजान है—'एक छोटा-सा गरम आँसू उसकी आँखों की कोरों से बहता हुआ उसके बालों में खो गया, किंतु पता नहीं चला। वह आराम से सो रही थी।' इन कहानियों के अतिरिक्त रामकुमार की 'छत', मोहन राकेश की 'जानवर और जानवर' और निर्मल वर्मा की प्रायः सभी कहानियों में सांकेतिक अभिव्यक्तियाँ देखी जा सकती हैं।

यथार्थ किसी युग का ही नहीं होता किसी क्षण विशेष का भी हो सकता है। नया कथाकार किसी विशिष्ट घटना की प्रतीक्षा के लिए बैठा नहीं रहता प्रत्युत कोई बृहत् क्षण उसके लिए विशिष्ट हो सकता है। काल की गति में क्षण का महत्त्व कम नहीं। लेखक का सामर्थ्य इस बात में है कि वह उस क्षण की परिणति किस प्रकार करता है। किस प्रकार उसे पकड़ता है। कभी-कभी तो कोई विशिष्ट क्षण जीवन की गति ही बदल डालता है। निर्मल वर्मा की 'तीसरा गवाह' में कोर्ट रूम में शादी के लिए बैठी नीरजा ने उसी क्षण फैसला लिया और वह वहाँ से चली गई। कथाकार के शब्दों में, 'कोई भूला भटका-सा क्षण आता है जब मन फैसला कर लेता है। हर छोटा-सा फैसला एक लंबी राह तक घिसटता रहता है और जिंदगी खत्म हो जाती है।' इस एक क्षण के फैसले ने उसके संपूर्ण जीवन को ही बदल डाला। रघुवीर सहाय की 'मेरी और नंगी औरत के बीच' कहानी का संपूर्ण कथ्य ही वस्तुतः कुछ क्षणों की प्रक्रिया है जो उसके मस्तिष्क में उस औरत को देखने की प्रतिक्रिया में उत्पन्न हुआ।

'नयी कहानी' आधुनिक संवेदना की अनुभवधर्मा कहानी है। जिसे पूर्ववर्ती

कहानी वहन करने में सक्षम नहीं है। डॉ. इंद्रनाथ मदान के शब्दों में वह 'बदलते हुए जीवन को पकड़ने और व्यक्त करने का सशक्त माध्यम है।' नये कथाकारों ने क्षणवाद द्वारा मूड की वैचारिक स्थिति अर्थात् मनोदशा का अंकन करके क्षण को बाँधने का उपक्रम किया है जिसमें अनुभूति का विस्तार भी है और त्वरा का आस्वाद भी। डॉ. बच्चन सिंह का आरोप है कि ये कथाकार 'सार्त्र की बोली बोलते हैं और कामू की नकली खाल ओढ़े हैं', अर्थात् मात्र अनुकर्ता हैं, पर सत्य यह है कि वे सहभोक्ता भी हैं। यों नयी पीढ़ी हरदम असंतोष का विषय रही है पर वह कुछ ऐसा करती आयी है, जो पिछली नहीं कर पायी। यह 'ऐसा' क्या है? इस पर डॉक्टर साहब मौन हैं। मुझे तो यह ऐसा-वैसा कुछ भी नजर नहीं आता। क्या आज भी पुरानी चीजों को नहीं घसीटा जा रहा ? घसीटा जा रहा है। इसीलिए डॉ. विजयमोहन सिंह ने कहा है कि फिलहाल की कहानियाँ पिछले दशक का शव ढो रही हैं, हाल की वास्तविकता से बहुत दूर हैं।

यही ठीक है कि 'नयी कहानी' में अनेक अनुभवों का बल्कि जीवन के समस्त संदर्भों का सामंजस्य एक ही बिंदु पर दिखाई देता है। यही कारण है कि नयी कहानी की विषय-वस्तु को उनके केंद्रीय विचार से अलग समझने की आवश्यकता का अनुभव किया जा रहा है। 'नयी कहानी' में व्यक्त रागात्मक अनुभव भी बौद्धिक अनुभव की ही निष्पत्ति है। नये कथाकार के विषय क्षेत्र विविध हैं पर उस समस्त विविधता में लेखक का व्यक्तित्व अनिवार्यतः बना रहता है। 'नयी कहानी' की कोई सीमा है तो बौद्धिकता, जिसके कारण कहानी में दुरूहता आती है और कहानी का मूल गुण बाधित होता है। निःसंदेह यथार्थ के प्रति 'नये कथाकार' की दृष्टि भावात्मक न होकर बौद्धिक है। इसीलिए नव लेखन का अस्तित्व-बोध अतिकल्पित अथवा आरोपित लगता है। इसकी अंतःप्रतीति आधुनिक परिवेश में जीने वाले हर व्यक्ति को हो रही है, मैं तो मानने को तैयार नहीं। मैं तो यहाँ तक कहूँगा कि अस्तित्व का यह ताबीज नकली है, क्योंकि अस्तित्व का खतरा विदेशों में है, भारत में नहीं।

'नयी कहानी' के वैचारिक स्तर तथा दर्शन को लेकर जो प्रश्न उठाए गए हैं उस संबंध में डॉ. सुरेश सिन्हा का कहना है—ज्ञानीजनों का कहना है कि नयी कहानी का अपना न कोई दर्शन है और न वैचारिक स्तर है, जो है भी वह सार्त्र, कामू या काफ्का आदि पश्चिमी लेखकों से उधार लिया गया है, उसे भारतीय संदर्भ में देखना भूल है। इन बातों को—'नयी कहानी' को—'प्रतिष्ठित' करने के उत्साह में उपेक्षित नहीं किया जा सकता। पिछले कुछ वर्षों में अनेक ऐसे कहानीकार हुए हैं जिनकी रचनाओं में यह बात सत्य सिद्ध होती है पर उन्हें 'नयी कहानी' की प्रतिनिधि रचनाएँ स्वीकारना उस दुराग्रह एवं कुत्सित मानसिकता का द्योतक है, जो 'नयी कहानी' का स्वतंत्र अस्तित्व स्वीकारने को प्रस्तुत नहीं है। वास्तव में इन तथाकथित कहानीकारों की रचनाएँ 'नयी कहानी' की परंपरा से ही नहीं, जीवन की मूल भाव-धारा से भी

इसलिए कटी हुई हैं, क्योंकि उसमें अस्वस्थ मानसिकता, अकेलेपन एवं अजनबीपन की लादी गई सांकेतिकता, आस्थाहीनता एवं दिमागी कुंठा आदि प्रवृत्तियाँ जीवन के बारीक रेशों से न खोजे जाकर फॉर्मूले के रूप में ऊपर से लादकर कहानी का फॉर्म देने की चेष्टा की जाती है। ये कहानियाँ आधुनिक मयखानों, कॉफीहाउसों, या फिर स्क्वॉयर और पर्वतीय डाक बंगलों में रूप लेती हैं और चीयांती, स्कॉच, बियर या कॉफी पीते हुए पात्र अस्तित्व की चिंता में समस्त हवा में मुक्के उछालते हुए या शीशे की गिलासें तोड़ते हुए पाए जाते हैं और मजा यह है कि उस पर समष्टिगत चिंतन का लेबल लगाने की बड़ी नायाब कोशिश की जाती है। इसीलिए डॉ. नामवर सिंह जैसे मूर्धन्य आलोचक अपनी सिद्धांतवादिता की कसौटी कभी तो मार्कंडेय के साथ और अंत में निर्मल वर्मा को अंतिम सत्य मानकर मसीहाओं की भाँति कभी प्रक्रिया, कभी मूल्य, कभी प्रगतिशीलता, कभी प्रतिक्रियावादिता, कभी दायित्व-बोध के निर्वाह और कभी उपेक्षा को उद्देश्य सिद्ध कर फतवे देने लगते हैं। वास्तव में यह कलात्मक कौशल के झीने आवरण को भेदने की असमर्थता का ही परिणाम होता है। इस संबंध में उल्लेखनीय बात यह है कि नयी कहानी के अपने जीवन-दर्शन का सुनिश्चित स्वरूप न होना पूरे साहित्य से संबंधित है। आज हमारे भारतीय समाज में दर्शन को लेकर इतनी विपन्नता की स्थिति व्याप्त है कि हम कोई दिशा प्राप्त करने में असमर्थ रहते हैं। आज की परिवर्तित स्थितियों, नवीन संदर्भों, अभिनव यथार्थपरक सामाजिक परिवेश में व्यक्ति की जो स्थिति हो गई है और उसके सोचने-समझने के स्तर पर संक्रमण की जो स्थिति आयी है, उसे दर्शन के सूत्रों में बाँधने या कोई वैचारिक स्तर प्रदान करने की आधुनिक असमर्थता एक बहुत बड़ा कारण है कि हम आज भी बुद्ध, शंकराचार्य या विवेकानंद की ओर देखते हैं और उनका भारतीयकरण करने का प्रयत्न करते हैं। किंतु यह कहने का अभिप्राय नहीं है कि नयी कहानी पश्चिम की अनुकृति है। कहना मैं यह चाहता हूँ कि उन मानदंडों या स्तरों को जिन पर आधुनिक पश्चिमी दार्शनिकों एवं विचारकों ने अपने यहाँ के जीवन को देखने या समझने की दृष्टि निर्मित की है, हमने पूर्णतया उपेक्षित या तिरस्कृत नहीं किया है। चूंकि हमारे आधुनिक जीवन की परिवर्तनशीलता का एक बहुत बड़ा हिस्सा पश्चिमी चेतना के संस्पर्श और प्रभाव के कारण ही हुआ है। इसलिए उस दर्शन या वैचारिक स्तर में अनेक ऐसी बातें सरलता से प्राप्त हो जाती हैं, जिन्हें लेकर नयी कहानी ने अपना सर्वथा एक नया जीवन-दर्शन गढ़ा है, इसे अस्वीकारा नहीं जा सकता।

कुल मिलाकर देखा जाए तो हिंदी के अधिकांश नये कथाकार दूसरों की कहानियों को चुनौती मानकर उनसे बेहतर कहानी लिखने का दंभ भरते हैं। अतः उसमें अपने या अपने आस-पास की जिंदगी ही नहीं आती तो भारत के दूसरे क्षेत्रों से क्या आएगी। धीरे-धीरे 'नयी कहानी' प्रेमिका और पत्नी के रिश्तों तक ही सिमटती चली गई।

माता-पिता के संबंध या एक कृषक का दूसरे कृषक या एक मजदूर का दूसरे मजदूर से संबंधों और व्यापक रिश्तों को लेकर कम कहानियाँ लिखी गईं। इसके बारे में डॉ. विजयमोहन सिंह ने एक सही टिप्पणी की थी, 'मैं मानता हूँ कि बदले रिश्तों की कहानियाँ लिखी जा रही हैं, लेकिन अब फार्मूला बनकर 'कोल्ड डेड एंड' पर जा चुकी हैं। बदले हुए रिश्तों के नाम पर घोर रूमानी, व्यभिचार और करप्शन की कहानियाँ पेश की जा रही हैं। आखिर बदले हुए विक्षुब्ध 'यूथ' की मनःस्थिति पर कोई कहानी क्यों नहीं आ रही? गुरु शिष्य और यूनिवर्सिटी अथार्टीज पर कोई कहानी क्यों नहीं लिखी जा रही? दुनिया भर में जिस 'अनरेस्ट' की चर्चा है, हिंदी में उस पर रचना क्यों नहीं होती? नक्सलवाद या इसी तरह के 'पोलिटिकल सोशल अनरेस्ट' के 'सिचुएशन' की कहानी क्यों नहीं लिखी जा रही?...कुल मिलाकर हिंदी कहानी की जितनी दयनीय तथा हास्यास्पद स्थिति इस समय है उतनी कभी नहीं थी। आजादी के बाद के पच्चीस-तीस वर्षों से दो-ढाई दर्जन अच्छे कहानीकार उभरे थे, वे या तो कहानी-रचना से ऊब चुके हैं या छोटी-छोटी कस्बाई पत्रिकाओं के छोटे कहानीकार बनकर रह गए हैं।'

*'सन् '36 के आस-पास जो काम 'कफ़न' ने किया था सन् '64 में वही काम काशीनाथ सिंह की इस 'सुख' कहानी ने किया। यह कहानी निर्मल वर्मा की 'परिंदे', 'लंदन की एक रात', 'डेढ़ इंच ऊपर', 'जलती झाड़ी', कमलेश्वर की 'राजा निरबंसिया', 'नीली झील', 'खोयी हुई दिशाएँ', राजेंद्र यादव की 'एक कमजोर लड़की की कहानी', मोहन राकेश की 'मलबे का मालिक', 'वारिस' आदि से आगे की कहानी है।'*

# साठोत्तरी कहानी के सरोकार

जितनी बार इधर लिखी जा रही कहानियों को पढ़ता हूँ उतनी बार मुझे प्रेमचंद याद आते हैं। प्रेमचंद के इस तरह याद आने की वजह यह है कि यदि हम आज के लेखन की प्रासंगिकता को सामाजिक संदर्भों में खोजना चाहें तो प्रेमचंद से बेहतर कसौटी हमारे पास नहीं है। प्रेमचंद पहले भारतीय लेखक हैं जिन्होंने लेखन को सामाजिक संदर्भों से जोड़कर उसे सामाजिक परिवर्तन का प्रभावशाली माध्यम माना। प्रेमचंद और हमारे बीच यद्यपि पैंसठ वर्षों से अधिक की दूरी नहीं, फिर भी उनके साहित्यिक मूल्य मात्र प्रासंगिक ही नहीं अनिवार्य भी हैं उस लेखकीय चेतना की सही पहचान के लिए जो लेखन को मात्र यथार्थ चित्रण का ही नहीं यथार्थ परिवर्तन का भी माध्यम मानती है। प्रेमचंद ने अपने संपूर्ण लेखन में जिस दुनिया को उजागर किया वह हाशिए की दुनिया नहीं हमारे बीच की दुनिया है, पहचाने जा सकने वाले मानव-चरित्रों की दुनिया, जिसकी हमारे रोजमर्रा के जीने से संगति तथा जीवित प्रासंगिकता स्पष्ट होती है। प्रेमचंद का लेखन मात्र युग सत्य को ही विज्ञापित नहीं करता अपितु उस दिशा का भी सूचक है जो भविष्य की राह तय करती है। यह राह है उस लेखन की जो प्रेमचंद से होकर राहुल सांकृत्यायन, सूर्यकांत त्रिपाठी निराला, यशपाल, गजानन माधव मुक्तिबोध, नागार्जुन तथा धूमिल के साहित्य का संवाहक बनी तथा आज उस लेखन की पूर्व पीठिका के रूप में प्रतिष्ठित है। जो प्रतिश्रुत है सामाजिक परिवर्तन के प्रति और जिसे सामाजिक यथार्थ की मंज़िल से गुजरते हुए समाजवादी यथार्थ की दूरी तय करनी है। इधर लिखी जा रही कहानियों को पढ़ने के बाद ऐसा प्रतीत होता है कि प्रेमचंद डिड नॉट कपैल हिस सक्सैसरस टु राइट लाइफ हिम बट ही मेड इट इम्पॉसिबल फॉर दैम टु राइट अदरवाइस। हाँ, यह बात दूसरी है कि प्रेमचंद के तुरंत बाद हिंदी कहानी ठीक उन रास्तों पर नहीं चली जिनके संकेत उन्होंने अपने अंतिम दौर की कहानियों 'पूस की रात', 'शतरंज के खिलाड़ी' तथा 'कफ़न' द्वारा दिए थे।

प्रेमचंद के उपरांत जैनेंद्र, अज्ञेय और यशपाल की कहानियों में बौद्धिक चिंतन अधिक देखने को मिलता है। जहाँ वे इस चिंतन और संवेदना में तालमेल बैठा सके

हैं, वहाँ कुछ बेहतर कहानियाँ देखने को मिलती हैं लेकिन जहाँ वे इस तालमेल को नहीं साध पाते वहाँ दरारें साफ नज़र आती हैं। आगे चल कर हिंदी की नयी कहानी में वस्तु और दृष्टिकोण एक-दूसरे का हिस्सा बनने लगते हैं।

सन् पचास के आस-पास हिंदी कहानी में जिस नयेपन ने जन्म लिया वह कोई चमत्कृत कर देने वाला तत्त्व न होकर एक सहज स्वाभाविक प्रक्रिया है जिसे अपनी साहित्यिक पृष्ठभूमि का परिणाम कहा जा सकता है। वास्तव में हिंदी कहानी के पाठकों का ध्यान ऐसी कहानियों पर से विकेंद्रित होने लगा था जो कथ्य और शिल्प की दृष्टि से पाठकों को संवेदित नहीं कर पा रही थीं। प्रेमचंद की 'ईदगाह', 'बड़े घर की बेटी', और 'पंच परमेश्वर' जैसी कहानियाँ उतनी चर्चा का विषय नहीं रही थीं। प्रेमचंद की ही 'पूस की रात', 'शतरंज के खिलाड़ी' तथा 'कफ़न' जैसी कहानियों के प्रति पाठक समुदाय का सहज आग्रह बढ़ गया था। वास्तव में कहानियाँ नहीं बदली थीं, समय की माँग बदली थी और समय की माँग ने ही अपनी थाती में से नये चुनाव किए थे। हिंदी-कथा-साहित्य में इस बदलते हुए आग्रह को नजरअंदाज नहीं किया जा सकता। यह बदलता हुआ आग्रह ही वह बिंदु है जहाँ से हिंदी कहानी एक नया मोड़ लेती है और यह बदलता हुआ मोड़ ही नयी कहानी के नाम से अभिहित किया गया।

जब ये तथाकथित नयी कहानियाँ सामने आईं तब इन नये कहानीकारों तथा आलोचकों ने इस बात को बहुत जोर देकर कहा कि ये नयी कहानियाँ पूर्ववर्ती कहानियों के समान यथार्थ का सृजन नहीं करतीं, यथार्थ को अभिव्यक्त करती हैं। जहाँ तक मुझे लगता है कमलेश्वर जैसा कहानीकार कस्बे की दुनिया से नगर और महानगर में पहुँच कर नीली झील तथा मांस के दरिया में कूदना कहानी का 'मकसद' समझता है, वहाँ निर्मल वर्मा जैसा कहानीकार धरावी या किसी खोली की अपेक्षा लंदन की एक रात अथवा चेकोस्लोवेकिया कि किसी सड़क पर लीपा के पत्तों के ऊपर सो जाना बेहतर समझता है। चाहे कमलेश्वर हों या निर्मल वर्मा, कृष्ण बलदेव वैद हों या राजेंद्र यादव, अपनी अधिकांश कहानियों में सभी सार्त्र, कामू, नीत्शे, फ्रायड, युंग की नकली खाल ओढ़कर अस्तित्ववाद तथा मनोविश्लेषणवाद का बघार लगाते साफ देखे जा सकते हैं। निर्मल वर्मा लिखते तो कहानियाँ हैं लेकिन वे कहानियाँ मात्र शब्द बन जाती हैं। यहाँ तक कि रेणु और मार्कंडेय की कहानियाँ भी लोक गाथाएँ बनकर रह जाती हैं। हाँ, मोहन राकेश की कहानियाँ, चाहे उनको कुछ आलोचक यह कहकर खारिज कर दें कि उनमें बिजली की कौंध ही है बिजली की शक्ति नहीं। चाहे डाक बंगले का कहानीकार कहते हुए यह आरोप लगाएँ कि राकेश की कहानियाँ प्रेमचंद-कथा-संवेदना का ही विस्तार प्रतीत होती हैं; लेकिन इतना निश्चित है कि मोहन राकेश स्वस्थ सामाजिक दृष्टि का कहानीकार है, जिसकी कहानियाँ झूठ के बीच से नहीं सच्चाई और प्रामाणिकता के बीच से गुजरने की अनुभूति की गवाही

देती हैं। मेरा लक्ष्य यहाँ नयी कहानियों का विश्लेषण प्रस्तुत करना नहीं है। फिर भी नये कहानीकारों की चर्चा करते समय मुझे हरिशंकर परसाई का एक कथन याद आ रहा है। हरिशंकर परसाई ने एक स्थान पर लिखा है कि कौन कहता है हिंदुस्तानी इंजीनियर अकुशल हैं? विदेशों में इंजीनियर जब सड़क बनाने का काम हाथ में लेता है तो सिर्फ सड़क बनाता है जबकि भारतीय इंजीनियर सड़क के साथ-साथ अपना घर भी बना लेता है। तब विदेशी इंजीनियर कुशल है कि भारतीय? परसाई के इस कथन से नये कहानीकारों को अच्छी तरह समझा जा सकता है।

काशीनाथ सिंह की एक पुस्तक है–'आलोचना भी रचना है।' यह पहली बार सन् 1984 में छपी। इस पुस्तक में उनका पहला लेख है–'कहानी की वर्णमाला और मैं।' इस लेख में काशीनाथ सिंह स्वीकार करते हैं, 'मैं आज पंद्रह साल से चल रहा हूँ। सन् '70 के आस-पास धीरे-धीरे समझने लगा कि क्यों चल रहा हूँ और चल कर कहाँ जाना है।' यहीं वह लिखते हैं–'भारतेंदु और प्रेमचंद जैसे लोगों ने 'कमिटमेंट' की बातें कभी नहीं कीं। क्रांति पर बहसें कभी नहीं कीं, लेकिन उनमें अपनी जिम्मेदारी का भाव बराबर रहा। हम अपने लिखने के काम को अपने 'मकसद' से अनिवार्यतः जोड़ नहीं सके। इसका अर्थ यह है कि हममें कहीं कोई बुनियादी खोट है जिसे डिफेंड करने के लिए हमारे पास कुछ नहीं है। कम-से-कम मेरे पास तो नहीं ही है, सिवा अपनी मध्यवर्गीय शर्मिंदगी के।' अपने इस कथन में काशीनाथ सिंह ने जिस 'खोट' और 'मकसद' की ओर इशारा किया है, उसी की पूर्ति अपनी कहानियों के माध्यम से की है। लेकिन कहानियाँ लिखने से पूर्व उन्होंने सबसे पहले यह तय किया कि उनको 'क्या और कैसा नहीं लिखना है?' यहाँ एक दिलचस्प किस्सा है। उन्होंने 'कहानी' और 'नयी कहानियाँ' की फाइलें पलटीं और देखा कि कहानी के बारे में वे क्या सोचते हैं। उसके बाद उन्होंने कहानियाँ लिखीं और अपने बड़े भाई नामवर सिंह को दे दीं। यहाँ भी एक मजेदार किस्सा है जिससे हम जान सकते हैं कि काशीनाथ सिंह अपने पूर्ववर्ती कहानीकारों से किस बिंदु पर अलग होते हैं। किस्सा कुछ इस प्रकार है कि एक दिन साहस करके काशीनाथ सिंह ने अपने बड़े भाई साहब से अपनी कहानियों के संबंध में राय माँगी। नामवर जी ने दो सिगरेटें मँगवाईं और उनमें से एक पीने के लिए काशीनाथ सिंह को दी। (जब कि वे दोनों सिगरेट नहीं पीते थे) जब काशीनाथ सिंह ने सिगरेट खत्म कर दी तब नामवर जी बोले–'तुमने एक जगह लिखा है–सिगरेट बुझ गई। देखा तुमने बुझती बीड़ी है सिगरेट नहीं। जिस चीज के बारे में तुम नहीं जानते, उसे मत लिखो।' काशीनाथ सिंह और उनके समकालीन कहानीकारों ने यही किया।

जिन दिनों काशीनाथ सिंह कहानी-रचना में शामिल हुए (यह बात सन् 60-61 की है) उन्हीं दिनों हिंदी कहानी में विभिन्न आंदोलन जैसे–'अकहानी', 'सचेतन कहानी', 'सहज कहानी', 'समांतर कहानी' आदि सामने आए। इन आंदोलनों के

माध्यम से जो कहानियाँ सामने आईं उनमें अधिकांश कहानियाँ प्रेमी-प्रेमिका और पति-पत्नी संबंधों तक ही सिमटती चली गईं जिनके संबंध में डॉ. विजयमोहन सिंह ने उस समय एक सुंदर टिप्पणी की थी—'आज कहानी प्रेमिका और पत्नी के रिश्तों तक ही सिमटती चली गई। माता-पिता के संबंध, या एक कृषक का दूसरे कृषक या एक मजदूर का दूसरे मजदूर से संबंधों अर्थात् व्यापक रिश्तों को लेकर कम कहानियाँ लिखी गईं। मैं मानता हूँ कि बदले रिश्तों की कहानियाँ लिखी जा रही हैं लेकिन अब फार्मूला बनकर 'कोल्ड डेड एंड' पर जा चुकी हैं। बदले हुए रिश्तों के नाम पर घोर रूमानी व्यभिचार और करप्शन की कहानियाँ पेश की जा रही हैं। आखिर बदले हुए विक्षुब्ध यूथ की मनःस्थिति पर कोई कहानी क्यों नहीं लिखी जा रही? नक्सलवाद या इसी तरह के पोलिटिकल सोशल अनरेस्ट की सिचुएशन पर कोई कहानी क्यों नहीं लिखी जा रही है? कुल मिलाकर हिंदी कहानी की जितनी दयनीय और हास्यास्पद स्थिति इस समय है, उतनी पहले कभी नहीं थी।' इस हास्यास्पद तथा दयनीय स्थिति से उबारने की कोशिश इधर के दर्जनों कहानीकारों ने की है। उन सभी की चर्चा कर पाना तो संभव नहीं क्योंकि इधर की कहानियों का कथ्य इतना विविधतापूर्ण तथा अपनी विस्तृति में इतना व्यापक है कि सबको रेखांकित करना सहज नहीं है।

यहाँ एक और बात भी स्पष्ट कर दूँ कि जिसे हम 'साठोत्तरी' या 'सातवें दशक की हिंदी कहानी' कहते हैं उसकी चर्चा मुख्यतः सन् 1966 में प्रकाशित 'उत्कर्ष' तथा 'अणिमा' नामक दो पत्रिकाओं के कहानी-विशेषांकों से आरंभ हुई। इसे तथाकथित पुरानी पीढ़ी के दो कथाकारों—यशपाल और उपेंद्रनाथ अश्क का समर्थन तथा प्रोत्साहन प्राप्त हुआ। 'उत्कर्ष' पत्रिका ने 'सन् साठ के बाद की हिंदी कहानी' नाम से विशेषांक प्रकाशित किया जिसका संपादन यशपाल ने किया और जिसमें—पानू खोलिया, कामतानाथ, रमेश उपाध्याय, हिमांशु जोशी, मणि मधुकर आदि की कहानियाँ प्रकाशित हुईं। जब कि 'अणिमा' पत्रिका का अंक उपेंद्रनाथ अश्क के संपादन में एक लंबे लेख के साथ 'सातवें दशक की हिंदी कहानी' नाम से छपा जिसमें दूधनाथ सिंह, ज्ञानरंजन, गिरिराज किशोर, काशीनाथ सिंह, महेंद्र भल्ला, रवींद्र कालिया तथा इसराइल आदि कहानीकारों की कहानियाँ प्रकाशित हुईं।

सातवें दशक के प्रारंभ में सन् 1961 में जब काशीनाथ सिंह की कहानी 'सुख' प्रकाशित हुई तो इसे प्रबुद्ध पाठकों, कहानीकारों, आलोचकों ने एक अलग तरह की कहानी माना। एक ऐसी कहानी जो विभिन्न दृष्टि बिंदुओं के धरातल पर पूर्ववर्ती तमाम कहानियों से अपनी अलग पहचान बनाती है। कहानी कुछ इस तरह से है कि तार बाबू के रूप में सारी जिंदगी बिताने के बाद भोला बाबू अवकाश ग्रहण करते हैं और एक दिन शाम को ताड़ और बबूल के पेड़ों के बीच लाल-लाल सूरज को पहली बार देखते हैं। उसे देखकर वह जोर से चिल्लाते हैं कि बिट्टी की माँ इधर

आओ। बिट्टी की माँ दौड़ कर आती है और भोला बाबू के बगल में खड़ी हो जाती है। भोला बाबू कहते हैं–'सामने उधर देखो।' वह सड़क पर देखने लगती है। 'सड़क नहीं, उधर ताड़ों के पीछे।' 'कितना अच्छा है।' 'हाँ बहुत अच्छा है।' बिट्टी की माँ ने कहा। 'क्या बहुत अच्छा?' भोला बाबू बोले। 'ईंटों से लदे खच्चरों की पाँत और उनके पीछे चलते आदमी।' इस पर भोला बाबू जोर से हँसते हुए बोले–'औरत की जात खच्चर और गधे के सिवा देख ही क्या सकती है।' बिट्टी की माँ ने सोचा कि आखिर वे उसे क्या दिखाना चाहते हैं, इसलिए उसने जोर दिया–'तो क्या है?' भोला बाबू बोले–'ताड़ों के पीछे देखो। धुँधली-धुँधली पहाड़ियाँ हैं।' वे बोलीं–'हाँ हैं'। 'लाल सूरज है।' 'हाँ है।' 'गोलाई पर भूरे बादलों की लकीरें हैं।' 'हाँ हैं।' 'तो देखो उसे अच्छी तरह देखो।' वह बोलती है–'उसे क्या देखना आप आज देख रहे हैं, मैं ज़िंदगी भर से देख रही हूँ।' 'अच्छा बड़ा अच्छा काम कर रही हो, अब एक काम करो कि चलो चूल्हा फूँको।' यह कहकर भोला बाबू लगातार–सूरज, बादल, बादलों पर उभरते रंगों को देखते रहते हैं और अपने आप से कहते हैं–'उनसे कोई गाँव नहीं छूटा, कस्बा नहीं छूटा, शहर नहीं छूटा। लेकिन यह सूरज अब तक कहाँ था? यह शाम आखिर किधर थी? आज वे क्या देख रहे हैं?' जब सूरज डूब गया तो वह आरामकुर्सी पर चुपचाप बैठ गए। उनका मन उदास होने लगा। बिट्टी की माँ चाय लेकर आई, तो उन्होंने छड़ी और धोती लाने को कहा। भोला बाबू की पत्नी ने उनसे पूछा कि वे क्या कहीं बाहर जा रहे हैं तो वे उत्तर में कुछ नहीं बोले। उन्होंने अपने मन में विचारा कि यह कोई ऐसी बात नहीं है जो यों ही छोड़ दी जाए। वे आज चलेंगे और सबसे कहेंगे। भोला बाबू घर से निकल पड़ते हैं। पकड़ी के पास से मुड़ने को होते हैं कि सामने देखा–बीज गोदाम है। कहीं से जिलेदार साहब भी आ गए हैं। जिलेदार साहब तार बाबू से पूछते हैं कि वे कुछ परेशान नज़र आ रहे हैं। भोला बाबू उत्तर देते हैं कि परेशान तो क्या लेकिन हूँ ही। फिर इधर-उधर की बातें चल पड़ती हैं। मौका पाकर भोला बाबू जिलेदार साहब से लाल सूरज की चर्चा करते हैं। लेकिन वह उसे अनसुना करते हैं। भोला बाबू उदास होकर लौटते हैं। लौटते समय उनकी मुलाकात सोहन से होती है। वह सोहन से पूछते हैं कि वह शाम के समय क्या करता है? सोहन उत्तर देता है कि शाम के समय वह खली मलता है। सानी गोडता है तथा दूध दूहता है। भोला बाबू पूछते हैं कि वह क्या सूरज को देखता है या नहीं। सोहन ने उत्तर दिया कि कौन सूरज? वह क्या सुरजा तेली की बात कर रहे हैं। नहीं बेवकूफ मैं कोल्हू की बात कर रहा हूँ। अरे आसमान का सूरज। वही कुछ गोल-गोल, कुछ लाल-लाल। सोहन पूछता है कि तो? तो क्या भोला बाबू उत्तर देते हैं कि तो क्या तुम्हारा सिर, तुम भैंस पालो। भोला बाबू की अंतिम आशा भी समाप्त हो जाती है। वे सोचते हैं कि पता नहीं आखिर लोग क्या होते जा रहे हैं? घर पहुँच कर उनकी पत्नी ने उनसे पूछा कि शाम को वह कहाँ

चले गए थे? उन्होंने उत्तर दिया—'कहीं नहीं।' 'तबीयत तो ठीक है?' इस पर भोला बाबू ने कोई उत्तर नहीं दिया—पत्नी ने उनका माथा छुआ और कहने लगी—'अच्छा उठिए, खा लीजिए।' 'आज मैं नहीं खाऊँगा।' थोड़ी चुप रहने के बाद बोले—'देखो, कहने को यह बीवी है। यह बेटा है। यह बेटी है। यह मकान है। यह जायदाद है। ये दोस्त हैं। ये नातेदार हैं। लेकिन सच पूछो तो कोई किसी का नहीं।' 'जब मेरा दुःख कोई नहीं समझता, तो कैसी बीवी और कैसा बेटा।' भोला बाबू की पत्नी रोना शुरू कर देती है कि आखिर आज उसके पति को क्या हो गया है। बच्चे भी रोना शुरू कर देते हैं और भोला बाबू भी। रोने वालों में सबसे ऊँचा और दुःखी स्वर भोला बाबू का था। यहाँ कहानी समाप्त हो जाती है।

इस कहानी में भोला बाबू का यह सोचना कि उनसे गाँव नहीं छूटा, कस्बा नहीं छूटा, शहर नहीं छूटा। लेकिन यह सूरज आज तक कहाँ था? यह शाम आखिर किधर थी? आज वे क्या देख रहे हैं? सुख का यह एहसास करुण और त्रासदायी है। उनके जीवन की यह कितनी बड़ी विडंबना है कि वे अपनी दफ्तरी ज़िंदगी के दौरान इन सामान्य दृश्यों को कभी देख नहीं पाए। सन् '36 के आस-पास जो काम 'कफ़न' ने किया था सन् '64 में वही काम काशीनाथ सिंह की इस 'सुख' कहानी ने किया। यह कहानी निर्मल वर्मा की 'परिंदे', 'लंदन की एक रात', 'डेढ़ इंच ऊपर,' 'जलती झाड़ी', कमलेश्वर की 'राजा निरबंसिया', 'नीली झील', 'खोयी हुई दिशाएँ', राजेंद्र यादव की 'एक कमजोर लड़की की कहानी', मोहन राकेश की 'मलबे का मालिक', 'वारिस' आदि से आगे की कहानी है।

काशीनाथ सिंह ने जहाँ 'सुख' जैसी कहानियों को रचा वहाँ ज्ञानरंजन ने 'पिता' जैसी कहानी हिंदी कहानी को दी। ज्ञानरंजन निर्ममता के साथ मानवीय संबंधों की पड़ताल करते हैं तथा व्यक्ति के भीतर छिपे हुए सही चोर को पकड़ लेते हैं। उनकी कहानियाँ वैज्ञानिक दृष्टि के अनुरूप नैतिक परिवर्तन की माँग को रेखांकित करती हैं। इसे हम 'पिता' कहानी में देख सकते हैं। 'पिता' कहानी के पिता जीवन की अनिवार्य सुविधाओं से भी चिढ़ते हैं। वह भीषण गर्मी में पंखे के नीचे न सो कर बाहर सोते हैं। वह वाशबेसन में हाथ नहीं धोते। जो गुसलखाने में नहीं नहाते। जिन्होंने अपने जीवन के पैंतीस वर्ष केवल दो पुस्तकों—गीता और रामायण के सहारे काट दिए। ज्ञानरंजन की पिता कहानी संबंधों के बदलाव की कहानी नहीं है, यह उस बदलाव के कारणों में जाने की कोशिश करती है। यह बदली हुई मानसिकता और उस मानसिकता के साथ-साथ चल पाने में असमर्थ पिता की कहानी है। इसी तरह 'अमरूद का पेड़' कहानी में नयी और पुरानी दो दृष्टियों का द्वन्द्व अधिक स्पष्ट होकर सामने आया है। ज्ञानरंजन के कहानीकार के सामने एक बड़ी समस्या है, मानवीय लगाव का टूटना तथा एक क्रूर अमानवीयता का विकसित होना। यही वह सच्चाई है जो कस्बे के अच्छे भले नौजवान को मनोहर और सोमदत्त बना देती है। यह

कहीं-न-कहीं ज़िंदगी में इन्वाल्वमेंट की कमी है। ज्ञानरंजन की अधिकांश कहानियों के पात्र आत्मलिप्त तथा क्रूरता की सीमा तक आत्मसजग हैं। चाहे वह पत्नी हो या पति, प्रेमी हो या भाई–सभी जैसे एक-दूसरे का अपने हित में उपयोग करना चाहते हैं।

साठोत्तरी कहानी के अंतर्गत अधिकांश कहानियाँ निम्नवर्ग की गरीबी एवं मध्यवर्ग के आर्थिक अभावों से ग्रस्त जीवन को ही सामने लाती हैं। गिरिराज किशोर की 'गुलाब जामुन खाइए' में एक सामान्य मजदूर की इच्छा अपनी पत्नी के साथ फोटो खिंचवाने की है, बच्ची की इच्छा गुलाब जामुन खाने की, किंतु उनकी हालत यह है कि दोनों में से कोई भी इच्छा पूरी नहीं हो पाती। ममता कालिया की कहानी 'बसंत सिर्फ एक तारीख' की नायिका हर महीने के बीत जाने पर एक राहत की साँस लेती है कि किस प्रकार भूख, महँगाई और बीमारी से लड़ते हुए वे लोग एक महीना और ज़िंदा रह लिए। गोविंद मिश्र की 'सुनंदा की खोली' बंबई की गरीब खोलियों में बिताई जाने वाली ज़िंदगी की कहानी है।

नयी कहानी के दौर में और उसके बाद भी ग्रामीण परिवेश कहानी का विषय रहा है। ग्रामीण समाज की परिवर्तित परिस्थितियों को मार्कंडेय, काशीनाथ सिंह, असगर वजाहत, मिथिलेश्वर, मधुकर सिंह, शिवमूर्ति आदि की कहानियों में बड़ी बारीकी के साथ चित्रित किया गया है। काशीनाथ सिंह के सन् 1986 में प्रकाशित कहानी संग्रह 'सदी का सबसे बड़ा आदमी' की कहानियों में गाँवों का परिवर्तित परिवेश ही नहीं, संबंधों और मूल्यों के स्तर पर आया बदलाव भी बड़ी कुशलता के साथ सामने आया है।

सातवें तथा आठवें दशक की कहानियों में ऐसी कहानियों की संख्या बहुत अधिक है जिनका स्वर व्यवस्था विरोधी है। रमेश उपाध्याय की 'मदद' भ्रष्ट व्यवस्था में आदमी की निरीह स्थिति को व्यंजित करती है। सभी कुछ जान लेने के बाद, अन्याय और अत्याचार के कारणों का पता चल जाने के बाद आदमी क्या कर सकता है। कहानी का पात्र कहता है–'मैं खून देखता हूँ और मुझमें न इनसानियत भड़कती है न मर्दानगी, मुझे सिर्फ सिगरेट की तलब लगती है। आखिर मैं पाता हूँ कि मेरी माचिस अभी तक गीली है।' अधिकांश कहानियों में एक आदमी गलत व्यवस्था के गलत लोगों के लात घूँसों से पिटा जा रहा है और भीड़ देख रही है। इन कहानियों में निरीहता और लाचारी का एक साँझा संवेदनात्मक बोध है। पर इस बोध के पीछे तिलमिला देने वाला विचार या विचार की पैनी धार का अभाव है। इस अभाव को दूर करने का प्रयास सतीश जमाली तथा इसराइल ने किया है।

इसराइल की कहानियों में आज के मजदूर-जीवन की स्थितियों, संघर्षों, प्रतिरोधों और निर्णयों का जितना प्रामाणिक बोध जगता है उतना जनवादी कहे जाने वाले किसी अन्य कहानीकार में नहीं। एक आलोचक के शब्दों में कहूँ तो यहाँ न सतीश

जमाली जैसी नाटकीय मुद्राएँ हैं न रमेश उपाध्याय जैसी स्फीति और कथामोह। इसराइल की 'फर्क' कहानी का बजरू चरवाहा हमें बार-बार याद आता है जो साफ-साफ कहता है—'हम किसी को मारने नहीं जा रहे, लेकिन हमें कोई मारने आएगा तो हम उसे छोड़ेंगे नहीं।' विचारों की यही धार 'रोजनामचा', 'नीमा', 'अर्थहीन' तथा 'घेराव' जैसी कहानियों में और अधिक पैनी होकर सामने आई है।

नौवें दशक के प्रारंभ में इसराइल का 'रोजनामचा' प्रकाशित हुआ और नौवें दशक की शुरुआत में ही उदय प्रकाश की, पूर्ववर्ती कहानियों के आगे एक विभाजक रेखा खींचने वाली कहानी 'टेपचू' प्रकाशित हुई। इससे पूर्व जो कहानियाँ हिंदी में छप रही थीं, उनके संबंध में चंचल चौहान का कहना है—'एक छोर पर कोई शोषक ले लीजिए और दूसरे छोर पर एक शोषित ले लीजिए। बीच में अन्य पात्रों को रच दीजिए और फिर उनमें कुछ ढिसूं-ढिसूं करवा दीजिए। बस एक उम्दा नवजनवादी कहानी तैयार। उसे गरम-गरम परोस दीजिए।' हिंदी में इस तरह की कहानियाँ भरी पड़ी हैं। बस इन कहानियों का सकारात्मक योगदान यह था कि साहित्य को एक बार पुनः सामाजिक अर्थवत्ता से जोड़ने का प्रयास किया गया।

'टेपचू' कहानी के बाद पिछले पंद्रह-बीस वर्षों में जो कहानीकार उभरकर सामने आए हैं उनकी कहानियों की सबसे बड़ी सीमा तात्कालिकता है। चाहे वह संजय खाती हों या पुन्नी सिंह, प्रियंवद हों या सृंजय, शशांक हों या अरुण प्रकाश। लेकिन कुछ कहानीकार ऐसे भी हैं जिनकी कहानियाँ तात्कालिकता की सीमा से मुक्त हैं। इनकी कहानियाँ कहानी के पुराने मानदंडों को निरस्त करती हैं। इनकी कहानियाँ हमें कहानी के नये प्रतिमानों का निर्माण करने के लिए बाध्य करती हैं। ये कहानीकार हैं—स्वयं प्रकाश, उदय प्रकाश, संजीव, शिवमूर्ति, पंकज बिष्ट, अखिलेश, महेश कटारे, देवेंद्र तथा विजयदान देथा। मेरी दृष्टि में इनमें से न तो कोई नाम कम किया जा सकता है और न ही जोड़ा जा सकता है। समकालीन हिंदी कहानी के पूरे परिदृश्य पर यदि नजर डाली जाए तो इन नौ कहानीकारों के साथ मैत्रेयी पुष्पा का नाम उस सूरत में जोड़ा जाएगा यदि यह अपने उपन्यासों जैसी जीवंतता अपनी कहानियों को भी प्रदान करती हैं।

*'मुझे लगता है कि आज का समय 'सुधीर घोषाल', 'देवीसिंह कौन' और 'टेपचू' का समय नहीं है। वह 'टुंड्रा प्रदेश', 'मुक्ति' और 'ब्लैक होल' का भी नहीं है। वह 'वारेन हेस्टिंग्स का साँड', 'पीली छतरी वाली लड़की', 'तिरिछ', 'भगवान की मौत' और कुछ-कुछ 'बड़ी अम्मा' तथा 'पिताजी का समय' है। हम सभी रघुनंदन त्रिवेदी की तरह ऐसी आस्था तो अवश्य पालते हैं कि 'एक दिन राम बाबू झाड़ी लाँघ जाएँगे' लेकिन इस खतरनाक समय में 'बलि' की लड़की की तरह हमारे पास आत्महत्या करने के अतिरिक्त कोई दूसरा विकलप नहीं। इधर लिखी जा रही कहानियों को पढ़ने के बाद लगता है कि न तो हरि भटनागर की चिरौंटों की 'जंग' कुछ कर पाती है और न ही अरुण प्रकाश का आई. टी. ओ. पुल के नीचे रचा गया 'गज पुराण' ही पाठक में कोई सर्जनात्मक प्रतिक्रिया उत्पन्न कर पाता है। बहुत बार लगता है कि हमारे शैशव की शरारतों का मरना हमारे भविष्य के सपनों का मरना है। ऐसे में त्रिपुरारी शर्मा की 'जूते', गौरीनाथ की 'महागिद्ध' और अंकित की 'आखिरी बार' जैसी कहानियाँ कुछ-कुछ आश्वस्त करती हैं लेकिन...'*

# हिंदी कहानी का समकालीन परिदृश्य

हिंदी कहानी के समकालीन परिदृश्य पर विचार करते समय मुझे सबसे पहले विजयमोहन सिंह जी की वह बात याद आती है जो उन्होंने आज से आठ-नौ वर्ष पूर्व कही थी—'बीस साल पहले जो हम कहानियाँ लिखते थे उस वक्त ऐसी कहानियाँ बहुत कम लिखी जा रही थीं जिनके तात्कालिक संदर्भ हों। अब कहानीकार खुला रुख अपनाने लगा है। राजनीतिक घटनाओं, तात्कालिक सूचनाओं, मीडिया और विज्ञापन, इन सबका जो विस्फोट हुआ है, उसने हमारे पूरे भावबोध का, संवेदना का, चेतना का, हमारी समझ का काफी कुछ ध्वस्त किया है।' इसी के साथ ही पिछले कुछ वर्षों में सामने आ रही हिंदी कहानी के संबंध में वह एक अन्य बात की ओर भी इशारा करते हैं—'मैं डिक्शन को बहुत महत्त्वपूर्ण मानता हूँ। जिसने अपना कोई बड़ा डिक्शन नहीं दिया वह बड़ा कवि या कथाकार नहीं हो सकता। फिलहाल मुझे लगता है कि आज का कथाकार अपना कोई डिक्शन या शिल्प देने में समर्थ नहीं हुआ है।' विजयमोहन सिंह जी का यह कथन उचित प्रतीत होता है। यह सही है कि इधर के कहानीकार अपना कोई डिक्शन तो नहीं दे पाए किंतु फिर भी स्वयं प्रकाश, उदय प्रकाश, पंकज बिष्ट, संजीव, शिवमूर्ति, अखिलेश, महेश कटारे, देवेंद्र और विजयदान देथा की कहानियाँ पाठकों का ध्यान अवश्य विकेंद्रित करती हैं। इन कहानीकारों की कहानियाँ मात्र ध्यान ही विकेंद्रित नहीं करतीं अपितु उदय प्रकाश तथा विजयदान देथा ने कुछ ऐसी कहानियाँ इधर हिंदी कहानी को दी हैं जो पूर्ववर्ती कहानीकारों तथा अपने समकालीन कहानीकारों में उनकी एक अलग पहचान बनाती हैं। बहुत बार तो ऐसा भी लगता है कि इनकी कहानियों को क्रॉस करके ही आज की कहानी लिखी जा सकती है।

स्वयं प्रकाश ने जहाँ 'बलि', 'गौरी का गुस्सा', 'कहाँ जाओगे बाबा', 'नीलकांत का सफर', 'पिताजी का समय' तथा 'क्या तुमने कभी कोई सरदार भिखारी देखा है' जैसी बार-बार पढ़ी जाने वाली कहानियाँ हिंदी साहित्य को दीं वहाँ उदय प्रकाश ने 'टेपचू', 'तिरिछ', 'छप्पन तोले का करधन', 'पीली छतरी वाली लड़की', 'थर्ड डिग्री', 'और अंत में प्रार्थना' तथा 'वारेन हेस्टिंग्स का साँड' और 'दिल्ली की दीवार' जैसी

स्थायी महत्त्व की कहानियाँ हिंदी पाठकों को दी हैं। विजयदान देथा की 'आशा अमरधन', 'सपनप्रिया', 'लजवंती', 'दूजौ कबीर' तथा 'भगवान की मौत' जैसी कहानियाँ हिंदी कहानी की स्थायी उपलब्धि कही जा सकती हैं। इन कहानियों को तात्कालिक घटनाओं की परिणति नहीं कहा जा सकता। ये कहानियाँ हमारे भावबोध का, हमारी संवेदना का विस्तार करने वाली कहानियाँ हैं,—हमारी चेतना को झकझोरने वाली, हमारे जीवन-क्रम में हस्तक्षेप करने वाली कहानियाँ हैं।

इन कहानीकारों के अतिरिक्त कुछ अन्य कहानीकार जो कहानी-लेखन में सक्रिय हैं वे भी बदलते सामाजिक यथार्थ को कहानियों के माध्यम से अभिव्यक्त कर रहे हैं। यद्यपि राजेश जोशी आठवें दशक की कहानियों को बेहतर कहानियाँ कहते हुए नौवें दशक की कहानियों को कमजोर कहानियाँ कहते हैं। उनका कहना है कि आठवें दशक की कहानियों के पास एक विजन था, एक साफ दृष्टि थी लेकिन नौवें दशक के कहानीकार की दृष्टि साफ नहीं है। इन कहानियों का अंदाज गैरराजनीतिक-सा लगता है। इधर लिखी जा रही कहानियों में से सार्थक कहानी किसे कहा जा सकता है, इसके संबंध में चंचल चौहान का कथन उल्लेखनीय है। चंचल चौहान कहते हैं कि आज भी सार्थक कहानी वही बन पाती है जिसमें कोई अर्थवत्ता होती है। देर सवेर सार्थक कहानी की पहचान हो ही जाती है और समाज उसे चर्चा के द्वारा याद करता रहता है। 'उसने कहा था' से लेकर 'पाल गोमरा का स्कूटर' तक ऐसी ही कहानियाँ साहित्यिक धारा में उभरकर आ जाती हैं जिनमें अपने समय के यथार्थ की पकड़ और नयी से नयी टेकनीक का इस्तेमाल होता है तथा इस समाज को बेहतर देखने की एक विश्वदृष्टि होती है। इन तीनों तत्त्वों में से एक भी नदारद होता है तो कहानी कमजोर हो जाती है। इन तीनों तत्त्वों में से किसी का भी अतिवादी आग्रह कहानी का सत्यानाश कर सकता है। इसे और स्पष्ट करते हुए चंचल चौहान कहते हैं—'अगर कोई यथार्थ को इतना विशिष्ट बना देता है कि वह सार्वभौमिक न होकर अपवाद लगने लगता है तो कहानी कोरी गप्प लगने लगती है और उसको 'सत्यकथा' की तरह की कहानी कहा जा सकता है। शिवमूर्ति की 'कसाईबाड़ा' या 'तिरिया चरित्तर', सृंजय की 'कामरेड का कोट' जैसी कहानियाँ इसी श्रेणी की हैं। इसी तरह सिर्फ टेकनीक या प्रयोगधर्मिता पर बल देने से भी संतुलन बिगड़ जाता है और कहानी गड़बड़ा जाती है। रमेश उपाध्याय की 'किसी देश के किसी शहर में' की कहानियाँ इसी अतिवाद की शिकार कही जा सकती हैं। इसी तरह सिर्फ विश्वदृष्टि या जीवन दृष्टि को यांत्रिक ढंग से कहानी में डालने से भी कहानी को नुकसान होता है।' मेरे विचार से कहानी सार्थक-निरर्थक, अच्छी-बुरी नहीं होती वह या तो कहानी होती है या फिर कहानी नहीं होती। कहानी पढ़ लेने के बाद पाठक कह उठता है कि वह कहानी नहीं बनी।

मुझे लगता है कि आज का समय 'सुधीर घोषाल', 'देवीसिंह कौन' और 'टेपचू'

का समय नहीं है। वह 'टुंड्रा प्रदेश', 'मुक्ति' और 'ब्लैक होल' का भी नहीं है। वह 'वारेनः हेस्टिंग्स का साँड', 'पीली छतरी वाली लड़की', 'तिरिछ', 'भगवान की मौत' और कुछ-कुछ 'बड़ी अम्मा' तथा 'पिताजी का समय' है। हम सभी रघुनंदन त्रिवेदी की तरह ऐसी आस्था तो अवश्य पालते हैं कि 'एक दिन राम बाबू झाड़ी लाँघ जाएँगे' लेकिन इस खतरनाक समय में 'बलि' की लड़की की तरह हमारे पास आत्महत्या करने के अतिरिक्त कोई दूसरा विकल्प नहीं। इधर लिखी जा रही कहानियों को पढ़ने के बाद लगता है कि न तो हरि भटनागर की चिरौंटों की 'जंग' कुछ कर पाती है और न ही अरुण प्रकाश का आई. टी. ओ. पुल के नीचे रचा गया 'गज पुराण' ही पाठक में कोई सर्जनात्मक प्रतिक्रिया उत्पन्न कर पाता है।

बहुत बार लगता है कि हमारे शैशव की शरारतों का मरना हमारे भविष्य के सपनों का मरना है। ऐसे में त्रिपुरारी शर्मा की 'जूते', गौरीनाथ की 'महागिद्ध' और अंकित की 'आखिरी बार' जैसी कहानियाँ कुछ-कुछ आश्वस्त करती हैं लेकिन मोहनदास नैमिशराय ने शोषण और उत्पीड़न से मुक्ति का जो रास्ता 'अपना गाँव' बसा कर खोजा है, ऐसा गाँव जो केवल दलितों का गाँव हो, जहाँ दलितों की अपनी पुलिस हो, दलितों का अपना राज्य हो, वह मेरी दृष्टि में उचित नहीं। मोहनदास नैमिशराय के उस अपने गाँव में रहने वाले मनुष्य की स्थिति इकेथियांदर की ही होगी। इधर दलित विमर्श को लेकर जितना कुछ लिखा जा रहा है उसके संबंध में भगवान सिंह ने एक सही टिप्पणी की है। वह लिखते हैं–'जो कुछ जैसा है, वैसा ही लिख देना साहित्य को पागलखाना बनाने जैसा ही होगा।' हिंदी कहानी को विजयदान देथा से बहुत कुछ सीखने की ज़रूरत है फिर चाहे वह दलित विमर्श हो या स्त्री विमर्श अथवा कथा विमर्श। पुन्नी सिंह ने कुत्ते, गधे और कौए को लेकर 'काना कौआ' शीर्षक से कहानी लिखने की कोशिश अवश्य की थी लेकिन वह 'कानी कहानी' बनकर ही रह गई। भला कहाँ विजयदान देथा की कहानी 'कागमुनि' और कहाँ 'काना कौआ'।

इधर लिखी जा रही कहानी में से जो कहानीपन समाप्त हो रहा है उसके प्रति केवल मैं ही चिंतित नहीं हूँ बल्कि मेरे जैसे और भी हैं जो उसकी वापसी की प्रतीक्षा में हैं। अभी मैंने 'जूते' कहानी की जिस कथा लेखिका का जिक्र किया था, वह अपनी कहानियों के संबंध में विचार व्यक्त करते हुए कहती हैं–'कहानी से जो कहानीपन कम हो गया है उसकी वापसी बहुत जरूरी है। यह सही है कि भाषा, अभिव्यक्ति और साहित्य के विभिन्न रूपों के बीच कोई बहुत सख्त हदबंदी नहीं हो सकती। उनकी हदें टूटती हैं और जरूरी हो तो उन्हें तोड़ना भी चाहिए। लेकिन यह देखना चाहिए कि ऐसा करने से साहित्य की कोई विधा बेहतर बन रही है या खराब हो रही है। मसलन अखबार पढ़ने का अपना मजा है। लेकिन कहानी पढ़ते समय मुझे अखबार का नहीं, कहानी का ही मजा मिलना चाहिए। कहानी की प्रेरणा

आप कहीं से भी लें, पर कहानी में कहानीपन का रहना बहुत जरूरी है।' इसी तरह से स्त्री साहित्य तथा दलित साहित्य के संबंध में भी वह बहुत स्पष्ट शब्दों में कहती हैं—'कई बार हम स्वयं को स्त्रीवादी या दलितवादी प्रमाणित करने के लिए, या केवल समकालीन होने के लिए, या एक अतिरिक्त कर्त्तव्यबोध से प्रेरित होकर कि इस विषय पर हमें कहानी लिखनी चाहिए—जल्दबाजी में बहुत कुछ कर जाते हैं और उसको एक नाम देने लगते हैं कि वह स्त्री साहित्य है या दलित साहित्य। मेरे विचार से कहानी की या साहित्य की रचना प्रक्रिया इस तरह की नहीं होती। इस तरह चीजें सतही हो जाती हैं, जबकि साहित्यिक रचना में एक गहराई होनी चाहिए, एक कलात्मक स्तर तक उसे पहुँचना चाहिए। लेखक को जब अपनी रचना में उस गहराई की या उस कलात्मक स्तर की जरूरत महसूस होने लगती है, तब विचारधारा से पाई हुई दृष्टि उसकी सहायता तो करती है, लेकिन वह खुद बीच में आकर जबर्दस्ती प्रकट नहीं होती और इस तरह जो रचना बनती है, वह कई बार उस विचारधारा से भी बड़ी हो जाती है और ज्यादा मूल्यवान हो जाती है।'

हिंदी कहानी के समकालीन परिदृश्य को देखते हुए कुछ लोगों का कहना है कि उसमें एक ठहराव आ गया है। वह डायरी, संस्मरण, निबंध हो गई है या फिर इन सबका मिलाजुला रूप लेकिन कहानी नहीं रही। वह अपना कहानीपन खो चुकी है। हम देखते हैं कि 'कथादेश', 'कथाक्रम', 'कथन', 'हंस', 'वर्तमान साहित्य', 'तद्‌भव', 'नया ज्ञानोदय' तथा 'वागर्थ' आदि पत्रिकाओं में कहानियों के नाम से कहानियाँ तो बेशुमार छप रही हैं किंतु उनमें से अधिकांश में कहानी नहीं है। फिर भी हम कह सकते हैं कि कुछ कहानीकार ऐसे हैं जिनकी कहानियों को हम एक बार नहीं बार-बार पढ़ना चाहते हैं। कहानी आज भावोत्तेजक नहीं विचारोत्तेजक विधा है और इस विचारोत्तेजक विधा के आगे आज के पूँजीवाद ने न केवल हिंदी कहानी के आगे अपितु दुनिया की तमाम भाषाओं की कहानियों के आगे अवरोध खड़े कर दिए हैं। इसके संबंध में बिंदु भास्कर ने एक दिलचस्प बात कही है कि आज के पूँजीवादी भूमंडलीकरण ने कहानी के सामने यह चुनौती रख दी है कि वह या तो बाजारू होकर बाजार से समझौता कर ले या बाजार से बाहर हो जाए। अब यह तो कहानीकारों पर निर्भर करता है कि वे क्या करते हैं। यह कोरा साहित्यिक, कलात्मक या सौंदर्यशास्त्रीय प्रश्न नहीं बल्कि बहुत बड़ा सामाजिक, सांस्कृतिक, नैतिक और राजनीतिक प्रश्न भी है और इस प्रश्न का उत्तर तभी दिया जा सकता है, जब हम बाजार नामक जगह के बारे में यह तय करें कि हमें इसके मुताबिक ढलना है, या दुनिया को बेहतर बनाने के लिए इसको बदलना है। जाहिर है, इस जगह को बदलना बड़ा मुश्किल काम है क्योंकि इस पर फिलहाल जिनका कब्जा है वे वही हैं, जो कल तक साम्राज्यवाद कहलाते थे आज भूमंडलीय पूँजीवाद कहलाते हैं। वे पहले सारी दुनिया में अपने उपनिवेश बनाते थे आज वे सारी दुनिया में अपने बाजार बनाते

हैं। अब कहानी लिखना उन्हीं से लड़ना है। यहाँ यह ध्यान रखना भी निहायत जरूरी है कि इस लड़ाई में कहीं कहानी ही लहूलुहान होकर बदशक्ल न हो जाए और हम उसे कहानी न कहकर कहानी का लहूनः कहने लगें।

अंत में हिंदी कहानी के समकालीन परिदृश्य पर मैं अपनी बात एक विदेशी लोककथा के माध्यम से समाप्त करना चाहूँगा। यह लोककथा आस्ट्रेलिया के आदिवासियों में प्रचलित है। मुझे लगता है कि हजारों वर्ष पहले की वह कथा न केवल आस्ट्रेलिया की अपितु हमारी आज की कथा है। कहते हैं कि बहुत समय पहले इस धरती पर आसमान बहुत नीचा हुआ करता था। इतना नीचा कि इस धरती पर रहने वाला प्रत्येक मनुष्य अपना सिर उठाकर नहीं चल सकता था। तब इस धरती पर इतना अँधेरा था कि मनुष्य को इस धरती पर अपना पेट भरने के लिए जड़ी-बूटियाँ भी अपने हाथों से टटोल-टटोल कर खोजनी पड़ती थीं। ऐसे समय में पक्षियों को यह ख्याल आया कि यदि किसी तरह से इस आसमान को धकेल कर ऊँचा कर दिया जाए तो इस धरती पर रहने वाले मनुष्य सिर उठाकर चल सकेंगे और कहते हैं कि पक्षियों ने लंबे-लंबे तिनके इकट्ठे किए और अपना पूरा जोर लगाकर आसमान को ऊपर उठाना शुरू किया और आसमान सचमुच ऊपर उठ गया। मनुष्य सिर उठाकर पूरी तरह खड़े होकर चलने लग पड़े। सूरज भी सामने आ गया और पूरी धरती पर रोशनी हो गई। इस कथा के आधार पर मैं पूरे विश्वास के साथ कह सकता हूँ कि इस देश में आज भी ऐसे कहानीकार मौजूद हैं जो अपनी-अपनी कलमों से आसमान को ऊपर उठाने में लगे हैं। एक उम्मीद है कि वे इसे ऊपर उठाने में उन पक्षियों की तरह अवश्य कामयाब होंगे। वैसे सही मायने में अभी इस धरती पर आसमान भी इतना नीचे नहीं आया है।

# ऊहन

'मेरे अधिकांश चरित्र वास्तविक जीवन से लिए गए हैं। गो उन्हें काफी अच्छी तरह पर्दे से ढँक दिया गया है। जब तक किसी चरित्र का कुछ आधार वास्तविकता में न हो तब तक वह छाया सा अनिश्चित रहता है और उसमें विश्वास पैदा करने की ताकत नहीं आती।'

–प्रेमचंद

---

*'प्रेमचंद के लिए लेखन का उद्देश्य और देश का भविष्य दोनों एक-दूसरे से जुड़े हुए थे। सामाजिक स्तर पर जो भी दबाव उन्हें अनुभव होता था उसी का अनुभव वह लेखन के स्तर पर भी करते थे। इस बात का एक अच्छा-खासा अनुभव 'पूस की रात' में देखा जा सकता है।'*

---

# आधुनिकताबोध की पहली कहानी का कहानीकार : प्रेमचंद

प्रेमचंद मूलतः पुनरुत्थानवादी प्रवृत्तियों की उपज थे। पुनरुत्थानवादी भारतीय-परंपरा का आधार जो सुधारवाद तथा समन्वयवाद था वही प्रेमचंद की कहानियों में भी प्रधान रूप से व्यक्त हुआ। किंतु प्रेमचंद की कहानियों का निकट से अध्ययन करने से पूर्व उस पूरे साहित्यिक और सामाजिक संदर्भ का अध्ययन कर लेना आवश्यक है, जिसमें प्रेमचंद की कहानियाँ और स्वयं प्रेमचंद स्थित थे।

प्रेमचंद हिंदी के पहले कथाकार थे जिन्होंने कथा-संबंधी इस प्रचलित मान्यता को पूरी तरह ठुकरा दिया था कि कथा मात्र मनोरंजन का वाहक है। वह कथा-साहित्य को एक गंभीर तथा दायित्वपूर्ण विधा के रूप में प्रतिष्ठित करने की प्रतिज्ञा करके आए थे और जैसा कि उन्होंने अपने साहित्यिक विचारों में व्यक्त भी किया था कि मनोरंजन करना विदूषकों तथा मदारियों का काम है—कथाकार का नहीं। प्रेमचंद की प्रारंभिक कहानियों में कहानी को इसी रूप में प्रतिष्ठित करने का प्रयास दिखायी पड़ता है।

सन् 1920 के आस-पास जब प्रेमचंद ने उर्दू से हिंदी में कहानियाँ लिखना आरंभ किया तो उनकी प्रारंभिक कहानियाँ उर्दू कहानियों का रंग, मिजाज, तेवर लेकर तो आईं जिनमें पुनरुत्थानवादी सुधार तथा समन्वय भावना भी शामिल थी। प्रेमचंद ने इस रूप में अपनी कहानियों के लिए जो कथाफलक चुना वह अपनी व्यापकता की दृष्टि से आज भी कहानीकारों के लिए एक चुनौती है। जिस प्रकार पुनरुत्थानवादी युग के सर्वश्रेष्ठ नेता गाँधी ने अपना कार्यक्षेत्र गाँव, शहर, निम्नवर्ग, निम्न मध्यवर्ग तथा व्यक्ति और परिवार सबको एक साथ बनाया उसी प्रकार प्रेमचंद ने अपनी कहानियों के लिए एक व्यापक कथाफलक चुना तथा गाँधी की तरह ही मानवतावादी दृष्टि अपनाई।

उस समय की वास्तविक स्थिति का परिचय हमें नेहरूजी के शब्दों में अच्छी तरह प्राप्त हो जाता है—कल-कारखानों के मजदूर जिनकी संख्या महायुद्ध के कारण बेहद बढ़ गई थी—कुछ-कुछ जगहों में ही स्थानीय रीति से संगठित हो गए थे और उनका प्रभाव नहीं के बराबर था। किसान अपढ़, गरीबी और मुसीबत के मारे थे।

भाग्य के भरोसे दिन काटते और सरकार, जमींदार, साहूकार जो भी होते सब इन पर सवारी गाँठते और उनको चूसते थे। कैसे लगान का बोझ दिन-ब-दिन बढ़ता जा रहा है और जिसके तले किसान कुचले जा रहे हैं। किस तरह वे कहीं धूप में मशक्कत करते हैं और अंत में देखते हैं कि उनकी सारी पैदावार उनकी नहीं है उसे दूसरे उठा ले जाते हैं जिसका बदला उन्हें मिलता है ठोकरों, गालियों और भूखे पेट से।

प्रेमचंद की कहानियाँ इसी परिवर्तित मानसिकता के आशावाद तथा क्रूर वास्तविकता के रचनात्मक संयोग से निर्मित हुई थीं। प्रेमचंद की कहानियों का उचित मूल्यांकन देश की तत्कालीन दशा के इसी संदर्भ में किया जा सकता है। यह उस समय के पूरे उत्तर भारत की स्थिति थी जिसे प्रेमचंद ने अपनी कहानियों में व्यक्त किया था और यही उनके आदर्शोन्मुख यथार्थवादी सिद्धांत का आधार थी। किसानों और मजदूरों के समानांतर ही मध्यवर्गीय वास्तविकता थी जो बहुत अलग नहीं थी। उसमें भी अवसरवादी, मक्कार, चापलूस तथा सरकारी नौकरी पर दाँत लगाए चापलूस और स्वार्थी लोग भरे थे और कुछ लोग खासकर मध्यवर्ग की ऊपरी श्रेणी के मुट्ठी भर लोगों में से थे जो आम तौर पर ब्रिटिश शासन की बदौलत फूले-फले थे और ऐसे परिवर्तन नहीं चाहते थे जिससे हमारी मौजूदा स्थिति और स्वार्थों को धक्का लगे। प्रेमचंद की कहानियाँ इसी स्थिति का प्रामाणिक दस्तावेज प्रस्तुत करती हैं। इन कहानियों में एक ओर साहित्यिक परंपरा के रूप में पुनर्जागरण के प्रथम चरण की मिली-जुली मध्ययुगीन प्रवृत्तियाँ थीं और दूसरी ओर पंचरंगी जीवन-दृष्टि लेकर आने वाले गाँधीजी की नवीन मानसिकता तथा देश की तत्कालीन वास्तविकता थी।

उस युग में लिखी गई प्रेमचंद की प्रमुख कहानियों को यदि सामने रखें तो इस स्थापना का विश्लेषण भली-भाँति किया जा सकता है। 'बड़े घर की बेटी', 'पंच परमेश्वर', 'शतरंज के खिलाड़ी' तथा 'नमक का दारोगा' आदि कहानियों का कथ्य इसी सामाजिक स्थिति में हो सकता है। इस रूप में प्रेमचंद को दोहरा कार्य करना पड़ा; एक ओर कथा की पुरानी रूढ़ियों का भंजन और दूसरी ओर नवीन जीवन-मूल्यों का निर्माण। इस दोहरे दायित्व के कारण ही कहीं-कहीं प्रेमचंद की कहानियों में अचानक अतिरिक्त उत्साह और आशावाद दिखाई पड़ता है तथा कहीं-कहीं इसी तरह अचानक आ जानेवाली भीषण हताशा और निराशा। यह उनकी कहानी 'शतरंज के खिलाड़ी' और बाद की कहानी 'कफ़न' दोनों में इसी तरह अचानक उत्पन्न होती है। लेकिन प्रेमचंद की कहानियाँ न तो इस आशावाद और न इस हताशा के आधार पर पूरी तरह परिभाषित हो सकती हैं। उनकी कहानियों के तत्त्व एक दूसरे ही द्वन्द्वों में ढूँढ़ने होंगे जो उस समय देश की सामाजिक-राजनीतिक उथल-पुथल और प्रेमचंद के अपने जीवन-संघर्ष दोनों से जुड़े थे। प्रेमचंद ने कहानियों के माध्यम से अपने भीतर निरंतर विकसित होते हुए इसी संकट को व्यक्त किया था क्योंकि वह मुख्यतः मानवतावादी

और सुधारवादी थे। उनकी कहानियाँ कहीं न कहीं एक निश्चित नैतिक उद्देश्य से जुड़ी रहती हैं और दूसरा कारण जब उनकी इस नैतिकता तथा मानवतावादी मान्यताओं पर बाहरी स्थितियों के दबाव का असर होता है तो वे चरमराने लगती हैं। प्रेमचंद की परवर्ती कहानियों में इस चरमराहट की ध्वनि स्पष्ट सुनी जा सकती है। प्रेमचंद के लिए लेखन का उद्देश्य और देश का भविष्य दोनों एक-दूसरे से जुड़े हुए थे। सामाजिक स्तर पर जो भी दबाव उन्हें अनुभव होता था उसी का अनुभव वह लेखन के स्तर पर भी करते थे। इस बात का एक अच्छा-खासा अनुभव 'पूस की रात' में देखा जा सकता है।

'पूस की रात' का गहरा अँधेरा जाड़े की ठिठुरन और इन सबके बीच जलता हुआ एक धुँधला अलाव, जो बार-बार जलाने पर भी बुझ जाता है और केवल उस परिवेश के अँधेरे को धुएँ से और गहरा कर देता है। यह सब कुछ कहानी के आंतरिक परिवेश का अंग होकर मानों हल्कू की ही नहीं पूरे किसान वर्ग की सामाजिक, आर्थिक और व्यक्तिगत ट्रेजेडी को प्रतीकात्मक ढंग से कलावंत बना देती है। 'पूस की रात' में प्रेमचंद की पूर्ववर्ती कहानियों का कोई आरोपित सुधारवाद अथवा आशावाद नज़र नहीं आता। यहाँ एक सीधी तथा मार्मिक व्यंजना है जो किसानों की तत्कालीन स्थिति को रचनात्मक स्तर पर पूरी क्षमता के साथ उद्घाटित करती है।

इसी प्रकार प्रेमचंद की कहानियों में से जिनकी संख्या प्रायः तीन सौ है, यदि छाँटकर निकाला जाए तो प्रायः दो दर्जन कहानियाँ ऐसी अवश्य प्राप्त होंगी जिनमें पुनरुत्थानवादी प्रवृत्तियों से निर्मित सुधारवाद, समन्वयवाद, समझौतावाद कहीं भी आरोपित नहीं दिखाई देता और वे रचनात्मक दृष्टि से विश्व की सर्वश्रेष्ठ कहानियों की कोटि में रखी जा सकती हैं। प्रेमचंद की ऐसी ही एक कहानी 'ईदगाह' है जो इसी नंगी वास्तविकता के दूसरे पक्ष का उद्घाटन इतनी ही तीव्रता से करती है। यह कहानी एक बच्चे के मनोविज्ञान से जुड़ी हुई है जो व्यवस्था विशेष के द्वारा दबोची गई ऐसी ही 'नंगी ट्रेजेडी' को उजागर करती है। प्रेमचंद की कहानियों का मनोविज्ञान केवल मनोविज्ञान के लिए नहीं और न उनकी कला केवल कला के लिए है बल्कि इनका सीधा संबंध एक नंगी और बेलौस वास्तविकता से होता था जो उतनी ही सशक्त रचनात्मकता से संयुक्त होकर बेजोड़ हो उठती थी। 'ईदगाह' ऐसी ही कहानी है।

प्रेमचंद की 'कफ़न' कहानी अन्य कहानियों से नितांत भिन्न है। उनके कहानी-संसार से इसका संसार सर्वथा निस्संग और निरपेक्ष है। प्रेमचंद के संबंध में बनी हुई पूर्ववर्ती धारणाओं के आगे प्रश्नचिह्न लगा देती है। सम्भवतः यह उनकी अंतिम कहानी है जिसके लिए डॉ. बच्चन सिंह ने 'परिवेश' पत्रिका में प्रकाशित अपने लेख 'आधुनिकता-बोध की पहली और सही कहानी 'कफ़न' ' में ठीक ही लिखा है : यह उनकी जिंदगी के उस बिंदु से जुड़ी है जिसके आगे बिंदु नहीं होता, '36

के बाद का केलैंडर उनके जीवन में नहीं आया। यह उनके 'गोदान' का वर्ष है, 'कफ़न' का वर्ष है। यह उनके जीवन का ही कफ़न सिद्ध नहीं होती, उनके संचित आदर्शों, मूल्यों, आस्था, विश्वासों का भी कफन सिद्ध हुई। यदि वे और जीते रहते तो और भी झूठे मूल्यों को कफ़न ओढ़ना पड़ता।

प्रेमचंद की कहानियों की भाषा को लेकर कुछ लोग सवाल उठाते हैं कि प्रेमचंद की कहानियों में जहाँ पीड़ा, आक्रोश, तकलीफ और तनाव दिखाई देता है वहाँ उनकी भाषा गुस्सैल या विस्फोटक क्यों नहीं होती? रमेश दवे बेहद दिलचस्प अंदाज में इसका उत्तर देते हुए लिखते हैं कि प्रेमचंद की भाषा रचना की भाषा है, सृजन की भाषा है—किसी आंदोलन या मंच की भाषा नहीं। भाषा अपने तनाव खुद रचती है, अपनी सीधी या वक्र धारा खुद बनाती है और रचना के अंदर जाकर भाषा अपनी आंतरिक शक्ति से अधिक बोलती है। प्रेमचंद के पास हिंदी हो या उर्दू दोनों उनकी रचना की आंतरिक शक्ति की भाषा है। अतः कहानी की भाषा में घोषणा पत्र की अपेक्षा प्रेमचंद से एक गलत अपेक्षा होगी। रमेश दवे आगे कहते हैं कि प्रेमचंद अपनी भाषा के उस स्फीत और विभ्राट कलेवर से निकलकर आज एक शब्द या शब्द ध्वनि बन गए हैं। यह शब्द किसी इतिहास की कंदरा से निकलकर आने वाला कोई आदि अक्षरों का समूह नहीं है। इस शब्द को प्रेमचंद ने मनुष्य के रूप में रचा है। गोर्की ने अपने एक निबंध में नये रूसी लेखकों को एक सलाह दी थी कि यदि रूस के सर्जक अच्छा साहित्य लिखना चाहते हैं तो वे पहले फ्रांस का साहित्य पढ़ें। शायद ठीक ऐसा ही आज के हिंदी कथा लेखक के लिए हिंदी में कहा जा सकता है। नयेपन के नाम पर हम फार्म या कंटेंट को तोड़ने की ज़िद करें या एब्सर्ड रचना के किसी तात्कालिक मुहावरे का दोहन करें मगर इससे रचना अपनी पूरी ताकत के साथ बाहर आती हो यह जरूरी नहीं। यदि ऑर्थर हेली, मेकलींस और अपडाइक आज भी हजार-हजार पृष्ठ के उपन्यास लिखकर फॉर्म और कंटेंट दोनों को अपना रहे हैं और दुनिया के बाहर में जिनको पढ़ने का चस्का लग गया है, तो यह कहना भी ठीक नहीं लगता कि हर प्रयोग कुछ तोड़-फोड़ कर ही किया जाए। प्रेमचंद ने अपने समय में मौजूद किसी भी सामाजिक आदर्श को अपना आंदर्श बनाकर नहीं लिखा। उनके पास ईश्वर की सत्ता नगण्य है, धर्म के तमाम विश्वास नगण्य हैं, साम्राज्यवादी शक्तियों के प्रभाव नगण्य हैं। उनके पास समाज की मनुष्यता की सत्ता है, नैतिकता की सत्ता है। इसलिए उनकी रचना का सारा विस्तार मनुष्यता में होता है। मनुष्यता के बाहर जाकर जिम कारबेट की तरह न वह कोई ट्रायगर हंट का एडवेंचर लिखते हैं और न आरवेल की तरह मार्क्सवादी मनुष्यत्व के विरुद्ध कोई एनिमल फार्म लिखते हैं।

'मैं व्यक्ति को जानता हूँ समाज को नहीं। व्यक्ति तो होता है, समाज क्या होता है, मैं नहीं जानता।'

*–जैनेंद्र कुमार*

---

*'ऐसा लगता है कि जैनेंद्र एक विचारक और बुद्धिवादी दार्शनिक पहले हैं और एक कहानीकार बाद में।'*

---

# जीवन-संघर्ष से पलायन का कथाकार : जैनेंद्र

यदि हम उन्नीस सौ पैंतीस के पश्चात की हिंदी कहानियों को देखें तो उसमें फ्रायड, एडलर, युंग आदि मनोविश्लेषकों के मनोविश्लेषणात्मक सिद्धांतों और पद्धतियों को अच्छी तरह देखा जा सकता है। पहले मानव-चरित्र का विश्लेषण प्रमुख था और अब मन का विश्लेषण प्रधान हुआ। पहले मानव के रहस्यों को खोजा जाता था। और अब हृदय के पर्दे उघाड़े जाने लगे। (नंददुलारे वाजपेयी, नया साहित्य नये प्रश्न) पहले पात्रों की सामाजिक समस्याओं को चित्रित कर सुलझाया जाता था, अब पात्रों की मानसिक गुत्थियों, ग्रंथियों एवं कुंठाओं का चित्रण प्रमुख हो गया। कुल मिलाकर देखें तो शरीर से हृदय की ओर, बहिर्मुखता से अंतर्मुखता की ओर, चेतन से अवचेतन की ओर, स्थूलता से सूक्ष्मता की ओर गति दृष्टिगत होती है। इस संदर्भ में जैनेंद्र ने स्वयं स्वीकारा है! ''यह बात अच्छी तरह समझ लेनी होगी कि शरीर से प्राणों की ओर बढ़ना, बनावट से स्वाभाविकता की ओर बढ़ना होगा।'' इसे नीचे के चित्र से समझा जा सकता है–

| | | |
|---:|:---:|:---|
| शरीर | → | हृदय |
| बहिर्मुखता | → | अंतर्मुखता |
| चेतन | → | अवचेतन |
| स्थूलता | → | सूक्ष्मता |
| मानव-चरित्र-विश्लेषण | → | मन का विश्लेषण |
| मानव के रहस्यों को खोलना | → | मन के रहस्यों को खोलना |

स्थूलता से सूक्ष्मता की ओर 'कफ़न', नशा आदि कहानियों के माध्यम से प्रेमचंद ने कहानियों में गतिशील होने की जिस परंपरा का निर्माण किया था, उसे बहुत कुछ विकसित करने का श्रेय जैनेंद्र को है। जैनेंद्र एक विचारक और बुद्धिवादी दार्शनिक पहले हैं और एक कहानीकार बाद में। सन् अट्ठाईस में जैनेंद्र कोई मौलिक परंपरा लेकर आए थे, यह समझना भूल होगी। उन्होंने प्रेमचंद की परंपरा को ही नया मोड़ देकर आत्मपरक बना दिया। लेकिन उनके इस पलायनवाद से वह प्रगतिशील सामाजिक परंपरा मृत नहीं हुई, उसे यशपाल आदि दूसरे लेखकों ने आगे बढ़ाया। जैनेंद्र का

आगमन विशेष महत्त्व इसलिए रखता है कि उन्होंने कहानी में सूक्ष्मता की प्रवृत्ति को चरम सीमा पर पहुँचा दिया। इसे यद्यपि आरंभ प्रेमचंद ने ही किया था। डॉ. इंद्रनाथ मदान जैनेंद्र की व्यक्तिनिष्ठ जीवन-दृष्टि का उल्लेख करते हुए उनकी कहानी धारा को प्रसाद-परंपरा से जोड़ते हुए लिखते हैं—जैनेंद्र की कहानी धारा प्रसाद-परंपरा में आती है। इनकी लगभग सब कहानियों के मूल में व्यक्तिनिष्ठ जीवन-दृष्टि है जो इनकी रचनाओं को विशिष्ट दिशा तथा रूप देती है। इनकी रचना-प्रक्रिया भी व्यक्ति-चिंतन से प्रेरित होने के कारण प्रायः बौद्धिक तथा कभी क्लिष्ट होने का आभास देती है। इनकी कहानी कला का उद्देश्य भी व्यक्तिसत्य का उद्घाटन है। इसलिए यह अपनी कहानियों में उन मान्यताओं का निरूपण करते हैं जो व्यक्ति के सहज जीवन के लिए साधक एवं सहायक हो सकती हैं। इस मूल समस्या को एकाकीपन से मुक्ति पाने की समस्या को, प्रायः प्रेम तथा विचार के माध्यम से उठाया गया है। जैनेंद्र कुमार की दृष्टि में प्रेमचंद एक वैयक्तिक मूल्य है और विवाह एक सामाजिक धारणा। इसलिए वह पुरुष तथा नारी के पारस्परिक संबंध का निरूपण इस वैयक्तिक मूल्य के धरातल पर ही करते हैं। रचना-विधान की दृष्टि से इनके लगभग सभी उपन्यासों तथा काफी कहानियों में त्रिकोण की स्थिति उपलब्ध है पति, पत्नी और उसका प्रेमी। यह स्थिति योजनाबद्ध होने का आभास ही देती है। (पत्नी, एक राम, विस्तार, घंघरू, मास्टरजी, बीएट्रिस आदि) इस आधार पर जगदीश पांडेय ने जैनेंद्र की कहानी की तुलना उस गृहिणी से की है जिसके पास पकवान तो थोड़े हैं लेकिन वह परोसने में कुशलता का परिचय अवश्य देती है। वह इनको चीर-हरण का कहानीकार भी इसलिए कहते हैं कि इस योजनाबद्ध त्रिकोण की स्थापना में नारी ही अपना चीर हटा देती है और बाद में वियोग का उपदेश देने लगती है। इनकी कहानियों में कभी-कभी चिरवियोग का निरूपण हुआ है (जाह्नवी )। इन कहानियों की एकांगिता पर रहस्य तथा दर्शन का आवरण डाला गया है। इस संबंध में यह कहा जाता है कि जैनेंद्र की कहानी समस्या अहिंसा का निरूपण है और इस साध्य के लिए शारीरिक तथा मानसिक नग्नता एक साधन है। इनकी वासना-संबंधी कहानियों में अहिंसा का निरूपण हुआ है। सेक्स के बारे में चोरी की गाँठ रखने में आत्मा का हनन होता है और आत्मा का हनन हिंसा है। इसलिए कहानीकार ने पत्नी को छूट देने के लिए पति को प्रायः उदारता के साँचे में ढाला है। वह प्रेमी के निकट आकर फिर उससे दूर हो जाती है, घर के बाहर निकलकर फिर घर को लौट आती है। इस अभियान में न उसका घर रहता है और न बाहर। घर और बाहर की समस्या जैनेंद्र की कहानी-कला की ही नहीं, उपन्यास-कला की भी मूल समस्या है। ...जैनेंद्र कुमार की कहानी-कला में न केवल नारी एक पहेली है, इसकी रचना प्रक्रिया में भी अस्पष्टता तथा उलझाव की स्थिति है। इनकी मीसांसा-शैली में बौद्धिकता का पुट गहरा है, इसलिए पद-रचना में क्लिष्टता का अनुभव होने लगता है।

जैनेंद्र कुमार की रुचि प्रारंभ से ही शिल्प प्रयोग की ओर रही है। नये-नये शिल्प में कहानियाँ लिखने का फैशन हिंदी में पहली बार उन्होंने ही प्रारंभ किया। प्रारंभ से ही मूलतः जैनेंद्र कुमार की प्रवृत्ति दार्शनिक विवेचन एवं मनोवैज्ञानिक विश्लेषण की ओर रही है, जिसे कभी उन्होंने गाँधीवादी दर्शन का आवरण पहनाया है और कभी भारतीय अध्यात्मवाद का। पर स्पष्ट बात यह है कि जैनेंद्रजी जीवन के प्रति सदैव ही भ्रमित रहे हैं। इस संबंध में डॉ. सुरेश सिन्हा अपनी पुस्तक 'नयी कहानी की मूल संवेदना' में लिखते हैं—जीवन की यथार्थता से उनका कोई ताल्लुक कभी नहीं रहा, और उसकी सच्चाई वे कभी समझ नहीं पाए। विभ्रांत दृष्टिकोण और 'कन्फ्यूज्ड आयडियोलॉजी' के कारण उनकी कहानियाँ केवल शिल्प की दृष्टि से ही महत्त्व रखती हैं, अपनी सामाजिकता अथवा सोद्देश्यता के कारण नहीं, जो उनमें है ही नहीं, उनकी कहानियों में रहस्यमयी भावुकता मिलती है जो अधिकांश स्थलों पर छिछली मनोवृत्ति के साथ उभरी है। अपनी कहानियों में उन्होंने प्रायः ऐसी बातें कहने का प्रयत्न किया है, जो व्यक्तिवादी सत्य के अधिक निकट उतरती हैं। जीवन-संघर्ष, यथार्थ एवं कटुता से पलायन कर आत्मपरक दृष्टिकोण के प्रकाशन के लिए ही उनकी अधिकांश कहानियाँ लिखी गई हैं। उनकी कहानियों का मुख्य विषय काम, फ्रस्ट्रेशन, कुंठा, घुटन और पीड़न है, जो अंत में घोर निराशावादी स्वर में समाप्त होती है। नैतिकता को तोड़-मरोड़कर जैनेंद्रजी ने विचित्र अर्थाभिव्यक्ति देने का प्रयास किया है। कहा जा सकता है कि परंपरागत नैतिकता के स्थान पर उन्होंने व्यक्तिगत नैतिकता की ही स्थापना की है। यहाँ यह उल्लेखनीय है कि आज की कहानी में भी यही द्रष्टव्य होता है, और आज के अधिकांश नये कहानीकारों ने नैतिकता के प्रचलित अर्थों को अस्वीकारा है और रूढ़ियों तथा विकृतियों का निराकरण कर उसे परिष्कृत करने का प्रयत्न किया है। यह उनका व्यक्तिगत प्रयत्न ही है, पर उसमें आत्मपरकता नहीं है? उसका विकास सामाजिक संदर्भों में ही होता है और सामाजिक दायित्व के निर्वाह से उसमें कहीं विमुखता परिलक्षित नहीं होती। पिछले दौर की आत्मपरकता की तुलना में आज की कहानी की यह प्रमुख नवीनता है और विकास की महत्त्वपूर्ण कड़ी है। इसके विपरीत आत्मपरक नैतिकता को जैनेंद्रजी ने कुंठा, वर्जना और सस्ती कामुकता से अलंकृत किया और पूरे परिवेश को अस्वस्थ दृष्टि से प्रस्तुत करते हुए मानवीय चेतना के विकृत पक्ष को ही लिया, शेष को छोड़ दिया। जैनेंद्रजी के उपन्यासों और कहानियों को पढ़कर जो बात सबसे पहले स्पष्ट होती है, वह यह है कि वे समझते हैं यदि हममें अनास्था, निराशा एवं घुटन के साथ काम विकृतियाँ हैं तो उनका चित्रण करना ही यथार्थता है। यह ठीक है। पर जीवन का एक और पक्ष होता है। लेखक की एक सामाजिक जवाबदेही होती है, जिसका निर्वाह ही एकमात्र दायित्व होता है। विकृतियाँ हर युग और समाज में रही हैं। उनका प्रवृत्त चित्रण सामाजिक जवाबदेही का महत्त्व समझने वाला प्रगतिशील लेखक कभी नहीं करता।

उस बुराई को दूर करने के लिए ही वह उन 'परवर्शंज' को अपनी कहानियों का विषय बनाता है और जैनेंद्र कुमार की एक भी कहानी इस सत्य को स्पर्श नहीं करती यह निर्विवाद है।

जैनेंद्र के नारी-पात्रों पर शरत बाबू की कहानियों के नारी पात्रों का बड़ा प्रभाव है और वे भी ऐसी ही भावुकता में बहती रहती हैं। लेकिन शरत बाबू के नारी-पात्रों की सी गरिमा एवं मूल्य-मर्यादा को समझने की समर्थता का जैनेंद्र की कहानियों के नारी-पात्रों में सर्वथा अभाव है। वे भावुक हैं पर उनमें निष्ठा नहीं, दिग्भ्रमित होकर भटकने की प्रवृत्ति है। इसीलिए उनकी करुणा, स्नेह, बलिदान, उत्सर्ग आदि सभी आरोपित और संत्रास की प्रतीति होती है, क्योंकि स्वयं वे भी काम-जन्य कुंठाओं से प्रताड़ित रहती हैं, इससे उन्हें तुष्टि प्राप्त होती है। उनकी कहानियों के नारी-पात्रों पर व्यक्तिवादी तथा अहंवादी युग की प्रवृत्तियों का अधिक प्रभाव है, वे अत्यधिक स्नेहशील नारियाँ हैं और चूंकि भावुक हैं इसीलिए उन्हें इतनी वेदना या पीड़ा भोगनी पड़ती है।

जैनेंद्र के आविर्भाव से पूर्व हिंदी-कहानियों का क्षेत्र सामाजिक यथार्थ का विस्तृत चित्रांकन था। प्रसाद प्रवृत्ति का भव्य चित्र अंकित करने में सिद्धहस्त थे, प्रेमचंद सामाजिक यथार्थ का—घटना मूलक कथा-संगठन में विश्वास करते थे। लेकिन जैनेंद्रजी ने कहानी-साहित्य में अवतीर्ण होकर संपूर्ण कहानी-साहित्य की गतिविधियों को एक मोड़ दिया है। डॉ. शकुंतला शर्मा के शब्दों में कहें तो—जैनेंद्र की कहानियों में कहानी के रूप-तंत्र का एक विकसित रूप हमें प्राप्त होता है, जो रवींद्र और चेखव की कहानी-कला के प्रभाव को आत्मसात् करके आगे बढ़ता है... जैनेंद्र चेखव को आदर्श मानते हैं। उन्हीं की रेखाओं पर उन्होंने कहानी का एक अपना नया रूप विकसित किया है। इसी प्रकार का मत डॉ. रामदरश मिश्र का भी है—हिंदी में जैनेंद्र और अज्ञेय ने चेखव की कथा-संरचना को अपना आदर्श माना। यद्यपि इन कथाकारों की दुनिया चेखव की दुनिया से भिन्न थी, किंतु संरचना के क्षेत्र में इन्होंने चेखव को ही स्वीकारा और हिंदी की नयी कहानी अपनी चेतना और संरचना दोनों में अपने को चेखव की कहानियों के अत्यंत निकट पाती है।

चेखव की कहानियों की प्रायः सभी नायिकाएँ क्रूर, पति को सतानेवाली, आडंबर और ऊपरी चमक-दमक के पीछे भागने वाली, वासनाओं में बह जानेवाली स्वयश लिप्सु और अजीब किस्म की औरतें हैं। शरीर की भूख, प्यार की भूख, यश और कीर्ति की भूख इन्हें इधर-उधर भटकाती रहती है। कुछ झूठे, दिखावटी, नकली किस्म के बुद्धिजीवी और कलाकार उनकी कमजोरियों का फायदा उठाकर उन्हें उनके पतियों, बच्चों और सच्चे प्रेमियों के पास से हटाकर दूर ले जाते हैं। उधर पत्नी के विश्वासघात और उनके प्रेमियों से उपेक्षित वह अनचीन्हा आदमी जो प्रायः डॉक्टर या पादरी है, मानवता की भलाई या विज्ञान की सेवा करता-करता परिचर्याहीन ही मर जाता है।

जैनेंद्र की कहानियों का नायक भी 'व्यक्ति' और मैं का प्रतिरूप है। चेखव की भाँति इन्होंने भी उपेक्षित व्यक्ति को अपना केंद्र बनाया है, सामाजिक नैतिकता के रहते हुए व्यक्तिगत नैतिकता को रेखांकित किया है। चेखव की भाँति जैनेंद्र की कहानियों का वातावरण भी पात्रों के मूड का एक अविभाज्य अंग बन जाता है। इसीलिए इनकी कहानियाँ पाठक के सामने नहीं मन के भीतर ही निर्मित होती हैं। बिना किसी झटके या विस्मय के जब वे निर्मित होती हैं तब पाठक की चेतना में कुछ चित्र, कुछ दृश्य ही रह जाते हैं।

वर्जीनिया वुल्फ के कथा-साहित्य के बारे में लिखते हुए टी. एस. एलियट ने कहा है कि जो कविता का अच्छा पाठक होगा वही वर्जीनिया वुल्फ के कथा-साहित्य का अच्छा पाठक हो सकता है। यही बात हिंदी के उस मनोवैज्ञनिक कथा-साहित्य के बारे में भी कही जा सकती है जो जैनेंद्र से प्रारंभ होता है। इन कहानियों में गहन संक्रांत मनःस्थितियों को रूपायित करने के लिए लेखक के अपने स्वभाव तथा विषय की माँग के अनुसार अनेक प्रकार के प्रतीकों और बिंबों से काम लिया जाता है। जैनेंद्र की कहानियों में प्रेमचंद की कहानियों की स्फीति, घटना-संकुलता, नाटकीय उतार-चढ़ाव, आकस्मिक संयोगवादिता नहीं है, उनका भीतरी संघर्ष कथानक की सूक्ष्मता, सांकेतिकता तथा उतार-चढ़ावहीन सहजता प्राप्त कर लेता है।[1]

## संदर्भ संकेत

1. रामदरश मिश्र, हिंदी कहानी : एक अंतरंग पहचान, पृ. 29-30

**'मैं ऐसा नहीं मानता कि लेखक किसी वेक्यूम में जीता है। जिस काल में वह रहता है, उसकी गतिविधियों का उस पर बड़ा प्रभाव रहता है। लिखता वह अपने संवेद और दृष्टि के बल पर है। बड़े-बड़े लेखकों का भी प्रभाव पड़ता है, पर कलम तो लेखक अपनी ही चलाता है।'**

**–भीष्म साहनी**

---

*'मनुष्य का जीवन तरह-तरह के अंतर्विरोधों, विसंगतियों, विडंबनाओं और त्रासदियों से भरा पड़ा है। फिर भी मानवीय संबंधों की रागात्मकता बरकरार है। भीष्म साहनी अपनी कहानियों में रागात्मकता की उसी बची हुई फाँक पर अंगुली रखते हैं।'*

---

# रिश्तों की गरमाहट के मायने समझाता : कहानीकार भीष्म साहनी

बहुत समय पहले कथाकार अमरकांत ने हिंदी कहानी पर विचार करते समय लिखा था कि मनुष्य-जीवन ही साहित्य का विषय है। यह जीवन तेजी से बदल रहा है। बदलाव स्वयं नहीं हो रहा है, बल्कि मनुष्य स्वयं अपने परिश्रम, अपनी आशा, अपनी आकांक्षाओं एवं अपने संघर्षों से उसे बदल रहा है और इस जीवन और परिवेश से कट कर अथवा उसका विरोध करके किसी भी मूल्य और सिद्धांत को साहित्य पर आरोपित करने से साहित्य का ही नुकसान होगा। मूल्य और वाद स्वयं में कुछ भी नहीं हैं, उनकी सार्थकता तभी है जब वे निरंतर बदलते हुए आगे बढ़ते हुए उस जीवन को गहरी संवेदना से अभिव्यक्त करने में सहायक होते हैं, जिसके केंद्र में मनुष्य है, उसके सपने हैं, उसके सुख-दुःख हैं, उसकी हार-जीत है, उसकी आशा-आकांक्षाएँ हैं, उसके संघर्ष एवं उसकी उपलब्धियाँ हैं।[1] भीष्म साहनी हिंदी के उन कथाकारों में से हैं जिन्होंने मनुष्य को उसके सपनों, उसके तमाम सुख-दुःख, हार-जीत तथा उसके संघर्ष और उसकी उपलब्धियों के साथ अपने कथा-साहित्य में प्रस्तुत किया है।

भीष्म साहनी हिंदी के उस कथाकार का नाम है जो न केवल 'तमस' जैसी सच्चाई को उपन्यास के द्वारा बयान करता है अपितु एक खाँटी सिख के माध्यम से उसके एक-एक शब्द को एक्शन में भी परिणत करता है। भीष्म साहनी उस कहानीकार का नाम है जो 'नीली आँखें', 'चीफ की दावत', 'बोलता लिहाफ', 'अमृतसर आ गया है', 'पाली' तथा 'आई गई बात'[2] जैसी मनुष्य को भीतर तक झकझोर देने वाली मार्मिक कहानियाँ लिखता है। भीष्म साहनी उस रंगकर्मी, नाटककार का नाम है जो 'भूतगाड़ी' से अपनी यात्रा आरंभ करता हुआ 'माधवी' के पास से गुजर कर अनगिनत गलियों और बाजारों में कुछ तलाशता रहा। भीष्म वह संवेदनशील प्राध्यापक है जो दिल्ली के महाविद्यालय में पढ़ाता तो अंग्रेजी साहित्य है किंतु कुमार

विकल की तरह अपने साथ लाई हुई रावलपिंडी को कभी नहीं भूलता। फिर चाहे 'बसन्ती' हो या 'मय्यादास की माड़ी', 'हानूश' हो या 'कबिरा खड़ा बाज़ार में', 'खून का रिश्ता' हो या 'जख्म', यही वह शख्स था जो सच्ची और वास्तविक अनुभूति को अपनी रचनाओं के माध्यम से विरल होने से बचा रहा था। सीधी-सादी, कथ्य और संरचना के जाटिल्य से मुक्त, हमसे हमारी बात कहने वाला कहानीकार न केवल इस देश के इतिहास से वरन् उसके भूगोल से भी पूरी तरह वाकिफ था। उसने इस जमीन पर दो देशों की दीवारें खड़ी होते न केवल देखा था अपितु उन दीवारों के आर-पार के क्रंदन, क्लेश, क़लक, खलिश, अवसाद, अंतस्ताप, यंत्रणा, बेकली और आर्तनाद को भीतर तक महसूस किया था। यही टसक उसके रचनाकार को फिर-फिर एक नयी स्कंदता प्रदान करती रही और वह हमें रिश्तों की गरमाहट के मायने समझाता रहा। इसी टसक की वजह से ही जहाँ मंटो 'टोबा टेक सिंह' से परिचय करवाता है, वहाँ भीष्म साहनी 'अमृतसर आ गया है' जैसे कभी न भुला पाने वाले भयानक सच से रू-ब-रू करवाता है। ऐसी ही कहानियाँ हमारे दिल और दिमाग पर एक साथ पैठ बनाती हैं।

सीधी, सच्ची और वास्तविक अनुभूतियों को अपनी कहानियों में रूपांतरित करने की शर्त को भीष्म साहनी ने अपनी पहली कहानी 'नीली आँखें' से लेकर अंतिम कहानी 'आई गई बात' तक ईमानदारी से पूरा किया है। अपनी पहली कहानी भीष्म साहनी ने सोलह वर्ष की उम्र में लिखी थी। इस कहानी के संबंध में साहनी की स्वीकारोक्ति है–'ऐसा हुआ कि मैं उन दिनों रावलपिंडी में था। अपने पिता के साथ व्यापार में काम करता था। एक दिन लौटते वक्त एक घटना घटी। भीड़ एकत्र थी। भीड़ के बीच एक लड़की घिरी खड़ी थी। पास ही एक अस्पताल था जिसके बरामदे पर एक बीमार युवक बैठा था। दोनों मेहनत मजदूरी करने वाले थे। गाँव से भागकर आए थे। लड़की के लिए सिर छुपाने लायक जगह नहीं थी। भीड़ में से कुछ छेड़-छाड़ कर रहे थे। मैं भी खड़ा हो गया। इस घटना को लेकर 'नीली आँखें' कहानी लिखी। अमृतराय ने हंस में उसे छापा।'[3]

भीष्म साहनी नयी कहानी दौर के उन कहानीकारों में से एक थे जिन्होंने अपने समकालीन मोहन राकेश, राजेंद्र यादव, कमलेश्वर, मार्कंडेय, निर्मल वर्मा, शेखर जोशी आदि की अपेक्षा भारतीय जीवन, उसकी विसंगतियों, विडंबनाओं, उसके संघर्षों और त्रासदी को शिद्दत के साथ अभिव्यक्त किया। यही वजह है कि वह 'नीली आँखें', 'खून का रिश्ता', 'चीफ की दावत', 'अमृतसर आ गया है', 'पाली' और 'जख्म' जैसी अधिक समय तक याद रखी जाने वाली कहानियों के लिए हमेशा याद किए जाएँगे। भीष्म साहनी की कहानियाँ सीधी ज़िंदगी से जुड़ी कहानियाँ हैं, जिनमें मानवीय संवेदनाओं की रागात्मकता मौजूद है। यह रागात्मकता उनके समकालीनों में बहुत कम देखने को मिलती है। जिन आलोचकों ने प्रगतिशील चश्मे से भीष्म साहनी की

कहानियों को देखने-परखने का प्रयास किया है उनके मूल्यांकन के परिणामस्वरूप ही भीष्म की कहानियों के कुछ महत्त्वपूर्ण शेड्स उजागर नहीं हो सके। लेखक और विचारधारा के संबंध में भीष्म साहनी ने स्पष्ट शब्दों में घोषित किया था कि लेखक अपने परिवेश के साथ किसी विचारधारा के नाते नहीं जुड़ता। विचारधारा उसे दृष्टि देती है। पर विचारधारा जीवन का पर्याय नहीं होती। लेखक मूलतः जीवन से ही जुड़ता है। उसी में लक्षित होने वाली विसंगतियाँ, विडंबनाएँ, अंतर्विरोध उसकी रचनाओं के विषय बनते हैं, लेखक का सरोकार जीवन से होता है और सच पूछें तो जीवन की कसौटी पर ही सभी विचारधाराओं और व्यवस्थाओं का खरापन भी परखा और आँका जाता है। अतः गहराई से देखें तो भीष्म साहनी की कहानियाँ जीवन संघर्ष और जिजीविषा के द्वंद्व का मुकम्मल एक्स-रे हैं। उनकी कहानी-कला को नामवर सिंह ने अंग्रेजी के कथाकारों में कैथरीन मैन्सफील्ड, फ्रांसीसी लेखक मोपासां और रूसी लेखकों में गोर्की और टॉलस्टॉय से प्रभावित माना है। जबकि भीष्म साहनी स्वयं को प्रेमचंद के रचनाकार से अत्यधिक प्रभावित मानते हैं। उन्होंने एक स्थान पर लिखा है कि प्रेमचंद ने हमारे साहित्य को फैलाव दिया, एक नयी दिशा दी और उसमें नये आयाम जोड़े। मैं उनकी देन को बहुत ऊँचा आँकता हूँ और उसका बहुत सम्मान करता हूँ। मेरी सारी पीढ़ी के लोग उनसे प्रभावित हुए। मैं समझता हूँ कि आज भी प्रेमचंद ने जो दिशा हमारे साहित्य को दी, वह आज भी संगत और सार्थक है।

गहराई से देखें तो किसी भी रचनाकार को प्रभावित करने वाले अनेक रचनाकार होते हैं। परंतु वह जिस जीवन को अपनी रचना में प्रस्तुत करता है, वह उसका अपना देखा, समझा और भोगा गया जीवन होता है। भीष्म की कहानियों में मुख्यतः मध्यवर्गीय जीवन की समस्याएँ हैं, पर वे कहानियाँ बड़े प्रश्नों को लेकर चलती हैं। उनकी कहानियाँ सामाजिक-सांस्कृतिक प्रश्नों को उठाती हैं और पाठकों को सोचने को बाध्य करती हैं। भीष्म के लिए कोई घटना, कोई प्रसंग, कोई पात्र, कोई दृश्य गौण नहीं है। जहाँ जीवन है वहाँ कहानी है। उनकी कहानियाँ जीवन की कहानियाँ होने के कारण जीवन की रक्षा की भी कहानियाँ हैं।[4]

मनुष्य का जीवन तरह-तरह के अंतर्विरोधों, विसंगतियों, विडंबनाओं और त्रासदियों से भरा पड़ा है। फिर भी मानवीय संबंधों की रागात्मकता बरकरार है। भीष्म साहनी अपनी कहानियों में रागात्मकता की उसी बची हुई फाँक पर अँगुली रखते हैं। उनकी कहानियों के संबंध में हरिवंश राय ने एक सुंदर टिप्पणी की है कि भीष्म जी के पात्र अपने पंजाब में लौटकर अकसर आते हैं। पंजाब उनकी कहानियों में परोक्ष या अपरोक्ष रूप में विद्यमान रहता है। 'ओ हरामजादे' एक ऐसे ही पात्र की कहानी है जो पंजाब छोड़कर विदेश में बस तो जाता है किंतु उसकी स्मृतियों में जालंधर हमेशा विद्यमान रहता है। विदेश में भी कहानी के पात्र के कान ओ हरामजादे

शब्द सुनने के लिए तरस जाते हैं। वह चाहता है कि वहाँ भी कोई ऐसा मित्र हो जो उसे पीछे से उसी तरह से गाली देकर बुलाए जिस तरह से उसे जालंधर में बुलाया जाता था। भीष्म साहनी के बहुत से पात्र अपनी जड़ों, अपनी स्मृतियों की ओर लौटते हैं। लाहौर और पश्चिम पंजाब के इलाकों में भीष्म की कहानियों की जड़ें हैं यही वजह है कि अपनी जड़ों के प्रति गहन रागात्मक लगाव भीष्म साहनी की कहानियों में देखने को मिलता है। वैसे किसी कहानी और कहानीकार पर विचार करना कहानीकार की सिसृक्षा और उसके सामाजिक सरोकार पर विचार करना है। इस दृष्टि से देखें तो भीष्म साहनी की तमाम कहानियाँ अपने समय के सरोकारों से रू-ब-रू होती हुई मानवीय संवेदनाओं, रागात्मक संबंधों और जीवन-स्थितियों को व्यापक धरातल पर प्रस्तुत करती हैं।

कुछ आलोचकों का मानना है कि बहुत बार भीष्म साहनी और प्रेमचंद की कहानियों में अंतर करना मुश्किल हो जाता है। ऐसे आलोचकों से मेरा विनम्र निवेदन है कि भीष्म साहनी की कुछ कहानियाँ परिवर्तित संदर्भों में प्रेमचंदयुगीन कथा-संवेदना का विस्तार अवश्य प्रतीत होती हैं किंतु प्रेमचंद जहाँ अपनी कहानियों में यथार्थ का सृजन करते हैं वहाँ भीष्म साहनी अपनी कहानियों में यथार्थ को अभिव्यक्त करते हैं। ये कहानियाँ प्रेमचंद की कहानियों की तरह समस्याओं का कोई समाधान प्रस्तुत नहीं करतीं अपितु प्रत्येक पाठक के लिए इनका अपना-अपना सुख है। भीष्म साहनी की सीधी-सादी दिखनेवाली कहानियाँ मानवीय संवेदनाओं से जुड़े अनगिनत सवाल हमारे सामने खड़े करती हैं। हमें बार-बार झकझोरती हैं। उद्वेलित करती हैं और बहुत बार हमें भावात्मक संबल प्रदान करती हैं। इसकी वजह यह है कि भीष्म साहनी की कहानियाँ एक भारतीय मनुष्य की चिंताओं की कहानियाँ हैं—मध्यम वर्ग तथा निम्न वर्ग की कहानियाँ। लेखक के अपने वर्ग की कहानियाँ। इसीलिए उनमें चियाँती, लीपा के पत्ते, चेकोस्लोवाकिया नहीं बोलता, रावलपिंडी अथवा पंजाब बोलता है। वहाँ 'लंदन की एक रात' की जगह 'अमृतसर आ गया है' का दहशतपूर्ण जीवन है। भीष्म अपने समकालीन निर्मल वर्मा की तरह अतीतजीवी नहीं हैं, उनके पात्र भयानक वर्तमान से लड़ते हुए आने वाले कल के तूफान के प्रति एलर्ट करते हैं।

ऊपर से देखने पर लगता है कि भीष्म साहनी छोटी-छोटी बातों, छोटी-छोटी चीजों, छोटे-छोटे मसलों, छोटे-छोटे रिश्तों, छोटी-छोटी घटनाओं, छोटी-छोटी उलझनों और छोटे-छोटे लमहों पर कहानियाँ लिखते हैं, लेकिन जब वे लमहे पाठक को गिरफ्तार करते हैं तो जिंदगी जीने के मायने ही बदल जाते हैं। उनकी महत्त्वपूर्ण कहानी 'पाली' के शब्द उधार लेकर कहूँ तो 'गुँझल, न तो कथा-कहानी में पूरी तरह सुलझ पाते हैं, न जीवन में। एक खुलता है तो दूसरा पड़ने लगता है। कहानी कभी भी खत्म नहीं होती। इतनी ही गनीमत है कि जिंदगी चलती रहती है, उसकी गति थमती नहीं और हर मोड़ पर वह अपना नया रूप और कोई नया प्रश्नचिह्न हमारी आँखों

के सामने प्रस्तुत करती रहती है।' बहुत समय पहले इस कहानीकार ने कितनी बड़ी और गंभीर बात कही थी कि जिस तरह से मनुष्य की जिंदगी लगातार चलती रहती है, उसी तरह से कहानी भी निरंतर गतिशील है, वह कभी खत्म नहीं होती। कुछ ऐसी ही बात मुक्तिबोध ने भी कही थी—'नहीं होती, कहीं भी खत्म कविता नहीं होती।' अतः जब तक यह पृथ्वी है, इस पृथ्वी पर जीवन है, तब तक कहानी चलती रहेगी—अनगिनत प्रश्नों से जूझती, अनगिनत सपनों को बुनती, मनुष्य को मनुष्यता के, प्यार और नफरत के, सुख और दुःख के, रिश्तों के मायने समझाती हुई। प्रेमचंद की तरह हम भीष्म साहनी को भी नहीं भुला पाएँगे। यह कथाकार अपनी कहानियों में मानवीय संवेदनाओं की रक्षा करता हुआ, जागरूक सिपाही की तरह सिर पर पगड़ी बाँधे सरदार हरनाम सिंह की शक्ल में कहीं भी मिल जाएगा।

चेखव का एक नाटक है 'सीगल़', उसमें एक पात्र का कथन है कि महत्त्वपूर्ण बात न प्रसिद्धि है, न ग्लैमर, न सपने हैं, न यश, न प्यार। महत्त्वपूर्ण यह है कि हम जीवन के हिस्से के दुःख को कैसे सहते हैं, कैसे झेलते हैं और फिर भी जीवन में आस्था कैसे बचाए रखते हैं। इस कथन के संदर्भ में यदि हम भीष्म के कहानीकार पर विचार करें तो भीष्म साहनी की जीवन-संपदा और शब्द-संपदा दोनों का स्रोत एक ही है। इसीलिए उनकी कहानियाँ उन्हीं की तरह सहज और उन्मुक्त हैं। मैं जितनी बार उनकी कहानियाँ पढ़ता हूँ वे मेरी संवेदना का परिष्कार करती हैं और मुझे पहले से अधिक जागरूक बनाती हैं। यही नहीं मेरे भावबोध का विस्तार करती हैं और जीवन में आस्था बचाए रखने का संबल प्रदान करती हैं।

कुल मिलाकर कहें तो भीष्म साहनी ने अपनी कहानियों में आदमी नाम की चीज को लिखा है—आदमी की एक मुकम्मल तस्वीर हम हर जगह देख सकते हैं। यह बात लिखते हुए मुझे गोविन्द मिश्र के वे शब्द याद आ रहे हैं जो उन्होंने प्रियंवद और अवधनारायण मुद्‌गल के साथ होने वाली बातचीत के समय कहे थे कि ल़ेखक की संवेदना घिस जाती है बहुत दुनियादार होने की कोशिश में, जीवन के और पक्षों में सफल होने की कोशिश में वह घिस जाता है। यह स्थिति भी हो सकती है जहाँ आपको लगे कि आपके शब्द ही घिस गए हैं, आप इतना लिख चुके हैं कि वही शब्द बार-बार दोहरा रहे हैं...लेकिन आदमी नाम की चीज कभी बासी नहीं होती, क्योंकि आदमी चीज नहीं है। आदमी तो हर सुबह दूसरा होता है, इसलिए यह देखने वाले, महसूस करने वाले पर है।'[5] भीष्म साहनी अपनी कहानियों में जितनी सहजता के साथ जीवन की पुनर्रचना निरंतर करते रहे हैं वैसी उनके समकालीनों में नहीं दिखाई देती। यही वजह है कि पाठक कहानियों के साथ 'खून का रिश्ता' स्थापित करता है। इसी सगेपन के कारण भीष्म की कहानियाँ हमारी कहानियाँ हो जाती हैं। हैमिंग्वे ने इसी संदर्भ में एक बेहद दिलचस्प बात कही है कि सभी अच्छी पुस्तकों में एक गुण समान होता है। उन्हें पढ़ने के बाद लगता है कि यह सब घटा है।

हमारे साथ घटा है और वह अनुभव हमेशा-हमेशा के लिए हमारा हो जाता है। यदि हम भीष्म साहनी की पहली कहानी से अंतिम कहानी तक की कथा-यात्रा को अत्यंत गंभीरता से देखें तो ऐसा लगता है कि जिस अनुभूति, अनुभव और अवसाद ने भीष्म के कहानीकार को ऑब्सेस तथा आक्रांत किया है मात्र उसी को ही कहानी के रूप में रूपांतरित किया है। यही नहीं रचनाकार की अनुभूति की आथेंटिसिटी तथा उस अनुभूति में उसकी इन्वाल्वमेंट की वजह से ही भीष्म साहनी गुलेरी की तरह अपनी गिनी-चुनी कहानियों के लिए हमेशा याद किए जाते रहेंगे। किसी अनुभव और घटना को कहानी में रूपांतरित करने के लिए जिस संवेदनशीलता और सर्जनात्मक कल्पना की दरकार होती है, वह भीष्म साहनी के पास है। इधर कहानी एक बुनियादी तत्त्व से बेनियाज़ होती जा रही है। हम इस बात को भूलते जा रहे हैं कि कहानी कही जाती है। 'अकार' के जुलाई 2003 में गिरिराज किशोर द्वारा प्रकाशित पत्रिका में भीष्म साहनी की अंतिम कहानी 'आई गई बात' कथा-कथन की दक्षता का खूबसूरत उदाहरण है। ऐसे समय में जब संवेदना का क्षरण हो रहा है, यह कहानी, कहानी के इधर निर्मित हो रहे स्ट्रक्चर को तोड़ती हुई एक नयी भाषा-संवेदना के बल पर कहानी के नये प्रतिमानों की माँग करती है। पुराने, जंग लगे औजारों के आधार पर कहानी का विश्लेषण करने वाले आलोचकों को इसे कहानी कहने में भी परहेज होगा।

## संदर्भ संकेत


1. अमरकांत, 'हिंदी-कहानी : स्वरूप और चुनौतियाँ', वसुधा, मार्च 1996, पृ. 11।
2. गिरिराज किशोर द्वारा संपादित 'अकार' जुलाई 2003 के अंक में प्रकाशित भीष्म साहनी की अंतिम कहानी।
3. 'लेखक की विडंबना यह है कि लिखी हुई चीज को वह फाड़कर फेंक नहीं सकता', भीष्म साहनी से महेश दर्पण की बातचीत, सारिका, अगस्त 1990, पृ. 35।
4. रवि भूषण, 'जीवन जैसी कहानियाँ', पल-प्रतिपल, मार्च-जून 2001, पृ. 277।
5. गोविंद मिश्र, लेखक की जमीन, पृ. 32-33।

**'अनुभूति का परिष्कार और संश्लिष्टता की पहचान जो नये कहानीकारों के भीतर है वह अपने में ही एक नया अनुभव है। लेकिन इससे हम यह निष्कर्ष निकाल लें कि यह कोई नये ढंग से कहानी लिखने का दौर आया था जो पिछले कहानीकारों से बिलकुल अलग था या उसे तोड़कर आगे बढ़ा है तो मैं इसे ठीक नहीं समझता।'**

***–निर्मल वर्मा***

---

*'उनकी कहानियों का परिवेश धीरे-धीरे जीवित संसार से कटकर कुछ सीमित उपकरणों के कठघरे में बंद हो जाता है, जहाँ बियर के मग, चियांती, लीपा के पत्ते और चेकोस्लोवाकिया का परिवेश ही नजर आता है लेकिन भारत के आम आदमी और उससे जुड़ी हुई समस्याएँ कहीं नजर नहीं आतीं। यह निर्मल के कथाकार की असफलता है जो समकालीन विश्व की तलाश में अपने ही देश से कट जाता है।'*

---

# अशिक्षित स्मृतियों के क्षणों को पुनर्जीवित करतीं निर्मल वर्मा की कहानियाँ

हिंदी की नयी कहानी में निर्मल वर्मा का नाम अच्छा विवाद का विषय रहा है। जहाँ एक ओर ऐसे आलोचक हैं जो इनकी कहानियों को 'कालातीत कला-दृष्टि' कहकर हिंदी कहानी में उनका अपूर्व योगदान मानते हैं वहाँ दूसरी ओर आलोचकों और पाठकों का एक ऐसा वर्ग भी है जो निर्मल वर्मा को सौंदर्यवादी तथा रोमांटिक यथार्थवादी कहकर उनके महत्त्व से सर्वथा इनकार कर जाता है। इस प्रकार निर्मल वर्मा हिंदी की 'नयी कहानी' आंदोलन के सर्वाधिक चर्चित कथाकार अवश्य बन जाते हैं।

डॉ. रामदरश मिश्र जैसा आलोचक तो नयी कहानी के समर्थ कहानीकारों के क्रम में निर्मल वर्मा की चर्चा करना ही उचित नहीं समझता। इस संदर्भ में वह अपनी पुस्तक 'हिंदी कहानी : एक अंतरंग पहचान' में लिखते हैं–'वे इस कदर सर्जनात्मक महत्त्व के केंद्र में डाल दिए गए कि उन्होंने जो कुछ लिखा उसे एक नया मोड़, एक नयी उपलब्धि मान लिया गया। यदि निर्मल के साथ उसके महत्त्व का यह आरोपित इतिहास न जुड़ा होता तो मैं नयी कहानी के समर्थ कहानीकारों के क्रम में उनकी चर्चा नहीं करता क्योंकि निर्मल का लेखन रचनात्मक स्तर पर मुझे उनके बारे में लिखने को मजबूर नहीं करता। निर्मल के कथा-साहित्य का यह मुख्य स्वर क्या है जो नयी कहानी को नया आयाम और उपलब्धि देने का भ्रम पैदा करता है। वह स्वर है–मन की संक्रांत, भाषात्मक और वैचारिक जटिल परतों को मद्धिम-मद्धिम काव्यात्मक अदा से खोलते चलने का कौशल। यह मन किसका है ? यह है विशेषतः संभ्रांत मध्यमवर्गीय प्रेमी का जो अपने परिवेश के मूर्त दबाव से क्रम, अपने भीतर से ही ज्यादा अपनी जटिलताओं को बुनता रहता है। निर्मल की कहानियों की दुनिया में प्रेमी-प्रेमिका का एक जोड़ा होगा या जोड़े होंगे, शराब की बोतलें होंगी, पब होंगे, सिगरेट होगी, कभी-कभी शहर की दहशत उत्पन्न करने के लिए मारपीट होगी, एक आरोपित अजनबीपन होगा, शहरी अभिजात परिवेश के उपादानों के साथ-साथ प्रकृति

के उपादानों का उदास संगीत होगा और बस। यह सब एक कहानी में होगा ऐसा नहीं। एक कहानी में इनमें से कुछ चीजें होंगी और उनके होने की अभिव्यक्ति अटक-अटककर एक काव्यात्मक सूक्ष्मता के साथ की जाने की कोशिश की जाएगी और आभास दिया जाएगा कि मानव-जीवन या मन के किसी बहुत गहरे रहस्य की सूक्ष्म ढंग से पहचान उभारी जा रही है। निर्मल की कहानियों की यह दुनिया हममें निश्चय ही अपने जाने-पहचाने भारतीय सामाजिक परिवेश का अहसास नहीं जगाती। गाँव या शहर के उस आदमी का साक्षात्कार नहीं होता जिसे हम अपने भीतर रोज जी रहे हैं। विडंबना यह है कि शहर के जिस परिवेश के दबाव में कहानियाँ उभरना चाहती हैं उस परिवेश का भी दबाव नहीं उभरता।'

डॉ. सुरेश सिन्हा निर्मल वर्मा की कहानियों को 'केवल क्षणिक प्रभाव डालने वाली' तथा 'किसी स्वस्थ दृष्टि एवं सामाजिक संदर्भ के अभाव में लिखी गई' मानते हुए अपनी पुस्तक 'नयी कहानी की मूल संवेदना' में लिखते हैं–'सायास नवीनता लाने और पाठकों को चौंकाने की प्रवृत्ति लेकर कहानियों के क्षेत्र में आनेवाले लेखकों में निर्मल वर्मा का नाम प्रमुख है। उनमें पलायनवादी प्रवृत्तियों को अधिक प्रश्रय मिला है; और निर्मल वर्मा ने जीवन-संघर्ष की कटुता से आँखें बंद कर गीतों सदृश मधुरिमा लाने का प्रयत्न किया है, जिसके कारण वे कहानियाँ केवल क्षणिक प्रभाव डालने में ही सफल हो पाती हैं। नामवर सिंह ने बड़े परिश्रम से निर्मल को प्रगतिशील मूल्यों को समझने वाले कहानीकार के रूप में सिद्ध करना चाहा है, जबकि उसका रंचमात्र भी निर्मल में नहीं है और एक भी कहानी वामपंथी विचारधारा से प्रभावित नहीं जान पड़ती। उनके पास न तो कोई स्वस्थ दृष्टि है और न सामाजिक संदर्भ।... एक भावुकता भरी रूमानियत निर्मल पर हावी है जिसमें एक सुमेर है और एक हेम है। ये बदलकर भी रस्तोगी साहब नीरजा हो जाते हैं और कभी लता माथुर तथा बिट्टो बन जाती है। प्रेम की असफलता और फलस्वरूप उत्पन्न अकेलापन, कुंठा, घुटन उनकी अधिकांश कहानियों के मूल स्वर हैं।...कहना न होगा, निर्मल वर्मा ने आज की कहानियों के संबंध में अनेक भ्रांतियाँ फैलाने में अपना महत्त्वपूर्ण योगदान दिया है। उनकी कहानियाँ इस बात का प्रतीक हैं। दुर्बोध एवं जटिल प्रतीक यदि उनकी कहानियों में स्वाभाविक सृजन-प्रक्रिया के रूप में आते, तब तो कोई बात भी थी। पर वास्तविकता यह है कि उन झूठे, दुर्बोध एवं जटिल प्रतीकों को जबरदस्ती अपनी कहानियों पर आरोपित करने की उन्होंने सायास चेष्टा की है।'

हिंदी कहानी के कुछ आलोचक जहाँ निर्मल वर्मा की कहानियों की सही-गलत पहचान कायम करते हुए उसमें 'एक आरोपित अजनबीपन' को खोजते हुए, नयी कहानी आंदोलन में उनके महत्त्व को अस्वीकारते हुए, 'झूठे प्रतीकों की कहानियाँ' मानने के पक्ष में हैं वहाँ डॉ. इंद्रनाथ मदान द्वारा संपादित पत्रिका 'कहानी और कहानी-समीक्षा का मूल्यांकन' में एक युवा आलोचक (परेश–जो मूलतः कवि है)

इन आलोचकों की पंक्ति में स्वर मिलाता हुआ निर्मल वर्मा को 'एक प्रभावी रचना–रेस्तरां का बूढ़ा गिटारवादक' मानता हुआ लिख रहा है–'निर्मल का समस्त लेखन एक ही रचना है–एक ही रागिनी–किंतु केवल रागिनी वह इसलिए नहीं है कि न वह साधना किसी शास्त्रीय संगीतज्ञ की है–एकांत तपोसाधना–और न वह उतनी अकृत्रिम और पोश है–जो नाच के जोड़ों के लिए अशोक और ताज से छोटी श्रेणी के शराबघरों में बनती है–थोड़ी अभिजात है–किंतु अज्ञेय के गद्य के भीतर जो एक अभोगा-सा अभिजात्य है–नारी देह को लेकर जो कल्पित-सा सुख है–वह भी नहीं। यदि है तो बियर का हल्का और गहरा सुख, मैं इसे नशा भी नहीं कहूँगा। बियर का अपना अलग-सा सुख है जो बार-बार निर्मल के लेखन में झाँकता है, यह सुख ही जीवन और लेखन में संगी की तरह निर्मल को मिला है, इससे भिन्न कोई दावा उसने कभी किया भी नहीं।...निर्मल के सारे लेखन के बाद एक ही ओर नजर जाती है कि शुरू की हल्की रूमानी और बीच की बियर की अधिक 'इन्वाल्व' न करनेवाली और अबकी इस करुण अनुभव की रचनाओं के बाद–जबकि बहुत-सा पानी निथर गया है, और कहानीकार की अनुभवग्राहिणी शक्ति बहुत मैच्योर हो गई है, कुछ आस-पड़ोस की, शहर-गलियों की निखालिस हिंदुस्तानी बुखार की कहानियाँ बाहर आनी चाहिए।'

यहाँ मैं एक बात का उल्लेख करना निहायत जरूरी समझता हूँ कि गाँव या शहर में संघर्ष करते आदमी से साक्षात्कार करवाना निर्मल के कथाकार का मकसद नहीं, जिसके अभाव में डॉ. रामदरश मिश्र को उनकी कहानियों में भारतीय सामाजिक परिवेश का अहसास नहीं होता और न ही बियर के हल्के और गहरे सुख से वाकिफ करवाने के लिए निर्मल का कथाकार कहानी गढ़ता है। डॉ. बच्चन सिंह के शब्दों में कहें तो 'निर्मल की कहानियों में वर्ग-संघर्ष को ढूँढ़ निकालना उसी पर दृष्टि को केंद्रित करना उन पर अपनी भावनाओं को थोपना है। वह आधुनिकता के संत्रास (हॉरर) को चित्रित करते हैं। 'कुत्ते की मौत' इसी प्रकार की कहानी है। उसका फलक व्यापक नहीं है फिर भी मौत की पीड़ा का संत्रास गहराई में बैठकर चित्रित किया गया है। आज के मनुष्य के लिए मौत विषम समस्या है, उसे वस्त्रों का बदलना नहीं माना जा सकता।' निर्मल की कहानियों की सार्थक पहचान कायम करने के लिए उनकी कहानियों के बीच में से गुजरना आवश्यक है, क्योंकि निर्मल वर्मा ने अपनी कहानियों में कुँवारेपन (Innocence) के उन क्षणों को पुनर्जीवित किया है जिनको कथाकार की अशिक्षित स्मृतियों (Uneducated memories) के अंश कहा जा सकता है। इन क्षणों के 'रिवाइवल' के लिए उनकी कहानियों से मिलनेवाले 'जैस्चर' को तब तक नहीं पकड़ा जा सकता जब तक कि कहानी के तंतु-विन्यास (Texture) को पूरी तरह से न समझा जाए। इस प्रकार की 'समझ' के अभाव में निर्मल की कहानियाँ क्षणिक प्रभाव डालनेवाली ही प्रतीत होंगी। यहाँ मैं अपने मत की पुष्टि

के लिए निर्मल वर्मा की 'मेरी प्रिय कहानियाँ' पुस्तक की भूमिका में से कथाकार के शब्दों को ही उधार लेना चाहूँगा—'इन कहानियों को दुबारा पढ़ते हुए मुझे लगा कि मेरे लिए हर कहानी एक नाकाम—और कभी-कभी सौभाग्य के क्षणों में—लगभग सफल कोशिश रही है कि जंगल के अंतहीन सूनेपन में उस घास के टुकड़े तक लौट सकूँ जहाँ मैंने किसी अनजाने और मूर्खतापूर्ण क्षण में पहली बार के जीने, सूँघने, रोने और देखने को खो दिया था, एक अपराधी की तरह मैं बार-बार उस 'घटनास्थल' तक पहुँचना चाहता हूँ, मेरे लिए 'भोगे हुए यथार्थ' को पुनर्जीवित करने की आकांक्षा कभी नहीं रही, अगर कभी आकांक्षा रही है तो उन खाली, वीरान, जगहों को भरने की जो भोगते हुए क्षण की बदहवासी और भुलाने की हड़बड़ाहट में अनछुए रह गए थे या जिन्हें छूने का साहस करना अपने आप से परे की बात लगा था।' निर्मल वर्मा की कहानियों पर अपनी अस्वस्थ दृष्टि को आरोपित करने वाले आलोचकों से मैं तो कहना चहूँगा कि सैद्धांतिक बुद्धिवाद का अतिक्रमण करती, अनुभूतियों और संवेदनाओं को सजीव चित्रों में उकेरती; वस्तुओं को उनके मूल रूप में पकड़ती निर्मल वर्मा की कहानियाँ एक अलग ही प्रभाव की सृष्टि करती हैं। उनकी कहानियाँ, सामान्य जीवन अनुभवों के उन पक्षों को सामने लाती हैं जिनकी ओर पहले ध्यान नहीं दिया गया था, जो संवेदनात्मक शक्ति और शिल्प का निखार अज्ञेय को उनके पूर्ववर्तियों से अलग करता है, वैसा ही सूक्ष्म भावबोध और स्पंदनशील गद्य, निर्मल वर्मा को अन्य कथाकारों में अलग रेखांकित करता है।

अपनी पीढ़ी के दूसरे चर्चित कथाकारों की तरह निर्मल वर्मा ने सन् पचास के बाद लिखना आरंभ किया और शीघ्र ही एक स्वतंत्र तथा पृथक कथा-व्यक्तित्व के रूप में वह प्रतिष्ठित हो गए। यह ध्यान देने की बात है कि निर्मल वर्मा नयी कहानी के आंदोलन से उस रूप में संपृक्त नहीं रहे जिस रूप में उनके अन्य सहयोगी उससे संपृक्त थे। बल्कि एक हद तक उन्होंने इस आंदोलन से अलग रहकर ही अपनी कला का विकास किया और उनकी कथा-संबंधी मान्यताएँ भी अन्य नये कथाकारों की मान्यताओं की अनुगूँज बनकर नहीं आईं। डॉ. इंद्रनाथ मदान के शब्दों में 'निर्मल वर्मा की कहानी का मिजाज़ और अंदाज अन्य कहानीकारों की रचनाओं से भिन्न है। इनकी पहले की कहानी में रोमांटिक बोध को आँका जा सकता है, लेकिन इनकी बाद की कहानी में आधुनिकता के बोध की ही गवाही मिलती है—'परिंदे', 'डेढ़ इंच ऊपर', 'लंदन की एक रात', 'बीच बहस में'।' निर्मल की कहानियों की पहचान करने के साथ संक्षेप में उनकी कथा-संबंधी मान्यताओं को भी समझ लेना आवश्यक है। फरवरी-मार्च 1959 की 'कृति' में 'सौंदर्य की छायाएँ' शीर्षक निबंध में उन्होंने कथा-चरित्रों की व्याख्या करते हुए लिखा था कि 'हर चरित्र पियानो का एक छोटा-सा बोट है, एक मौन बिंदु से दूसरे मौन बिंदु तक उड़ता हुआ—प्रतीक्षारत वे प्रतीक्षा करते हैं अँगुली के स्पर्श की—हल्के से दबाव की और इस दबाव के अनेक

स्तर हैं।' निर्मल वर्मा की रचना-प्रक्रिया हर व्यक्ति के भीतर बंद इस मौन बिंदु को अपनी अँगुलियों के दबाव से बाहर निकालकर एक अमूर्त लय में बदल देने की रचना-प्रक्रिया है। इस तरह उनकी कहानियाँ अपने पूर्ववर्ती कथाकारों—जैनेंद्र और अज्ञेय से भी भिन्न हो जाती हैं और समवर्ती कथाकारों—मोहन राकेश, राजेंद्र यादव तथा अमरकांत आदि से भी।

निर्मल की सर्वाधिक चर्चित कहानी 'परिंदे' में व्यक्ति और वर्ग दोनों की समस्याएँ इस रचना-प्रक्रिया के अंतर्गत घुल-सी गई हैं और एक ऐसे कथा-परिवेश की सृष्टि हुई है जो हिंदी कहानियों में अब तक निर्मित नहीं हो सका था। इसका प्रधान कारण यह है कि निर्मल वर्मा कथा के प्रचलित परंपरागत तत्त्वों पर आधारित कहानियाँ नहीं लिखते हैं। उनकी कहानियाँ न तो चरित्र-प्रधान होती हैं, न कथानक प्रधान, न वातावरण प्रधान। बल्कि उन कहानियों की प्रभावान्विति चरित्र, परिवेश और कथानक तीनों के कलात्मक रचाव पर निर्भर करती है। उनकी भाषा विशेष रूप से अन्य कथाकारों से भिन्न इसलिए प्रतीत होती है कि वह बाहरी समस्याओं के स्थूल पक्षों से टकराकर नहीं बनती बल्कि व्यक्ति की संवेदना में स्थित उस आंतरिक लय को पकड़ने की कोशिश से निर्मित होती है जो उसे जीवन की मूलभूत समस्याओं से जोड़ती है।

संभवतः यही कारण है कि निर्मल वर्मा की कहानियाँ अपने रचनाधर्म में संगीत की सरहदों को छूती-सी प्रतीत होती हैं। डॉ. नामवर सिंह ने इस संदर्भ में ठीक ही लिखा है—'निर्मल ने संगीत चित्रण केवल चित्रण-वातावरण चित्रण के लिए ही नहीं किया है बल्कि संगीत के उस पागधर्म को भी व्यक्त किया है जिनके द्वारा विविध वस्तुएँ पिघलकर अपनी पृथक् सत्ता खोती हुई एक भावधारा में बदल जाती हैं।' संगीत की यही भावधारा निर्मल की प्रारंभिक कहानियों में देखी जा सकती है। 'परिंदे', 'डायरी का खेल', 'तीसरा गवाह', 'अँधेरे में', 'माया का मर्म' और 'सितंबर की एक शाम' सभी में कहीं-न-कहीं पात्रों, संवादों और वातावरण में संगीत का जिक्र आता है और अंततः ये सभी कहानियाँ संगीत की तरह आरोह, अवरोह उत्पन्न करती हुई एक करुण लय में बदल जाती हैं। यह कारुणिकता निर्मल की प्रायः सभी कहानियों की विशेषता रही है। और इसी कारुणिकता के कारण उन्हें कभी 'संवेदनशील' कभी 'अतीतजीवी' कभी 'भावुक' और कभी जिंदगी के 'ट्रेजिक सैंस' को पहचाननेवाला कथाकार कहा जाता रहा है!

'लंदन की एक रात' निर्मल वर्मा की पहली ऐसी कहानी है जिस कहानी में निर्मल वर्मा न केवल अपनी कहानियों का परिवेश परिवर्तित करते हैं बल्कि पहली बार वह अमूर्त समस्याओं का परित्याग कर एक मूर्त समस्या को कहानी का विषय बनाते हैं। लेकिन फर्क यह है कि इस मूर्त समस्या को भी अन्य कथाकारों की तरह वह स्थूल विवरण के स्तर पर नहीं व्यक्त करते बल्कि इस कहानी में रंग-भेद-जैसी

स्थूल समस्या भी एक रात के आतंकपूर्ण दुःस्वप्न के रूप में व्यक्त होती है और कहानी की सांकेतिकता उसकी अर्थवत्ता को एक साथ कई स्तरों पर प्रतिध्वनित कर जाती है। डॉ. इंद्रनाथ मदान के शब्दों में—'इस कहानी में लंदन की एक रात है या लंदन के एक पब की पीने की रात है या पीने के बाद की डर की एक रात है या आतंक की भूख की एक रात है या बेकारी की रंग-भेद के अहसास की एक रात है...इसके पात्र लंदन में सुरक्षा की खोज में आते हैं। और अपने को और अधिक अरक्षित पाते हैं।' निर्मल की 'लंदन की एक रात' कहानी पाश्चात्य परिवेश पर आधारित होकर भी इसी कारण विश्वबोध की कहानी बन जाती है।

'लंदन की एक रात' की तरह ही अपनी दूसरी चर्चित कहानी 'डेढ़ इंच ऊपर' में निर्मल वर्मा ने प्रसिद्ध कथाकार कामू के उपन्यास 'द फाल' की मोनोलाग टेकनीक अपनाई है किंतु उसमें अपनी मौलिक अंतर्दृष्टि के द्वारा पीने की एक शाम को पाश्चात्य जीवन-बोध में निहित 'पतन' के चित्र में परिवर्तित कर दिया है। 'डेढ़ इंच ऊपर' का बोध हिंदी के अनेक पाठकों के लिए दुर्बोध ही बना रह जाता है क्योंकि उसके माध्यम से कथाकार केवल किसी व्यक्ति की कहानी कहना नहीं चाहता। बल्कि कहानी ही नहीं कहना चाहता और एक पूरी जीवन-पद्धति की विडंबना को एक घनीभूत क्षण में उद्घाटित कर देता है।

इस प्रकार की कला अपनाने के कारण निर्मल की कहानियों में बिंबों, प्रतीकों, संकेतों आदि की प्रधानता रहती है। जिसे बीच-बीच में वह कुछ विचार-सूत्रों के द्वारा खोलते भी चलते हैं। जैसे 'डायरी का खेल' कहानी में कथा का वाचक कहता है कि—'बिट्टू की स्मृति सेंटीमेंटल नहीं बनाती, वह अतीत का भाग नहीं है, जो कि याद करके भुलाया जा सके। इसमें कुछ ऐसा होता है जो न होकर भी संग-संग चलता है जिसे याद नहीं किया जाता क्योंकि उसे वह कभी नहीं भूलता है।' इस प्रकार के विचार-सूत्रों का निर्मल की कहानियों में बाहुल्य है, जो उनकी कहानियों के संगीत-सुरों के समानांतर उनके साथ-साथ चलते हैं। इस प्रकार के विचार-सूत्रों पर आरोप लगाते हुए डॉ. विजयमोहन सिंह लिखते हैं—'ऐसा प्रतीत होता है कि निर्मल अपने जिस अनुभव को कहानी में पूरी तरह से 'डिजाल्व' नहीं कर पाते उन्हें ऐसे ही सूत्रों के रूप में जड़ते हुए चलते हैं। इस प्रकार के विचार-सूत्र उनकी कथा-क्षमता को सीमित करते हैं।'

निर्मल की कहानियों का पाश्चात्य-परिवेश अच्छा विवाद का विषय रहा है। इसी परिवेश के संबंध में डॉ. विजयमोहन सिंह का कहना है कि 'पाश्चात्य परिवेश निर्मल की कहानियों में क्रमशः अधिक प्रधान होता गया और 'लंदन की एक रात' तक उनकी जो अंतर्दृष्टि पाश्चात्य तथा पूर्वी-समस्याओं को एक सूत्र में पिरोने की क्षमता रखती थी बाद की कहानियों में नष्ट-सी हो गई और 'पिछली गर्मियों में', 'बीच बहस में', 'दो घर' तथा 'नाच के बाद' जैसी कहानियों में एक मैनरिज्म निर्मल

की कहानियों में भी दिखाई पड़ने लगता है। उनकी कहानियों का परिवेश धीरे-धीरे जीवित संसार से कटकर कुछ सीमित उपकरणों के कठघरे में बंद हो जाता है, वहाँ बियर के मग, चियाँती लीपा के पत्ते और चेकोस्लोवाकिया का परिवेश ही नजर आता है। लेकिन भारत के आम आदमी का परिवेश तथा उससे जुड़ी हुई समस्याएँ कहीं नजर नहीं आतीं। यह निर्मल के कथाकार की असफलता है जो अपने समकालीन विश्व की तलाश में अपने ही देश से कट जाता है। उसकी स्मृतियाँ मात्र व्यक्तिगत स्मृतियाँ बनकर रह जाती हैं और अपने देश की सामूहिक स्मृति से उसका साक्षात्कार नहीं हो पाता। कहानी की आंतरिकता को पहचानने में निर्मल ने चेखव की तरह एक लंबी तथा यातनापूर्ण यात्रा तो प्रारंभ की थी लेकिन चेखव जहाँ अपनी कहानियों के घोर अमूर्त-संसार में भी रूस की मूर्त समस्याओं से बँधा रहता है और जेम्स-ज्वायस जैसा 'स्ट्रीम ऑफ कांशियसनेस' का कथाकार भी अपने शहर डब्लिन की फड़फड़ाती ध्वनियों को कथासूत्रों में पिरोने में सफल होता है वहीं निर्मल धीरे-धीरे एक ऐसे कथाकार के रूप में सामने आते हैं जो विदेश को तो यात्री की निगाह से देखता ही है, अपने देश को भी यायावरी दृष्टि से देखने में ही समर्थ रह जाता है।' इसी संदर्भ में मुझे डॉ. बच्चन सिंह की यह बात बहुत ही सही जान पड़ती है कि 'प्रायः प्रश्न उठाया गया है कि निर्मल को विदेशी वातावरण में ही से भास क्यों मिलता है?' लेकिन यह बात बहुत विशेष महत्त्व की नहीं है। लॉरेन्स डरेल के 'एलेगजेंड्रिया क्वार्ट्रिट' में एक विदेशी वातावरण दिखाई पड़ता है फिर भी वह अत्यंत महत्त्वपूर्ण और सशक्त कृति है। महत्त्व वातावरण का नहीं जीवन-दृष्टि का होता है। दास्तोएवस्की ने एक स्थान पर लिखा है कि–'जीवन के अर्थ को प्यार करने वाले को पहले जीवन को प्यार करना चाहिए। जीवन से गायब होने पर जीवन का अर्थ संतोषप्रद नहीं हो सकता है।' 'दहलीज', 'अँधेरे में', 'परिंदे' तथा 'जलती झाड़ी' जैसी कहानियाँ वे कहानियाँ हैं जिनमें निर्मल के कथाकार ने 'कुँवारेपन' के क्षणों को पुनर्जीवित करते हुए जीवन को अर्थ देने की कोशिश की है।

इन कहानियों को डॉ. नामवर सिंह एक नये गद्य से परिचय की कहानियाँ कहते हुए लिखते हैं, 'इन कहानियों को पढ़ते हुए एक नये गद्य से परिचय होता है–अपने प्रयोजन के लिए बनाया हुआ लेखक का अपना गद्य। संभवतः कहानी का गद्य इतना संवेदनशील पहले तो कभी नहीं था। या तो भावोच्छ्वसित गद्य था या नितांत कामकाजी। 'परिंदे' को देखकर लगता है कि भाषा के क्षेत्र में जो काम इतने दिनों से प्रयोगशील 'नयी कविता' भी न कर सकी, उसे अंततः कहानी के गद्य ने कर दिखाया।'

डॉ. नामवर सिंह ने निर्मल वर्मा की कहानियों में जिस 'नये गद्य' की तलाश करते हुए उसे 'पहला नया कथाकार' सिद्ध करने की कोशिश की थी, उसी संदर्भ में 'नयी कहानी' पर अपने विचार प्रकट करते हुए राजेंद्र यादव ने लिखा है–'कविता

के सारे उपकरण इधर कहानी में स्मगल किए जाते रहे हैं। जिस मनःस्थिति में कवि को बैठकर कविता लिखनी चाहिए उसमें वह कहानियाँ लिख डालता है और प्रतीकों, बिंबों, संगीत-ध्वनियों, उपमाओं, कोमल शब्द-प्रयोगों का वही चमत्कार दिखाता है जो कविता की अपनी विशेषता है। इस सूक्ष्म अंतर को न समझ पाने के कारण नामवर सिंह जैसे काव्य समीक्षक ने इन काव्य-उपकरणों को ही नयी कहानी का प्रमुख गुण बताया है। कहीं किसी कहानीकार ने किसी संगीत ध्वनि या प्रसिद्ध संगीतज्ञ का नामोल्लेख कर दिया तो बिहारी की बहुज्ञता की तरह वह उस कहानीकार का विशेषज्ञान हो गया और हो गई नयी कहानी की प्रमुख विशेषता।' इसी संदर्भ में राजेंद्र यादव निर्मल वर्मा की चर्चा करते हुए आगे लिखते हैं, 'परिणाम यह हुआ कि धूप के टुकड़े को खरगोश बनाकर पियानो के नीचे दुबकाने वाला कथाकार आज भी उपमाओं के वही छायावादी अंबार लगाता चला जा रहा है। निर्मल वर्मा की नवीनतम कहानी 'पिता और प्रेमी' की कुछ अत्यंत सुंदर काव्योक्तियाँ और उपमाएँ मुलाहिजा फरमाइये—'संदेह' का अपना 'सी-सा' होता है—खेल की तरह। जब तुम ऊपर होते हो वह नीचे दबा रहता है, किंतु तुम्हारे नीचे जाते ही वह ऊपर चला जाता है—या 'संदेह' अब भी था, लेकिन ईर्ष्या की डोर से कटा हुआ—एक पतंग की तरह, अवश हवा में डगमगाता-सा...मुझे नहीं मालूम यह 'सा' और 'की तरह' वाली उपमाएँ कहाँ तक संदेह की स्थिति और पात्र की मनःस्थिति को स्पष्ट करती हैं—लेकिन कथा-रस में डूबे पाठक को सी-सा और पतंगबाजी की दुनिया में भटका जरूर देती हैं।'

निर्मल वर्मा के गद्य के लिए कहे गए डॉ. नामवर सिंह के शब्द लेखक के व्यक्तित्व को विशेष रूप से रेखांकित करते हैं। भाषा-विषयक निजी प्रयोगों से ही निर्मल वर्मा का कथाकारों में अपना विशिष्ट स्थान है। उसका नयापन स्पष्ट और अन्य कथाकारों से सर्वथा भिन्न है। यह नयापन किसी विशिष्ट कहानी में न होकर सभी कहानियों का सामान्य गुण है। उनका गद्य शुद्ध गद्य है जिसका निर्माण हिंदी, उर्दू और अंग्रेजी के सरल, सुबोध एवं सहज शब्दों के मिले-जुले प्रयोग से हुआ है। डॉ. बैकुण्ठनाथ ठाकुर अपनी पुस्तक 'हिंदी कहानी का शैली-विज्ञान' में लिखते हैं—'निर्मल वर्मा कलावादी हैं। उनके लिए कला मात्र कला है। उनका जीवन से कोई संबंध नहीं, अतः उनकी कहानियों में किसी जीवन-दृष्टि को ढूँढ़ना व्यर्थ है। उनकी कहानियों में कला-संबंधी विविधता प्राप्त होती है। उनकी कहानियों में वर्णन-क्षमता, निर्वाह-कुशलता एवं सार्थक प्रतीक-योजना लक्षित होती है। निर्मल वर्मा का मूल स्वर रोमांटिक है। कुछ कहानियों को छोड़कर निर्मल ने अधिकांश प्रेम-कहानियाँ ही लिखी हैं। जिनमें शिल्प-चातुर्य देखने को मिलता है। उन्होंने अपनी कहानियों में अँग्रेजी के शब्दों का खुलकर प्रयोग किया है। यह प्रयोग वातावरण एवं मात्रानुकूल हो पाया है।'

निर्मल वर्मा की भाषा पर अंग्रेजी शब्दों की छाप स्पष्ट देखी जा सकती है।

वस्तुओं या कुछ विशेष परिस्थितियों के लिए अंग्रेजी शब्दों का प्रयोग हुआ है। वस्तुओं के लिए जैसे—होल्डाल, रेलिंग, आर्मचेयर, सिमिट्री जैसे प्रयोग तो साधारण ही कहे जायेंगे। इनके अतिरिक्त विशिष्ट मनःस्थिति को अंग्रेजी शब्द से प्रस्तुत किया गया है—

(क) उसने डेस्परेट होकर मुस्कराने की कोशिश की।

(ख) अपने देश की कुआरियों की वर्जिनिटी का उन्हें बहुत खयाल है।

(ग) जब वे एक-एक नीग्रो को चुनकर लिंच कर रहे थे, मैं उस सफेद हूवोर संग सोता रहा।

पहले वाक्य में झेंपने की स्थिति, दूसरे में अभावजन्य खीझ को व्यंग्य द्वारा और तीसरे में प्रतिशोध में भाव को अंग्रेजी शब्दों के द्वारा अभिव्यक्त किया गया है।

कुछ चरित्रों की चरित्रगत रेखाएँ भी अंग्रेजी वाक्यों से स्पष्ट हुई हैं। 'परिंदे' कहानी के पात्र मि. ह्यूवर्ट के द्वारा नशे में कही गई यह अंग्रेजी गीत की पंक्ति—'इन ए बैक लेन ऑफ द सिटी, देयर इज़ ए गर्ल हू लव्ज मी।' अलग से पढ़ने में यह पंक्ति किसी अंग्रेजी गीत की कड़ी मात्र ही लगती है किंतु सारी कहानी में एकमात्र यही पंक्ति है जो पात्र के अभाव को, उसकी आंतरिक व्यथा को, उसके अकेलेपन को प्रकट करती है। इस पंक्ति में संतोष नहीं प्रत्युत वह चाह है, जो शायद इस संसार की किसी गली में पूरी नहीं हो सकती और शायद वह लोक इस लोक से भिन्न ही होगा, जहाँ इसके पूरे होने की संभावना की जा सकती है।

निर्मल वर्मा की कहानियों की सबसे प्रमुख विशेषता सांकेतिकता है। निर्मल वर्मा ने अपनी कहानियों में कुँवारेपन (Innocence) के उन क्षणों को पुनर्जीवित किया है जिनको कथाकार की अशिक्षित स्मृतियों (Uneducated Memories) के अंश कहा जा सकता है। इन क्षणों के 'रिवाइवल' के लिए कहानी में 'जैस्चर' का आना स्वाभाविक है। स्थूलता से सूक्ष्मता की ओर जाने की प्रक्रिया में नयी कहानी में सांकेतिकता एक अनिवार्य तत्त्व के रूप में दिखाई पड़ती है। संश्लिष्टता को ग्रहण करने का आग्रह मन के अनेक स्तरों को एक साथ पकड़ने की आकांक्षा के कारण नयी कहानी में सांकेतिकता एक अनिवार्य स्थिति बनती चली गई। जीवन जटिल है और कथाकार के पास इतना अवकाश नहीं कि वह सबको वाणी दे पाए, किंतु वह सब-कुछ कह पाने का मोह भी संवरण कर पाता, इस अवस्था में मात्र संकेत के द्वारा उसका कार्य सिद्ध हो सकता है। डॉ. नामवर सिंह अपनी पुस्तक 'कहानी : नयी कहानी' में लिखते हैं—'नया कहानीकार जीवन की छोटी-से-छोटी घटना में अर्थ के स्तर-दर-स्तर उद्‌घाटित करता हुआ उसकी व्याप्ति को मानवीय सत्य की सीमा तक पहुँचा देता है।' इस रूप में पहला अर्थगत प्रयोग नयी कहानी में संकेत के सहारे हुआ है। संकेत भी द्विकोटिक हैं। पहले प्रकार का संकेत संदर्भगत है और दूसरे प्रकार का परिवेश

चित्रणात्मक। नयी कहानी के संदर्भ में इन संकेतों की चर्चा करते हुए डॉ. शशिभूषण पाण्डेय अपने शोध-प्रबंध 'नयी कहानी के विविध प्रयोग' में लिखते हैं—'संदर्भगत संकेत संपूर्ण कहानी की किसी विशेष पंक्ति में गूढ़ार्थ भरकर उसकी समग्रता पर आलोक विकीर्ण करने का है। ऐसी विशेष पंक्ति कहानी के मध्य अथवा अंत किसी भी स्थल पर रहती है। ऐसा अर्थोद्रिक कभी तो एक पंक्ति मात्र से निष्पन्न हो जाता है, पर कभी-कभी अर्थ की सफलता के लिए दो-तीन पंक्तियों की गुंफित लड़ियाँ भी द्रष्टव्य होती हैं। कहीं-कहीं तो एक संपूर्ण कहानी में अर्थ की गूँज-अनगूँज उठाती आवृत्त होने लगती है।'

'मानव सभ्यताओं के नीचे यदि कहानी के खंभे और आधार स्तंभ न होते तो वे भरभराकर गिर चुकी होतीं। कहानियों ने ही उन्हें लुप्त होने से बचाया है।'

—*कमलेश्वर*

---

*'सन् पचास के बाद सामने आने वाली नयी कहानी वास्तव में प्रेमचंदोत्तर कथा-संवेदना का ही विस्तार है जिसे स्वातंत्र्योत्तर परिस्थितियों के संदर्भ में कुछ कथाकारों ने नया रूप तथा शिल्प देने में सफलता प्राप्त की थी। कमलेश्वर की कहानियाँ भी इसका अपवाद प्रस्तुत नहीं करतीं।'*

---

# कस्बे की जिंदगी से देहवादी प्रवृत्तियों तक : कमलेश्वर की कहानियाँ

सन् पचास के बाद सामने आनेवाली नयी कहानी वास्तव में प्रेमचंदोत्तर कथा-संवेदना का ही विस्तार है जिसे स्वातंत्र्योत्तर परिस्थितियों के संदर्भ में कुछ कथाकारों ने नया रूप तथा शिल्प देने में सफलता प्राप्त की थी। कमलेश्वर की कहानियाँ भी इसका अपवाद प्रस्तुत नहीं करतीं।

'राजा निरबंसिया' कमलेश्वर की सर्वाधिक चर्चित कहानी है। इसी के प्रकाशन से वे सन् 1954 में एक कथाकार के रूप में स्थापित हुए। यह शिल्प की दृष्टि से एक अभिनव प्रयोग थी। उसमें परंपरागत कथा-शिल्प के समानांतर एक परिवार विशेष की नैतिक विडंबना को अत्यंत मार्मिकता एवं कारुणिकता के साथ अभिव्यक्त किया गया था। कहानी का यह दोहरा शिल्प और उसकी सहज संप्रेषित हो जानेवाली कारुणिकता ही उसकी प्रसिद्धि का कारण बनी। लेकिन विश्लेषण करने पर पता चलता है कि यह कहानी शिल्प की दृष्टि से इस दिशा में हिंदी की पहली कहानी नहीं थी। इससे पूर्व रवीन्द्रनाथ ठाकुर की कहानियों में यह शिल्प चरमावस्था पर पहुँचकर अपनी संभावनाएँ समाप्त कर चुका था। संवेदना के स्तर पर तो यह कहानी समकालीन पाठकों को शरतचंद्रीय भावुकता का ही विस्तार प्रतीत होगी। इस संबंध में नरेन्द्र मोहन ने ठीक ही लिखा है कि कमलेश्वर की 'राजा निरबंसिया' शैली चमत्कार के बावजूद अत्यंत साधारण कहानी है जिसकी संवेदना प्रेमचंदकालीन है। डॉ. इंद्रनाथ मदान के शब्दों में कहें तो 'कविता के धागों से कहानी बुनी गई है, कविता की उदास छाया कहानी पर मँडराती है। पारवती के चल बसने के बाद कहानी अपने पाँवों पर चलने के बजाय लेखक के सहारे लँगड़ाने लगती है।' वैसे डॉ. सुरेश सिन्हा जैसे आलोचक भी हैं जो कमलेश्वर की कहानियों की प्रशंसा के पुल बाँधते हुए लिखते हैं कि 'घोर आत्मपरकता, कुंठा, घुटन एवं पलायनवादी प्रवृत्तियों के घने जाल से हिंदी-कहानी को खुली वायु में लाकर नया अर्थ देने का श्रेय बहुत अंशों में कमलेश्वर

को है।...कमलेश्वर की स्वाभाविक प्रवृत्ति नयेपन की ओर रही है। बहुत खोजने पर चाहे दो-एक कहानियाँ पुराने पैटर्न पर उनके यहाँ मिल जायें, पर उनकी अधिकांश कहानियाँ हर लिहाज से नयी हैं। उनकी कहानियों का यह नयापन राजेंद्र यादव के तथाकथित 'नयेपन' से अधिक सार्थक एवं सफल है।'[1] कमलेश्वर की कहानियों के इसी 'झूठे नयेपन' की चर्चा आगे विस्तार से की जाएगी।

'राजा निरबंसिया' के बाद कमलेश्वर के 'कस्बे का आदमी', 'नीली झील', 'खोई हुई दिशाएँ, 'मांस का दरिया' और 'बयान' आदि कहानी-संग्रह प्रकाशित हुए हैं। इन सभी संग्रहों की कहानियों में रचना-शिल्प तथा भावबोध दोनों दृष्टियों से कथाकार गिरगिट की तरह रंग बदलता हुआ हमारे सामने आता है। उसके रचना-विकास में इन रंगों के महत्त्व की पड़ताल निहायत जरूरी है।

पचास के बाद जिन दिनों फणीश्वरनाथ रेणु, शिवप्रसाद सिंह, मार्कंडेय आदि आंचलिक कहानियाँ लिख रहे थे उन्हीं दिनों कमलेश्वर ने कस्बे के जीवन से संबंधित रंगारंग कहानियाँ तराशीं। संभवतः इन्हीं कहानियों के कारण इन्हें बहुत दिनों तक 'कस्बे का कहानीकार' कहा जाता रहा। कस्बे के आदमी का जो खाका कमलेश्वर अपनी इन कहानियों में खींचना चाहते थे वह परिवेश की दृष्टि से तो नया जरूर था लेकिन भावबोध की दृष्टि से प्रेमचंदयुगीन कहानियों का चरित्र नायक ही बना रहा। इन कहानियों को तराशने में कमलेश्वर को जो कामयाबी हासिल हुई वह केवल परिवेश-चित्रण के कारण ही। जिसमें उन्होंने नयी कविता के बिंबों और प्रतीकों का अपनी भावुकतापूर्ण सूक्ष्म निरीक्षण दृष्टि के साथ समन्वय करके एक नया शिल्प निर्मित किया था। कमलेश्वर तब शायद यह भूल गए थे कि साहित्य में वास्तविक परिवर्तन भाषा और भावबोध दोनों स्तरों पर एक साथ आता है और भाषा-संबंधी परिवर्तन केवल नाटकीय चमत्कार बनकर रह जाता है।

कस्बे के जीवन से थोड़ा आगे बढ़कर मैनपुरी निवासी शीघ्र ही शहरी जीवन की ओर आ गए और उन्होंने शहरी लोगों की, उनमें भी विशेष रूप से मध्यवर्गीय शिक्षित युवक-युवतियों की, रोमेंटिक यथार्थ दृष्टि से युक्त कहानियाँ लिख डालीं। इस काल की सबसे चर्चित कहानी 'नीली झील' है जो शंकर के शिक्षित रोमानी युवावर्ग की नैतिक समस्याओं की प्रतीकात्मक अभिव्यक्ति है। शहरी जिंदगी से संबंधित उनकी कहानियों में प्रायः स्त्री-पुरुष से संबंधित परिवेश ही प्रधान रहा। डॉ. विजयमोहन सिंह के शब्दों में कहें तो इस काल की उनकी कहानियाँ नैतिकता के नये आयामों को स्पर्श करने की कोशिश में नैतिकता की पुरानी रूढ़ियों के इर्द-गिर्द ही चक्कर काटती रहीं और अपने अपेक्षाकृत समर्थ सहयोगी मोहन राकेश की तरह वह कभी पहाड़ी जीवन, कभी पारिवारिक जीवन और कभी शिक्षित स्त्रियों की यौन-कुंठाओं का चित्रण करते रहे। उनकी 'पीला गुलाब' जैसी कहानियाँ इस अवधि की मानसिकता

का प्रतिनिधित्व करती हैं, जिसमें पीला गुलाब जैसा रोमेंटिक प्रतीक अपनी संपूर्ण परंपरागत अर्थवत्ता के साथ उपस्थित है।

दिल्ली प्रवास के दौरान कमलेश्वर की कहानियों ने एक और रंग बदला और उन्होंने 'खोई हुई दिशाएँ' जैसी कहानियाँ लिखीं, जिनमें महानगरों के अकेलेपन, ऊब, संत्रास और अजनबीपन को एक नये पर्दे पर फिर उसी पुरानी भावुकता के साथ प्रदर्शित किया। 'खोई हुई दिशाएँ' कहानी अपने महानगरबोध के कारण उतनी चर्चित नहीं हुई जितनी अपने चिरपरिचित भावुकतापूर्ण कारुणिक दृष्टिकोण के कारण। डॉ. इंद्रनाथ मदान ने कमलेश्वर की तथाकथित आधुनिकता को बड़े ही सटीक शब्दों में विश्लेषित किया है कि 'कमलेश्वर अपनी 'नितनयी' की बात से आधुनिकता को प्रक्रिया के तौर पर स्वीकारने और समकालीन वास्तव को भी पकड़ने की यातना में हैं।' कहीं 'वे या कुछ और' जैसी कहानी में अस्तित्ववादीबोध के माध्यम से कुछ खोजने का प्रयास करते हुए दिखाई पड़ते हैं। इन कहानियों में कमलेश्वर का कहानीकार दिल्ली की जड़ परिवेश में साँसें लेता है और इस जड़ता से उगनेवाली अमानवीयता को व्यंग्य और करुणा के माध्यम से अस्तित्ववादी मुलम्मा चढ़ाकर 'दिल्ली में एक मौत' जैसी कहानियाँ की सृष्टि करता है।

अपनी भावुकतापूर्ण जीवन-दृष्टि को कमलेश्वर ने साठोत्तरी कथाकारों के समान राजनीतिक स्तर पर भी कहानियों में उतारने की एक नकल की और 'साँप', 'प्रेमिका' तथा 'जार्ज पंचम की नाक' जैसी राजनीतिक व्यंग्य-प्रधान कहानियाँ लिखीं। लेकिन जैसा कि उपेंद्रनाथ अश्क ने लिखा है, 'ऐसा प्रतीत होता है कि कमलेश्वर का पूरा मन कहानी-रचना में प्रवृत्त नहीं होता।' वह प्रायः प्रचलित पद्धतियों को चेलेंज मानकर उन्हीं के आधार पर उनसे अधिक श्रेष्ठतम कहानियाँ लिखने का दंभ भरते हैं। उनके मित्र राजेंद्र यादव ने कमलेश्वर द्वारा संपादित 'नयी कहानियाँ' के 'मेरा हमदम मेरा दोस्त' शीर्षक स्तंभ के अंतर्गत कमलेश्वर की रचना-प्रक्रिया के संबंध में लिखा था कि कमलेश्वर प्रायः दूसरों की कहानियों को चुनौती मानकर उन्हीं के समानांतर उनसे अधिक अच्छी कहानी लिख डालने का प्रयास करते हैं। इस रूप में कमलेश्वर को कहानी लिखने की प्रेरणा संभवतः सीधे अपने जीवन के अनुभव से न मिलकर दूसरों की रचनाओं से मिलती रही है। डॉ. नामवर सिंह ने इस प्रकार के कहानीकारों के संबंध में एक सही बात कही—मिडियाकर या अधकचरे लेखक अकसर अपने युग के 'चालू मुहावरे' बोला करते हैं और आधुनिकता का आभास देने के लिए युग के फैशन को सबसे पहले स्वीकार कर लेते हैं। इन्हें प्रश्न करने की जरूरत महसूस ही नहीं होती, यहाँ तक कि एक बार भी इनके मन में युग की बुनियादी प्रतिज्ञाओं को चुनौती देने का विचार तक नहीं उठता। इसीलिए जब ये अपने युग की जरा-सी भी आलोचना करते हैं, तो उस आलोचना में धार नहीं होती, और जब किसी नये परिवर्तन को समर्थन देते हैं तो उसमें हार्दिकता नहीं मिलती। उनका उत्साह तो उनका

होता ही नहीं, उनका मोहभंग भी उनका नहीं होता।...आधुनिक युग की कौन-सी ऐसी घटना है, जिसकी इन्हें सूचना नहीं, कौन-सी नयी चीज है, जिसका इन्हें नाम नहीं मालूम। फिर जरा-सा व्यंग्य-रंग का छींटा देते हुए इन तमाम आधुनिक तथ्यों के आधार पर एक क्या, सैकड़ों नयी लगनेवाली कहानियाँ नहीं तैयार की जा सकतीं? राजधानी में क्या चीज सुलभ नहीं है? खुला वहाँ नयी कहानियों का एक कारखाना और फिर देखिए, हर महीने हाजिर है—नयी कहानियाँ—मेड इन दिल्ली, नयी दिल्ली, उदाहरण के लिए, कमलेश्वर इसी नुस्खे की बदौलत अपनी पीढ़ी से भी एक कदम आगे निकलकर सहसा इस साठवाली पीढ़ी के नये कहानीकार हो गए हैं।[2]

कमलेश्वर की कहानियों के चौथे मोड़ के अंतर्गत वे कहानियाँ आती हैं जो 'मांस का दरिया' जैसे संग्रह में सामने आईं। इन कहानियों में मैनपुरी निवासी ने एक नया पैंतरा बदला और इसके साथ ही मंटो, बेदी तथा कुछ अमेरिकी कथाकारों हेनरी मिलर, नार्मन मेलर, जेम्स बाल्डविन आदि की भाँति मॉरेलिटी के पुराने प्रतिमानों को तोड़ते हुए शारीरिक स्तर पर यौन-संबंधों की कहानियाँ लिखीं। डॉ. विजयमोहन सिंह के शब्दों में कहें तो इन कहानियों में एक मांसल बेबाकी तथा बोल्डनैस है। जिसके आधार पर स्त्री-पुरुष के संबंधों को शयनागार के छिद्र से दिखलाने की कोशिश की गई है। 'मांस का दरिया' एक ओर तो मंटो और बेदी की कहानियों का स्तरहीन अनुकरण है दूसरी ओर मॉरेलिटी के दिखावे से भी पूरी तरह मुक्त नहीं है। लेकिन क्योंकि कमलेश्वर यह वक्तव्य देते हैं कि 'केवल सोद्देश्यता की पृष्ठभूमि में ही आज के लेखक की कहानियों का अध्ययन किया जा सकता है।' इसलिए शीघ्र ही वह अपनी तथाकथित सोद्देश्यता की ओर लौटते हुए दिखाई पड़ते हैं और 'मांस का दरिया' जैसी कहानियों का इतिहास इगनोर कर देने की कोशिश करते हैं। फिर भी वास्तविकता यह है कि कमलेश्वर की कहानियों का मूल्यांकन करते हुए 'मांस का दरिया' जैसी कहानियों को इगनोर नहीं किया जा सकता। वास्तव में ये कहानियाँ कमलेश्वर की यौन-क्षेत्र के वर्जित प्रदेश में घुसने की असफल और असमर्थ चेष्टा का उदाहरण प्रस्तुत करती हैं। ये कहानियाँ इस बात का प्रमाण हैं कि कमलेश्वर ने हिंदी कहानी और कविता की भोगवादी और देहवादी प्रवृत्तियों से प्रभावित होकर भी कहानियाँ लिखी हैं।

कमलेश्वर के संबंध में डॉ. मदान ने कथाकार के साहित्येतर महत्त्व को उद्घाटित करते हुए ठीक ही लिखा है कि कमलेश्वर की कहानियों को तूल इसलिए देना पड़ता है कि एक संपादक के नाते समकालीन या संक्रमणशील कहानी को गुमराह कर देने की सुविधा है। कमलेश्वर ने अपनी इस सुविधा का संपादक और कहानीकार दोनों के नाते भरपूर उपयोग किया है। लेकिन हिंदी कहानी को गुमराह करने से अधिक वह स्वयं गुमराह हुए हैं। यही कारण है कि वह अब अपनी कथा-यात्रा के

उस बिंदु पर पहुँच चुके हैं जहाँ उन्हें यह अनुभव होने लगा है कि इसके आगे राह नहीं है। मार्च 1975 की 'सारिका' में प्रकाशित उनकी 'इतने अच्छे दिन' जैसी कहानियों के अर्थहीन शिल्पगत चमत्कारों को देखकर ऐसा ही प्रतीत होता है।

## संदर्भ संकेत

1. सुरेश सिन्हा, नयी कहानी की मूल संवेदना, पृ. 107
2. इंद्रनाथ मदान सं. हिंदी कहानी पहचान और परख, पृ. 147-48

'जहाँ यह आवश्यक है कि लेखक का जीवन के संबंध में एक निश्चित दृष्टिकोण हो और वह मानव जीवन के व्यापक संघर्ष से हट-बचकर चलता हुआ जीवन भर अनुभूति की वीरान पगडंडियाँ ही न खोजता रहे, वहाँ यह भी अपेक्षित है कि वह जीवन की हर घटना और परिस्थिति का मूल्यांकन स्वतंत्र रूप से करे और जो भी मूल्यांकन वह कर सके, उसे साहसपूर्वक दूसरों के सामने रख दे। पार्टी व्हिप से राजनीतिक स्ट्रेटेजी का निर्णय तो किया जा सकता है परंतु पार्टी व्हिप से साहित्य रचना नहीं हो सकती, क्योंकि साहित्य रचना एक स्ट्रेटेजी नहीं, एक मूल्यांकन है।'

*–मोहन राकेश*

---

*'दरअसल रचनात्मक जीवंतता और वैचारिक सक्रियता का जो सिलसिला नयी कहानी से आरंभ होता है, मोहन राकेश उसका हिस्सा ही नहीं निगहबान भी हैं। कहानी चर्चा के कुछ सबसे अहम सवालों को उठाने में उन्होंने पहल की और अपनी कहानियों के माध्यम से उन्हें एक रचनात्मक दिशा दी।'*

# स्वस्थ सामाजिक दृष्टि का कहानीकार : मोहन राकेश

स्वातंत्र्योत्तर स्थितियों में हमारा जनमानस, हमारी जिंदगी कहाँ-से-कहाँ आ गई है, इसकी सही 'विटनेस' मोहन राकेश का साहित्य है। एक अर्थ में वह बीसवीं सदी के उत्तरार्द्ध के जीवन और साहित्य का प्रामाणिक दस्तावेज है। वास्तव में मोहन राकेश का जीवन और साहित्य एक-दूसरे का पर्याय है। उन्होंने जो जिया उसे ही कलात्मक अभिव्यक्ति दी। उन्हीं के शब्दों को दोहराएँ तो–'लेखक का वास्तविक कमिटमेंट किसी विशेष विचारधारा से न होकर अपने से, अपने समय से और समय के जीवन से होता है।' राकेश ने वास्तव में समय और जिंदगी के हर क्षण, हर स्थिति तथा हर धड़कन को निजी आंतरिक दृष्टि से पहचानते हुए उसे एक सार्थक अभिव्यक्ति देने की कोशिश की है। 'आषाढ़ का एक दिन' की मल्लिका के शब्द उधार लेकर कहें तो, 'मैंने जब लिखने का प्रयत्न किया, तुम्हारे और अपने जीवन के इतिहास को फिर-फिर दोहराया।' इसी दोहराव में मोहन राकेश की रचनाओं में आधुनिकतम चुनौतियों से पैदा होने वाले अंतर्द्वंद्वों और यंत्रणाओं की सूक्ष्म अभिव्यक्ति हुई है। फिर चाहे वे नाटक हों, उपन्यास हों अथवा कहानियाँ हों। मेरा उद्देश्य यहाँ मोहन राकेश के कहानीकार को ही प्रस्तुत करना है।

दरअसल रचनात्मक जीवंतता और वैचारिक सक्रियता का जो सिलसिला नयी कहानी से आरंभ होता है, मोहन राकेश उसका हिस्सा ही नहीं निगहबान भी हैं। कहानी चर्चा के कुछ सबसे अहम सवालों को उठाने में उन्होंने पहल की और अपनी कहानियों के माध्यम से उन्हें एक रचनात्मक दिशा दी। फिर भी डॉ. नामवर सिंह ने आरोप लगाते हुए लिखा है, 'राकेश की कहानियों में अभी बिजली की कौंध ही है, बिजली की शक्ति नहीं। उसमें यात्राओं में बटोरने की बात है, गहरी संवेदना का अभाव है। यात्रा की संवेदनशीलता सतही होती है। यह राकेश की कहानियों की कमजोरी है। इसमें दर्शक का सत्य है, द्रष्टा का नहीं।' संभव है राकेश की लगभग पचास कहानियों में कुछ ऐसी हों जिनमें संदर्भों की खोज सतही हो लेकिन सबके बारे में यह कहना सरलीकरण का परिणाम होगा।

मोहन राकेश की पहली कहानी उन्नीस सौ सैंतालीस में 'दोराहा' शीर्षक से

प्रकाशित हुई जिसकी ओर लोगों का ध्यान नहीं गया। 'मलबे का मालिक' और 'उसकी रोटी' जैसी कहानियों ने पाठकों और आलोचकों का ध्यान विकेंद्रित किया और तभी से राकेश कहानीकार की हैसियत से चर्चित होने लगे। उनकी आरंभिक कहानियाँ परिवर्तित संदर्भों में प्रेमचंद की ही कहानियाँ प्रतीत होती हैं। जिनको डॉ. विजयमोहन सिंह ने संवेदना की दृष्टि से 'भावुकतापूर्ण मानवतावाद की कहानियाँ' कहा है। उन्हीं के शब्दों में कहें तो, 'उनकी पर्याप्त चर्चित कहानियाँ 'काला रोजगार', 'आर्द्रा' व 'जानवर और जानवर' में यही भावुकतापूर्ण मानवतावाद प्रधान है जिसमें एक साथ शरतचंद्र तथा प्रेमचंद की परंपरा काम करती हुई दिखाई पड़ती है।...विषय तथा प्रविधि की दृष्टि से राकेश की कहानियों में जितनी विविधता और विस्तार प्राप्त होता है उतना उनके किसी भी अन्य समकालीन में नहीं। आश्चर्य नहीं कि राकेश को एक जमाने में हिंदी के आलोचक 'डाक-बंगले का कथाकार' कहते थे। अपनी हर यात्रा, हर पड़ाव और प्रतीक्षा को वह कहानी बना देने में अत्यंत कुशल थे। उनकी कहानियों में व्यक्त विश्व को अगर दिमागी बिंबों के सहारे पकड़ने का प्रयास करें तो कहीं किसी छोटे रेलवे-स्टेशन की शाम, किसी कस्बे या महानगर का बस-स्टैंड, पहाड़ी डाक-बंगला, समुद्र-तट, होटलों के कमरे, रेलवे कंपार्टमेंट, कुलियों, क्लर्कों तथा बोहिमियन बुद्धिजीवियों के 'मिले-जुले चेहरे' सामने आते हैं।' बहरहाल राकेश की कहानियाँ 'झूठ' के बीच से नहीं सच्चाई और प्रामाणिकता के बीच से गुजरने की अनुभूति की गवाही देती हैं। क्योंकि राकेश ने जीवन में जो कुछ भोगा-झेला उन सबको कहानी बना डाला।

मोहन राकेश ने विभाजन, मोहभंग, यांत्रिकता, विसंगतियाँ, निरर्थकता, व्यर्थता, फालतूपन, विघटन, राजनीतिक-सामाजिक भ्रष्टाचार और व्यापक असंतोष के बीच जी रहे लोगों को लेकर कहानियों का सृजन किया है। 'नये बादल' संग्रह की कहानियाँ वास्तव में ऐसे व्यक्तियों की कहानियाँ हैं जो परिवेश के बदलाव से उत्पन्न कड़वाहट को झेलते हुए भी परिवेश से जुड़े रहने की सार्थकता अनुभव करते हैं, जो परिवेश की निरर्थकताओं से आहत होकर भी उसकी सार्थकता की खोज में रत हैं। 'नये बादल' के दौर की कहानियों के संबंध में लिखते हुए स्वयं मोहन राकेश ने कहा है, 'यद्यपि व्यक्तिगत जीवन बहुत-से तनावों के बीच जिया जा रहा था, फिर भी अपने परिवेश से कटे होने की अनुभूति का स्थान एक सर्वथा दूसरी अनुभूति ने ले लिया था और वह भी जुड़े होने की अनिवार्यता की अनुभूति। एक तरह की कड़वाहट इस अनुभूति में भी थी, पर वह कड़वाहट निरर्थक और आरोपित नहीं थी। उसका उद्देश्य भी जुड़े होने की स्थिति से मुक्ति पाना नहीं, उसकी तात्कालिक शर्तों को अस्वीकार करते हुए जुड़े रहने के सार्थक संदर्भों को खोजना था। जिन स्थितियों को लेकर असंतोष था, उनकी विसंगतियों के प्रति मन में ह्यूमर का भाव भी था।' इस 'ह्यूमर-भाव' के संबंध में डॉ. रामदरश मिश्र कहते हैं कि इसने राकेश की संवेदना

को अधिक यथार्थ बनाया है और इसी ने शिल्प को 'सजेस्टिविटी' दी है। ह्यूमर वाला लेखक किसी व्यक्ति को इन विसंगतियों का उत्तरदायी न मानकर इन्हें एक यथार्थ स्थिति मानकर चलता है और इन विसंगतियों या उनसे संबद्ध परिवेश पर भावुक आक्रोश न कर इन पर हँसने की आदत विकसित करता है।

'इंसान के खँडहर' की कहानियों को मोहन राकेश परवर्ती कहानियों के संदर्भ में जोड़ने से इनकार करते हैं। शायद इसलिए कि इनमें एक कच्चापन है। जुमलेबाजी है। जहाँ तक 'जानवर और जानवर' की कहानियों का संबंध है उनका मुख्य स्वर आर्थिक परिस्थितियों से सामना करने वाले निम्न मध्यवर्ग की लाचारी, पीड़ा, आत्मवंचना और जिजीविषा द्वारा उसकी पृष्ठभूमि कोरमकोर सामाजिक है। 'जानवर और जानवर' एक विशेष परिस्थिति में जीते, उसे भोगते और झेलते मास्टर और मैटर्नों के जीवन की व्यापक विवशता, पराधीनता और अरक्षा की कहानी है। लेकिन यह विवशता, पराधीनता और अरक्षा आज उन सभी के लिए है जो नौकरशाही के शिकार हैं।

'एक और जिंदगी' की कहानियाँ पति-पत्नी के टूटते संबंधों और 'फालतू होती जिंदगी' के यथार्थ को प्रस्तुत करनेवाली कहानियाँ हैं। वास्तव में आधुनिकीकरण के दौर में आदमी और आदमी के बीच एक वीरानापन, अजनबीपन बढ़ता चला जा रहा है। सहज मानवीय संबंधों की गर्मी एक ठंडी उदासीनता का रूप लेती जा रही है। स्त्री-पुरुष, पति-पत्नी, माता-पिता, भाई-बहन, प्रेमी-प्रेमिका, आदि के संबंध महत्त्वहीन हो गए हैं। मनुष्य का सचेतन, सहज और रचनात्मक कार्य विच्छिन्न होता जा रहा है और वह अपनी निजता खोता जा रहा है। रफ्ता-रफ्ता संवेदनशून्यता (एपैथी), निःसंगता और जड़ता बढ़ गई है। 'एक और जिंदगी' की कहानियों को भी इसी संदर्भ में देखना होगा। डॉ. धनंजय जहाँ इन कहानियों के संबंध में लिखते हैं कि इन कहानियों में एक अव्यक्त-सा दर्द कोहरे और बादल की तरह छाया है और यह कोहरा और बादल कहानी की हर स्थिति के साथ और गहरा और घना हो जाता है इतना कि अंत में एक छटपटाहट, एक क्रंदन और आंतरिक घनीभूत वेदना शेष रह जाती है। वहाँ दूधनाथसिंह का कहना है कि आधुनिक भारतीय जीवन के सारे संघर्षों का सटीक और सच्चा और सहानुभूतिपूर्ण वर्णन राकेश की इन कहानियों में व्यक्त है। लेकिन जहाँ पर यथार्थ की बात उठाई जाती है वहाँ पर राकेश झंझोड़ देनेवाले, तिलमिला देनेवाले व्यंग्य से काम लेते हैं। वास्तव में 'एक और जिंदगी' आज के ट्रैजिक तनाव को पूरी गहराई में आँकनेवाली कहानी है। मनुष्य न तो छूटी हुई जिंदगी को छोड़ पाता है और न ही चुनी हुई जिंदगी को अपना सकता है। 'एक और जिंदगी' जीवन के दूसरे जीवन या मुक्ति की नहीं, जिंदगी के बीच ही एक और जिंदगी की तलाश की कहानी है। रघुवीर सिन्हा के शब्दों में कहें तो एक उभरते अभाव की पूर्ति दूसरे में ढूँढ़ने की ललक की कहानी है। राकेश की मान्यता है कि आनेवाले कुछेक सालों में विवाह नाम की संस्था का रूप बदलकर मात्र एक तरह

का 'कंपार्टमेंटल रिलेशनशिप' (केवल कुछ हिस्सों में संबंध) का रूप लेगा। कोई किसी के सीमित अधिकार-क्षेत्र में दखल नहीं करेगा। पति-पत्नी अपने-अपने कार्यक्षेत्र में एक तरह की स्वायत्तता प्राप्त कर लेंगे। (इस प्रकार का अधूरा स्वप्न मोहन राकेश अपनी अधूरी जिंदगी में देखते ही रह गए) 'एक और जिंदगी' टूटते पति-पत्नी संबंधों की ट्रैजिक कहानी है जिसे मोहन राकेश की अपनी अधूरी जिंदगी की कहानी कहा जा सकता है। यह शख्स अपनी अधूरी जिंदगी को एक नया अर्थ, नयी लय देने के लिए जिंदगी के अँधेरे बंद कमरों में से गुजरते हुए कल की कोख से न आनेवाले कल को खोजने की कोशिश करता रहा, जो कभी पूरी न हो सकी। 'फौलाद का आकाश' संग्रह में महानगरों की जिंदगी का आतंक उभरकर सामने आता है। इनमें राकेश ने कहानी को सीधी-सपाट पठनीयता से विकसित कर सूक्ष्मतर संवेदनाओं और अनुभव के अंतर्विरोधी और जटिल रंगों-रेखाओं के अमूर्त शैली के चित्रों की मानिंद बनाया है। मोहन राकेश की इधर प्रकाशित कहानियों के संबंध में धनंजय वर्मा ने एक सही टिप्पणी की है कि पहले राकेश की कहानियों में एक निश्चित थीम और कथानक मिलता था, परिस्थिति या पात्र से साक्षात्कार होता था, अब इधर की कहानियों में यह सब गौण हो जाता है और प्रधान होता है अनुभव। पहले वह स्थूल और व्यक्त सामाजिक धरातल को अपनी व्यापकता में बाँधती थी अब व्यक्ति की असंगतियों और अव्यक्त धरातलों को उनकी गहराई में उकेरती है और यों हमारे समकालीन जीवन में केंद्रित स्वरों को मूर्त करती है।

'ग्लास टैंक', 'फौलाद का आकाश', 'पाँचवें माले का फ्लैट' तथा 'सेफ्टीपिन' जैसी कहानियाँ डॉ. सुरेश सिन्हा को उद्देश्यहीन लगती हैं। उनको इनमें 'मैनरिज्म' अधिक लगता है और 'सिंबालिज्म', अर्थाभिव्यक्ति, सांकेतिकता तथा अमूर्त प्रतीक विधान के बावजूद ये कहानियाँ कोई प्रभाव डालने में असमर्थ रहती हैं। उनकी दृष्टि में ये कहानियाँ मात्र लिजलिजापन उत्पन्न करती हैं। किंतु डॉ. नित्यानंद तिवारी जैसे आलोचक ने 'सेफ्टीपिन' जैसी कहानी के बारे में दिसंबर 1972 की संचेतना में कहा है, 'यह कहानी पुरानी रुचि के सहृदय को संतुष्ट नहीं कर सकती। क्योंकि इसमें किसी 'वस्तु' का 'अर्थ' गठन नहीं है। जो भी है सिर्फ गठन है। यह कहानी अपनी सराहना के लिए बिलकुल नयी सहृदयता की माँग करती है।' यहाँ लेखक के कुछ एक शब्द 'कहानी और नयेपन के बारे में' अपनी मदद के लिए 'परिवेश' से उद्धृत करना चाहूँगा—'जो कहानी एक नये लेखक के हाथों लिखी जाकर भी परिभाषा को फिर से गठित करने का संकट पैदा नहीं करती वह नयी नहीं है, ...नयी कहानी वही है जो व्यक्ति लेखक के स्तर पर नहीं, स्वयं अपने स्तर पर पहले की परिभाषाओं के सामने एक प्रश्नचिह्न बन जाने की सामर्थ्य रखती है।' निश्चय ही यह कहानी राकेश की कुछ बहुत प्रसिद्ध कहानियों द्वारा उपलब्ध की गई परिभाषा पर प्रश्नचिह्न लगाती है। यह कहानी यह सोचने का अवकाश देती है कि संदर्भ अर्थ है, संबंध नहीं।

हर युग की वास्तविक कहानियाँ अपने युग कथ्य को अपने में समेटकर चलती हैं और उसी के अनुसार अपने भीतर से अपने शिल्प का विकास करती हैं। इसलिए शिल्प को तराशने और बदलने की बात प्रश्न रूप में राकेश के सामने नहीं आती। वह यथार्थ और उसकी अनुभूति को उसके अपने शिल्प में व्यक्त करने की प्रक्रिया को महत्त्वपूर्ण स्वीकारती है। जो कि हर एक के लिए हर बार एक नयी चुनौती हो सकती है। इसीलिए राकेश की कहानियों में धर्मवीर भारती की कहानियों के समान अनावश्यक पच्चीकारी नहीं है और न वे कलावादी हैं। उनके पास मूलतः एक नयी स्वस्थ सामाजिक दृष्टि है और व्यक्ति परिवेश एवं नवीन सामाजिक संदर्भों को सूक्ष्मता से पहचानने और उजागर करने की अपूर्व क्षमता है। जिसका प्रमाण उनकी समष्टिचिंतन से प्रभावित अनेक कहानियाँ हैं।

डॉ. शिवप्रसाद सिंह ने राकेश की कहानियों पर एक सही टिप्पणी की है, 'जनवादी प्रवृत्तियों के प्रति किसी भी प्रकार का आग्रह या दुराग्रह राकेश में नहीं मिलेगा। इसी कारण राकेश की कहानियाँ किंचित पुराने तर्ज की भले ही लगें, अखबारी कतरनों से भरी-भरी कम ही जगहों पर लगती हैं।' जनवादी ही क्यों किसी भी प्रचलित और प्रसिद्ध विचारधारा के प्रति राकेश की कहानियों में कोई आग्रह व्याप्त नहीं है। उनकी कहानियाँ इस बात का विश्वास दिलाती-सी लगती हैं कि वास्तविकता के साथ उन्होंने मुकाबला किया है। उनकी कहानियाँ जैनेंद्र, अश्क, अज्ञेय इत्यादि के साथ ही मार्कंडेय, कमलेश्वर, धर्मवीर भारती, उषा प्रियंवदा, राजेंद्र यादव, शेखर जोशी, ज्ञानरंजन, अमरकांत आदि से भिन्न होकर अपनी अलग पहचान बनाने में समक्ष हुई हैं। क्योंकि राकेश का कहानीकार सीमित चाहे हो, थोड़ा-थोड़ा पुराना भी चाहे हो, लेकिन झूठा नहीं है।

'सभ्यता के सभी उपकरण प्रस्तुत कर देने से ही अंतर की स्वाधीनता प्राप्त नहीं हो जाती। इसलिए कुछ दिन तक अविरत आत्मानुसंधान करने की आवश्यकता है। वरना, हमारे सामने जो रूमानी आवरण है, वह दूर नहीं होगा और उस आलोक के बिना अंधकार में अग्रसर होने का अर्थ पतन की ओर बढ़ना है।'

*–फणीश्वरनाथ रेणु*

*'रेणु की कहानियों में अंचल विशेष की धरती की सौंधी गंध मिलती है। रेणु केवल पात्रों के माध्यम से ही अपने को अभिव्यक्त नहीं करते बल्कि पूरे परिवेश को अपनी कहानियों में उतार देते हैं।'*

# ज़मीन की गंध पहचानतीं : रेणु की कहानियाँ

हिंदी साहित्य में आंचलिकता की शुरुआत फणीश्वरनाथ रेणु की रचनाओं से होती है। यों रेणु के पहले नागार्जुन ने अपने उपन्यासों में आंचलिकता का अच्छा-खासा चित्रण किया है। उदाहरण के लिए 'बलचनमा', 'बाबा बटेसरनाथ' आदि को देखा जा सकता है। इन उपन्यासों में आंचलिक विशेषताओं के मूलभूत तथ्यों का सटीक सन्निवेश हुआ है। किंतु 'मैला आँचल' के प्रकाशन के साथ ही पाठकों और आलोचकों का ध्यान आंचलिकता की ओर आकृष्ट हुआ। पश्चिम में इस प्रकार के उपन्यास रचे जा चुके थे। स्कॉट के 'बेवरली' उपन्यास को इसी कोटि में गिना जाता है। वृंदावनलाल वर्मा के ऐतिहासिक उपन्यासों में भी मध्यप्रदेश की अनेकानेक आंचलिक विशेषताओं को समाविष्ट किया गया है। लेकिन जैसा कि पहले कहा जा चुका है आंचलिकता की वास्तविक शुरुआत रेणु के 'मैला आँचल' से ही होती है।

इससे पहले कि रेणु की कहानी पर विचार करें, पहले आंचलिकता की प्रकृति और स्वरूप के संबंध में भी संक्षेप में विचार कर लेना चाहिए। जब किसी उपन्यास व कहानी को आंचलिक कहा जाता है तो उसका मतलब होता है किसी अंचल विशेष से संबद्ध किसी कथावस्तु को इस तरह प्रस्तुत करना कि वह अंचल अपनी संपूर्ण विशेषताओं सहित चित्रित हो जाए। दूसरे शब्दों में कहा जा सकता है कि किसी उपन्यास अथवा कहानी का नायक अंचल ही होता है। अंचल विशेष को संपूर्णतः उभारने के लिए आवश्यक है कि वहाँ की रीति-नीति, आचार-व्यवहार, वेशभूषा, बोलचाल आदि को इस ढंग से प्रस्तुत किया जाये कि वे रचना के अंग बन जायें। कहना न होगा कि रेणु अपने अंचल के जीवन में अच्छी तरह रमकर उसे उपन्यासों व कहानियों में विविध रूप-रंग से बाँधते हैं। सच पूछें तो उनकी कहानियों में उपन्यासों की अपेक्षा अंचल के विविध आयामों की अधिक गहरी और प्रामाणिक गंध मिलती है। कुछ लोगों के विचार से वे उपन्यासों की अपेक्षा कहानियाँ अधिक प्रभावशाली और अर्थवान बन पड़ी हैं। अब तक उनके तीन कहानी-संग्रह प्रकाशित हो चुके हैं—'ठुमरी', 'आदिम रात्रि की महक' और 'हाथ का जस'। जिनमें—'रसप्रिया', 'सीरीपंचमी का सगुण', 'लाल पान की बेगम', 'अच्छे आदमी', 'तीसरी कसम उर्फ

मारे गए गुलफाम', 'टेबुल' तथा 'तीन बिंदियाँ' प्रसिद्ध हैं।

रेणु की कहानियों की कथावस्तु सामान्य जीवन से उठायी गई है। उसमें किसी प्रकार की असाधारणता नहीं है। ग्रामांचल को लेकर लिखनेवाले और भी कहानीकार हैं, जैसे—मार्कंडेय और शिवप्रसाद सिंह। इन दोनों की कहानियों में एक विचित्र प्रकार की 'नास्टेलजिया' मिलती है। वे गाँव की उन विशेषताओं की ओर उन्मुख हैं जो अब निःशेष हो गई हैं। दूसरे शब्दों में कहा जा सकता है कि ये कथाकार मुख्यतः अतीतोन्मुख और रोमांटिक हैं। रोमांटिक तो रेणु भी कम नहीं हैं। लेकिन वह ग्राम्य-जीवन की वर्तमानता से संपृक्त हैं। उदाहरणार्थ कुछ कहानियों का उल्लेख किया जा सकता है—मार्कंडेय की कहानी 'गुलरा का बाबा', पूर्ववर्ती पीढ़ी की उन विशेषताओं को हमारे सामने प्रस्तुत करती है आज जिनका कोई अर्थ नहीं रह गया है। शिवप्रसाद सिंह की 'दादी माँ' कहानी का भी यही हश्र है। इसके विपरीत रेणु की कोई भी कहानी ली जा सकती है। 'लाल पान की बेगम' और 'मारे गए गुलफ़ाम' दोनों कहानियों में गाँव की उन विशेषताओं को, उन आस्थाओं को प्रस्तुत किया गया है जो हमारे जीवन-बोध को कहीं-न-कहीं छूकर और भी प्राणवान बना देती हैं। डॉ. बच्चनसिंह के शब्दों में कहें तो 'मारे गए गुलफाम' में नर्तकी के प्रति जिस निश्छल आस्था का स्वर मुखर हुआ है उससे केवल हीराबाई ही नहीं प्रभावित होती है बल्कि पाठकों पर भी गीत की अंतिम अनुगूँज का-सा प्रभाव पड़ता है।

रेणु की कहानियों में अंचल विशेष की धरती की सौंधी गंध मिलती है। रेणु केवल पात्रों के माध्यम से अपने को अभिव्यक्त नहीं करते बल्कि सारे परिवेश को अपनी कहानियों में उतार देते हैं। इस परिवेश में धान के पौधों की अपनी गंध है, चंपा, गुलाब और हरसिंगार के फूलों की भीनी महक है, लोकगीतों की आह्लादपूर्ण तान है, सुंदरियों के आँचल की मह-मह करनेवाली सुगंध है, बन फूलों का सौरभ है।

जब परिवेश की बात उठाई जाती है तो मिडियाकर लेखक के साथ यह खतरा लगा रहता है कि कहीं ऊपर-ऊपर से वह परिवेश का दुरुपयोग न करे। प्रायः हुआ। कुछ फूल-पौधों, घाटियों, पर्वत-शिखरों आदि के नामोल्लेख से लेखक परिवेश का निर्माण करता है। हिमाचल प्रदेश के कुछ कहानीकारों ने इसी तरह का परिवेश-निर्माण किया है। किंतु बाह्य वस्तुओं का नामोल्लेख परिवेश-निर्माण में किसी प्रकार की सहायता नहीं करता। इसके लिए आवश्यक है कि लेखक वहाँ के सामान्य जीवन के साथ अत्यंत आत्मीय ढंग से घुला-मिला हो। फूल-पौधे लोकगीत आदि स्वयं में महत्त्वपूर्ण नहीं हैं वे मानवीय जीवन को गहरे अर्थ में उजागर करते हैं। आंचलिक कहानीकारों ने प्रायः इन बाह्य वस्तुओं तथा आंतरिक जीवन के अंतराल को भरने की चेष्टा बहुत कम की है। किंतु रेणु की कहानियों में इस प्रकार का कोई अंतराल नहीं पाया जाता। जिन शब्दों, गंधों, लोकगीतों, रीति-नीतियों आदि का चित्रण वह

अपनी कहानियों में करते हैं वे आंतरिक जीवन की लय से बँधे हुए हैं। दूसरे शब्दों में यह भी कहा जा सकता है कि दोनों में कोई भेद नहीं है।

जहाँ तक रेणु के पात्रों का संबंध है वे निम्नमध्यवर्ग से लिए गए हैं। जबकि ग्रामांचल के अन्य कथाकारों ने मध्यवर्गीय पात्रों को लिया है। मध्यवर्गीय पात्रों को लेने का फल यह हुआ कि मध्यवर्ग का झूठा दिखावा 'हिपोक्रेसी' इन कहानियों में भी आ गई है। इसलिए वे कहानियाँ जीवन की सच्चाई और यथार्थता को न अभिव्यक्त कर मध्यवर्गी 'हिपोक्रेसी' को भी ईमानदारी से चित्रित किया गया होता तो भी कोई बात बनती। वहाँ तो 'हिपोक्रेसी' के चित्रण में भी 'हिपोक्रेसी' है। रेणु के पात्र इससे बहुत-कुछ मुक्त हैं। उनमें गाँव की उग्रता और भोलापन दोनों हैं। उनके प्रेम में निश्छलता, अकुलाहट और समर्पण है। वे अभी नयी सभ्यता की छलना से अपरिचित हैं। फिर भी आदिम रस-गंधों और निश्छल विश्वासों के कारण उनके पात्रों में अद्भुत जीवंतमयता और कशिश मालूम पड़ती है।

रेणु की कहानियों को हम जीवन के चित्र कह सकते हैं जिनमें बिहार की ग्राम-भूमि का यौवन और संगीत मुखरित हो उठा है। 'सुमन' के शब्दों में कहें तो उनमें देश की मिट्टी बोल उठी है। इनकी कहानियों में लोकसंगीत के समान ही मधुर व्यक्तित्व पाठक के मन को छूते हैं, ये व्यक्ति अपने प्राण-रस से इस साहित्य को सींचकर जीवंत बनाते हैं। गाँव के अनेक रंग-बिरंगे चित्र इनकी कहानियों में सजीव हो उठते हैं। संगीत की किसी पूर्व रागिनी के प्रभाव से मानो यह संपूर्ण जीवन आप्लावित होकर झूम उठता है।

रेणु की कहानियाँ वास्तव में यथार्थ अनुभूतियों एवं धार्मिक संवेदनशीलता के उत्कृष्ट नमूने कहे जा सकते हैं जिनमें बिहार के अंचल विशेष का जीवन पूरी सच्चाई और गहराई के साथ उभारा गया है। 'नयी कहानी की मूल संवेदना' पुस्तक से डॉ. सुरेश सिन्हा के शब्द उधार लेकर कहें तो 'ग्रामीणों की कुटिलता एवं विशेषताएँ, लोकगीत तथा लोक-जीवन, परंपराएँ, रूढ़ियाँ एवं परिवर्तनशीलता, नवोन्मेष की भावना, नया जीवन, पंचायतें, नौटंकी, सड़कों की धूल, हवा, धूप, रोशनी आदि तमाम सारी बातें रेणु ने इतनी आत्मीयता से इनमें चित्रित की हैं कि वे स्वयं उनकी आत्मभोगी प्रतीत होती हैं। ग्राम्य-जीवन में जो नवीन मूल्य आ रहे हैं, और प्रगतिशीलता के जो चिह्न छिपे पड़े हैं, उन्हें उभारने का रेणु ने विशेष रूप से प्रयत्न किया है।' कुल मिलाकर देखा जाए तो आजादी के बाद गाँव में हुए छोटे-से-छोटे परिवर्तनों को रेणु ने अपनी कहानियों में पूरी जीवंतता के साथ प्रस्तुत किया है।

'एक गहरी मार्मिक बेचैनी के साथ एक सुंदर मनुष्य और संसार का स्वप्न न होता तो व्यक्ति क्रूर हिंसक प्रतिक्रिया के हवाले हो जाता। रक्षा कवच साहित्य और कला और समाज के मार्ग से ही निर्मित होता है।'

*—ज्ञानरंजन*

*'स्वातंत्र्योत्तर हिंदी कहानी में एक समय ऐसा भी आया जब क़हानी जमीन से डेढ़ इंच ऊपर उठकर एक कमजोर लड़की की कहानी बनकर पाँचवें माले के फ्लैट में खो गई। हम उसे एक कस्बे के आदमी की तरह नीली झील में ढूँढ़ने लगे, पर वह हमें भला कैसे मिल सकती थी। वह तो एक जलती झाड़ी में कब की जल चुकी थी। ऐन ऐसे मौके पर अमरूद के पेड़ के नीचे हमें रिश्तों की रजाई सिलते हुए पिता की कहानी सुनाने वाले एक अफसानानिगार मिले। वह अफसानानिगार थे—ज्ञानरंजन।'*

# रिश्तों की रजाई उधेड़ता और सिलता अफसानानिगार : ज्ञानरंजन

स्वातंत्र्योत्तर हिंदी-कहानी में एक समय ऐसा भी आया जब कहानी जमीन से डेढ़ इंच ऊपर उठकर एक कमजोर लड़की की कहानी बनकर पाँचवें माले के फ्लैट में खो गई। हम उसे एक कस्बे के आदमी की तरह नीली झील में ढूँढ़ने लगे, पर वह हमें भला कैसे मिल सकती थी। वह तो एक जलती झाड़ी में कब की जल चुकी थी। ऐन ऐसे मौके पर अमरूद के पेड़ के नीचे हमें रिश्तों की रजाई सिलते हुए पिता की कहानी सुनाने वाले एक अफसानानिगार मिले। वह अफसानानिगार थे—ज्ञानरंजन।

ज्ञानरंजन एक ऐसे समय में कहानी में प्रवेश करते हैं जब निर्मल वर्मा की कहानियों का जादू लगभग समाप्त हो गया था। 'नयी कहानी' अस्तित्ववाद तथा मनोविश्लेषणवाद का बघार लगाते-लगाते बासी हो गई थी। कहानी एक और जिंदगी की माँग कर रही थी। उसी वक्त ज्ञान, काशी, रवीन्द्र, महेन्द्र की कहानियाँ एक नयी आवाज के साथ दस्तक देती हुई सामने आती हैं। ज्ञानरंजन की कहानियाँ चेकोस्लोवाकिया की नहीं अपने देश के मध्यवर्गीय घर, परिवार, पिता-पुत्र, पति-पत्नी, भाई-बहन अर्थात् पारिवारिक रिश्तों के बीच में घटित होती कहानियाँ हैं। ज्ञानरंजन मानवीय संबंधों का मुआयना करने वाले कहानीकार हैं। वह मानवीय रिश्तों की महीन पड़ताल करते हैं। विश्वनाथ प्रसाद तिवारी के शब्दों में कहें तो कह सकते हैं कि ज्ञानरंजन की कहानियाँ नयी यथार्थवादी दृष्टि को सामने लाने वाली कहानियाँ हैं। जीवन के प्रति ज्ञानरंजन की दृष्टि बड़ी तीखी और आलोचनात्मक है। वे अत्यंत क्रूर होकर मानवीय संबंधों की छानबीन करते हैं और व्यक्ति के भीतर छिपे सही चोर को पकड़ लेते हैं। ज्ञान की कहानियों को पढ़ते हुए लगता है कि उन्होंने जीवन को बहुत करीब से देखा है। चाहे स्त्री-पुरुष का प्रेम और दांपत्य संबंध हो या अन्य पारिवारिक संबंध, ज्ञान की दृष्टि सूक्ष्म बारीकियों तक पहुँचती है। वह संबंधों और स्थितियों की विडंबनाओं तथा विसंगतियों को बड़ी निर्भीकता से सामने लाते हैं।

यह विशेषता उनकी सभी कहानियों में मिलेगी।

नरेंद्र मोहन के शब्दों में कहें तो ज्ञानरंजन की कहानियों में संबंधों के फलक पर न तो मनोवैज्ञानिक तथ्यों की संपुष्टि का प्रयत्न है और न संबंधों का निषेध करने वाला आवेश। वह संबंधों की चीर-फाड़ करके, बिना कोई निष्कर्ष दिए उन्हें स्थगित कर देता है। वह इस तथ्य से अच्छी तरह परिचित है कि 'अभी संक्रांति और अंजाम की तरफ केवल शुरुआत हुई है।' (शेष होते हुए) इस दृष्टि से ज्ञान की 'शेष होते हुए', 'पिता', 'संबंध' तथा 'फेन्स के इधर-उधर' को देखा जा सकता है।

'शेष होते हुए' कहानी में ज्ञानरंजन परिवार के बिखरने का वर्णन करते हैं। इस बिखराव के संबंध में मझला सोचता है और भीतर ही भीतर टूटता है। इस संदर्भ में कहानी के इन शब्दों को देखा जा सकता है—'मझले ने देखा, एक घर में कई घर हो गए हैं। हर व्यक्ति के कमरे में दूसरे से अलग, एक स्वतंत्र और पृथकता ज्ञापित करने वाला स्वभाव है। निजी व्यवस्था की प्रवृत्ति कुछ लोगों में छोटे पैमाने पर अंदर ही अंदर प्रत्यनशील है। ऊपर वाले कमरे में टीनू ने एक अलमारी के शीशे की रकाबियाँ, गिलास, प्याले और स्टोव भी छोड़ रखा है। उसके दोस्त वहीं चाय पीते हैं। भाभी का कमरा गुदड़ी बाजार है, लेकिन दैनिक उपयोग में आने वाली सबसे नयी, सुंदर और फैशनेबुल चीजें उन्हीं के कमरे में हैं। माँ-पिता के कमरे में कुछ नहीं है। उनके लिए किसी को फुरसत नहीं।' इस कहानी में परंपरागत पारिवारिक बिंब के खंडित होते जाने की प्रक्रिया मौजूद है। घर पहुँचने पर कहानीकार ने मझले की मनोदशा के द्वारा प्रेम, वात्सल्य और सौहार्द जैसे पारिवारिक संस्कारों के चुकते जाने की ओर इशारा किया है। परिवार के सभी सदस्य एक-दूसरे से कटे हुए, एक-दूसरे को दोष देते हुए, एक-दूसरे पर खीजकर और क्रोधित होकर पोज करते हैं कि 'माँ गुमसुम रहती है। पिता चिड़चिड़े। उमंग गुम गई है। पिता से टीनू तक सब अज्ञात परिणाम वाले भविष्य के लिए वर्तमान की स्थितियाँ झेल रहे हैं।' 'पिता' कहानी में भी दो पीढ़ियों के अंतर को एक दिलचस्प अंदाज में प्रस्तुत किया गया है। वास्तव में भारतीय मध्यवर्गीय परिवार विभिन्न प्रकार की रूढ़ियों और रोमानी कल्पनाओं के पुंज हैं। ज्ञानरंजन अपनी कहानियों में इनका विरोध करते हैं। 'पिता' कहानी के पिता को जीवन की अनिवार्य वैज्ञानिक जरूरतों से चिढ़ है, इसलिए वह भीषण गर्मी में भी पंखे के नीचे न सो कर बाहर आँगन में खुले आकाश के नीचे सोते हैं। वह न तो गुसलखाने में नहाते हैं और न ही वाश बेसन में हाथ-मुँह धोते हैं। उन्होंने अपने जीवन के पैंतीस वर्ष मात्र दो पुस्तकों—गीता और रामायण के सहारे काट दिए। यह संबंधों के बदलाव की कहानी नहीं अपितु उस बदलाव के कारणों में जाने की कोशिश करने वाली कहानी है। यह बदली हुई मानसिकता और उस मानसिकता के साथ चल पाने में असमर्थ पिता की कहानी है। 'संबंध' कहानी का मैं एक स्थान पर कहता है कि 'आप यह भी देखिए कि समय मानवीय संबंधों के

सिलसिले में किस तरह काम करता है। एक लंबे समय तक जो स्त्री मेरे लिए केवल माँ थी अब कभी-कभी ही माँ लगती है या माँ का भ्रम।' ज्ञानरंजन पारिवारिक संकट को वास्तविक स्थितियों से संबद्ध करके उसे मानवीय संकट के रूप में प्रस्तुत करते हैं। 'हो सकता है इसमें कुछ दया भाव हो लेकिन हकीकत यह है कि मैं काफी देर बाद भी यही चाहता रहा कि वह आत्महत्या कर ले और एक बहुत ही घिसटती हुई निर्मम समस्या का समाधान हो जाए।' इस कहानी के संबंध में परमानंद श्रीवास्तव लिखते हैं कि 'संबंध' कहानी में पाठक एक अप्रत्याशित क्रूरता, एक तरह के अमानवीयकरण का आभास पाएँगे जबकि कहानी का कुल इशारा इतना सीमित नहीं है। घर की ओर बढ़ते 'मैं' को एक सर्वनाश की प्रतीति होती है। यह प्रसन्नता का अंत है। आते ही माँ ने सूचना दी कि छोटा भाई आत्महत्या की धमकी देकर चला गया है। भावुकता कहीं भी 'मैं' के रास्ते में नहीं आई। उसे माँ से झुँझलाहट भर हुई जो अपने मरने तक सब कुछ सुरक्षित देखना चाहती है—'चाहे वह घी का खाली डिब्बा हो, कुर्सी हो या छोटे भाई का शरीर।' इस माँ को 'यू वूमैन' कहने की इच्छा होती है। यह कहानी इस विडंबना की ओर संकेत करती है कि दुःख सब मिलाकर लचर चीज है और आत्महत्याओं के मूल में एक फुसफुसाया भर दुःख ही होता है—अधिक कुछ नहीं। भाई की वापसी और माँ की चापलूसी और नाश्ते के साथ उसके आगे पीछे लगा रहना अभिप्रेत व्यंग्य को तीखा बनाता है।

कथाकार और आलोचक डॉ. विजयमोहन सिंह ज्ञानरंजन को 'संबंधों का कहानीकार' कहने के पक्ष में हैं। इसके संबंध में वह लिखते हैं कि ज्ञानरंजन सही माने में और पूरी तरह संबंधों के कहानीकार हैं—अपनी पीढ़ी के किसी भी कहानीकार से अधिक संबंधों को समझने की इस बेचैनी को 'शेष होते हुए' से लेकर 'संबंध' तक एक खास क्रम में देखा जा सकता है।...माँ, पिता, बहन, भाई से अलग होते हुए आदमी की ओर ज्ञान ने जितना ध्यान दिया है, जितना रेशा-रेशा अलग करके उन्होंने उसे समझा है—उतना किसी और कहानीकार ने नहीं। यहाँ ध्यान देने योग्य खास बात यह है कि इस अलग होते हुए आदमी को ज्ञान अजूबा नहीं मानते और यह भी कि यह आदमी ही अपने माँ, बाप, भाई से अलग नहीं होता बल्कि उसके बाप, माँ और भाई भी उससे अलग होते हैं। उनकी कहानियों में अलगाव का यह क्रम भी महत्त्वपूर्ण है। यह उनको कई अन्य मुद्राधारी तथा अकहानीकारों की जमात से अलग करता है। किसी यूरोपीय कथाकार के विषय में 'आइरोनिक सिंपैथी' की बात लिखी गई थी। ज्ञानरंजन अपनी सभी कहानियों में अपने पात्रों के संसार के प्रति यही रुख रखते हैं। यह रुख भी 'अख्तियार किया हुआ' नहीं, स्वतः पैदा हुआ है! सारी गंभीरता, लगाव, बेचैनी और बदहवासी की पोल अंत में एक जानकार व्यंग्य के रूप में खुलती है—किसी भी मसले पर अनेक रातों की नींद हराम करने के बाद एक सुबह कोई-न-कोई 'सच्चाई' मालूम होनी ही है। यह भी ज्ञानरंजन की अतिशय

'स्वचेतनता' का ही परिणाम है जो उन्हें बराबर अपनी कहानी से 'अलग' कर देती है; हर उधेड़ी गई स्थिति अलग से देखने पर अपने दुहरे चेहरे के साथ नजर आती है और कहानीकार अपनी सहानुभूति के बावजूद व्यंग्यपूर्ण हो जाता है।

ज्ञानरंजन वास्तव में कहानी के बने-बनाए फार्मूलों को तोड़ने वाले कहानीकार हैं। डॉ. जीवन सिंह के शब्दों में कहें तो ज्ञानरंजन अपनी कहानी की सामग्री का चुनाव कहानी के सामान्य रूप एवं प्रचलित व्यवहार के बीच से नहीं करते। जो कुछ हो वह फार्मूले के बिना हो, सहज हो। इसीलिए उन्होंने अपने समय की कहानी को यांत्रिकता से बचाने का उल्लेखनीय कार्य किया था। कहानी में नयेपन के कुछ फार्मूले तैयार करके जब लगभग एक जैसी कहानियों का बाजार गर्म था, तब ज्ञानरंजन लीक से हटकर कुछ ऐसी कहानियाँ लेकर आए, जो मनगढ़ंत न होकर जीवन की उन विकट राहों से निकली कहानियाँ थीं, जो हमारे आस-पास का और भीतर तक विचलित कर देने वाला सच है। इस सच के अनेक रूप हैं। यह वैयक्तिक भी है, पारिवारिक-कौटुम्बिक भी है, आर्थिक-राजनीतिक भी है और सामाजिक भी तथा इन सभी के समग्र संश्लिष्ट रूप में भी है। एक कहानीकार इन सभी मोर्चों पर काम करता है। वह इनमें से किसी एक मोर्चे पर काम कर सकता है। जैसे ज्ञानरंजन प्रेम के मोर्चे पर खड़े होकर उसके प्रचलित रूढ़ रूपों को अपनी कई कहानियों में तराशते हुए नजर आते हैं। कहीं वह व्यक्ति और एक पूरे परिवार के संस्कार की रूढ़ि और उसकी बेचैनी को दिखलाते हुए यह संकेत करते हैं कि यह जितनी जल्दी खत्म हो, समाज, परिवार और व्यक्ति के स्वास्थ्य के लिए उतना ही अच्छा है। हम देखते हैं कि समाज, परिवार और व्यक्ति को बदले जाने के जितने तनाव हैं, उसे न बदले जाने के तनाव उससे कम नहीं हैं। इस संघर्ष का कोई एक मोर्चा नहीं हैं। विभिन्न रूपाकारों वाले सामाजिक वैयक्तिक संबंधों या संबंध लालसाओं का मोर्चा भी बहुत विकट है। ज्ञानरंजन की कहानियाँ हमारा ध्यान बार-बार इस ओर खींचती हैं। 'फेंस के इधर और उधर' इन्हीं अर्थों में उनकी एक बेजोड़ और विशिष्ट कहानी बनती है। इस कहानी में हम देखते हैं कि किस तरह एक मुक्त और खुलेपन वाले संस्कारों में पलने वाली लड़की के प्रति एक रूढ़िवादी परिवार का लड़का आकर्षित होता है। न चाहते हुए भी उसकी आँखें फेंस को लाँघ जाती हैं। रूढ़िवादी परिवार में पले लड़के के ये शब्द हमारा ध्यान आकर्षित करते हैं। वह सोचता है—'युवा और असंपृक्त लड़की। खुशमिजाज और बेखौफ माता-पिता। काश मैं उनके घर में ही पैदा हुआ होता! मन यूँ उड़ता है।' ज्ञानरंजन का कहानीकार हमारे समाज के उस जटिल सच को रेखांकित करता है, जिसमें एक ओर चीजें ठहरी हुई हैं तो दूसरी ओर बदल रही हैं। कहानीकार इसी बदलाव का स्वागत करता है।

'घंटा', 'बहिर्गमन' तथा 'अनुभव' जैसी कहानियाँ ज्ञानरंजन की बाद की कहानियाँ हैं जिनमें ज्ञान का कहानीकार परिवार से बाहर निकलकर समय और परिवेश

के यथार्थ की पहचान के व्यापक मानवीय संदर्भ निर्मित करता है। इन कहानियों पर बहुत कुछ लिखा गया है। कुछ आलोचकों ने तो ज्ञानरंजन की इन्हीं कहानियों को कहानीकार की महत्त्वपूर्ण उपलब्धि माना है। मेरे विचार से ज्ञानरंजन की वे कहानियाँ पाठकों के दिल और दिमाग में एक गहरी पैठ बनाती हैं जिनमें वह रिश्तों की रजाई बार-बार उधेड़ते और सिलते हैं। इस दृष्टि से देखें तो हम 'शेष होते हुए', 'अमरूद का पेड़' तथा 'पिता' कहानियों को नजरअंदाज नहीं कर सकते। चंद्रकला त्रिपाठी की यह बात उचित प्रतीत होती है कि 'भावुकता' से पूरी असहमति के बावजूद ज्ञानरंजन वहाँ सफल होते हैं जहाँ अर्थ को मार्मिक प्रभावों में ढालने की बात होती है। अपने पाठकों के लिए ये कहानियाँ एक गहरी अमिट स्मृति हैं, जिनमें अंततः गूँजने वाला स्वर बड़ी वेदनाओं का है।

**'मैं इतिहास को नहीं, अपने वर्तमान को ही लिखना चाहता हूँ, जो जी रहा हूँ।'**

***–काशीनाथ सिंह***

---

*'मध्यवर्गीय भारतीय मनुष्य के अंतर्विरोधों की छोटी-बड़ी खतूतबदानियों को वह अपनी कहानियों में जिस बनारसी बीजगणित के आधार पर किसानी औजारों से खोलते हैं वह हिंदी के तमाम समकालीन कहानीकारों में उनको अलग पहचान देता है। काशीनाथ सिंह के कहानीकार की बोरसी शुद्ध भारतीय बोरसी है जिसे उन्होंने अपने ग्रामीण रागात्मक बोध और प्रगतिशील जीवन दृष्टि की मिट्टी से स्वयं तैयार किया है। इस बोरसी की आग पर जब उनके जीवन संघर्ष और जिजीविषा का द्वंद्व तपता है तब सदी के सबसे बड़े आदमी की दिलचस्प और अनूठी कहानियाँ बाहर आती हैं।'*

---

# बनारसी बीजगणित से मनुष्य की खतूतबदानी खोलनेवाला कहानीकार : काशीनाथ सिंह

जितनी बार साठोत्तरी हिंदी कहानी पर आलोचनात्मक पुस्तकें पढ़ता हूँ, पत्र-पत्रिकाएँ पलटता हूँ, उतनी बार अधिकांश पुस्तकों और पत्रिकाओं में ज्ञानरंजन, रवीन्द्र कालिया, महेन्द्र भल्ला, दूधनाथ सिंह, गिरिराज किशोर और रमेश उपाध्याय की चर्चा तो मिलती है लेकिन एक नाम उनमें से गायब मिलता है—काशीनाथ सिंह। साठोत्तरी कहानी के नाम से पत्रिकाओं के विशेषांक निकलते हैं और उनमें भी इस कहानी की चर्चा ज्ञानरंजन से आरंभ होकर ज्ञानरंजन पर ही समाप्त होती है। इसमें कोई दो मत नहीं कि ज्ञानरंजन साठोत्तरी हिंदी कहानी के महत्त्वपूर्ण कहानीकार हैं किंतु 'नयी कहानी' और 'साठोत्तरी हिंदी कहानी' के बीच कोई विभाजक रेखा खींचने वाले कहानीकार वह नहीं हैं। (वय क्रम की दृष्टि से ज्ञान काशी से चालीस दिन बड़े हैं) यह काम यदि किसी कहानीकार ने किया तो वह काशीनाथ सिंह हैं। सभी प्रकार के राग द्वेष से मुक्त होकर मैं कहना चाहूँगा कि इस कहानीकार की सन् '64 में प्रकाशित 'सुख' एक ऐसी कहानी है जिसे 'लंदन की एक रात', 'जलती झाड़ी', 'परमात्मा का कुत्ता, 'खोई हुई दिखाएँ' अथवा 'राजा निरबंसिया' आदि कहानियों से आगे की कहानी कही जा सकती है। पूर्ववर्ती तमाम कहानियों के आगे एक डिमार्केशन लाइन खींचने वाली कहानी।

काशी और कहानी एक-दूसरे के पर्याय हैं। काशीनाथ सिंह का कहानी कहने का एक अलग अंदाज है। मुझे लगता है कि यह अंदाज बनारस की बानी और गंगा के पानी ने उनको दिया है। उनकी कहानियों में हम धोती-कुर्ता, गमछा, लंगोट पहने हुए एक जीते-जागते मनुष्य को देख सकते हैं—बनारसी वर्दी और बनारसी मस्ती के साथ। ऐसा लगता है कि काशीनाथ सिंह काशी की गलियों, चायघरों, राशन की दुकानों, हवेलियों-मकानों, बुनकरों, हरकारों, हलवाहों, मजदूरों, विद्यार्थियों, शिक्षकों, बाबुओं, मंत्रियों, सिपाहियों, वकीलों, किसानों से चुपचाप कहानियाँ चुराते हैं और

फिर उनको ग्रामीण रागात्मक बोध में पिघलाकर एक खाँटी लोहार की तरह नये-नये औजारों के रूप में पाठक को सौंप देते हैं। ये औजार जहाँ एक ओर हमारी सोच को पैना करते हैं वहीं दूसरी ओर अपने समय को समझने और उसे बदलने के लिए ऊर्जा भी देते हैं। काशीनाथ सिंह की कहानियाँ हमारे भीतर आत्मविश्वास, साहस और संघर्ष पैदा करने के बीज बोती हैं।

काशीनाथ सिंह का कहानीकार एक सजग सामाजिक दायित्वबोध के साथ नयी कहानी के अँधेरे बंद कमरों से निकलकर अपने मोर्चे से पूरी मुस्तैदी के साथ भोला बाबू, सुधीर घोषाल और ज्वान के साथ सामाजिक विसंगतियों-विडंबनाओं, अंतर्विरोधों तथा झूठ के साथ एक ईमानदार मनुष्य की तरह जंग लड़ता है। इस जंग में जीत अंततः काशीनाथ सिंह के कहानीकार की ही होती है क्योंकि अपने समकालीनों में कहानी कहने का उनका अलग अंदाज है। इस अंदाज की बड़ी वजह उनकी कहानियों का कहानीपन ही है, जिसे वह बोरसी की आग की तरह 'सुख' से लेकर 'कौन ठगवा नगरिया लूटल हो' तक पूरी तरह से बचाकर रखते हैं। यही आग उनकी तमाम रचनाओं का एक मौलिक गुण है। शायद यही वजह है कि उनकी एक रचना के भीतर से दूसरी रचना निकलती प्रतीत होती है। पहली रचना से पूरी तरह भिन्न। एक भिन्न धार, मार, रफ्तार और इजहार के साथ। संवेदना और विचार की परिपक्वता किस प्रकार की कहानी को जन्म दे सकती है, 'तद्‍भव' में प्रकाशित तथा पुरस्कृत काशीनाथ सिंह की ताजा कहानी 'कौन ठगवा नगरिया लूटल हो' इस बात का खूबसूरत उदाहरण है, जिसमें बनारसी बीजगणित से भारतीय मनुष्य की तमाम खतूतबदानियों को बेहद दिलचस्प अंदाज में खोलकर रख दिया है।

काशीनाथ सिंह को अपने गाँव और ठाँव (बनारस) दोनों से बेहद प्यार है। इस प्यार में पीड़ा और आक्रोश, आशा, निराशा और जिज्ञासा सभी मौजूद हैं लेकिन वे इस रूप में घुल-मिल गए हैं कि इनका फिल्टरेशन नहीं किया जा सकता। यही उनकी कहानियों की ऊर्जा और एनर्जी हैं। सच कहें तो गाँव ने काशीनाथ सिंह को जन्म दिया और ठाँव ने उनको कहानीकार बनाया। काशीनाथ सिंह की कहानियाँ काशी नगर का ई. सी. जी. हैं। यदि कोई आज की काशी का इतिहास लिखना चाहे तो उसके लिए 'नीला चाँद' की नहीं, 'देख तमाशा लकड़ी का', 'संतो घर में झगरा भारी', 'कौन ठगवा नगरिया लूटल हो' की जरूरत पड़ेगी। यही नहीं काशी नगर की साहित्यिक पृष्ठभूमि जानने के लिए हमें 'नागानंदचरितम् वल्द अस्सी चौराहा', 'किस्सा साढ़े चार यार', 'गरबीली गरीबी वह', 'घर का जोगी जोगड़ा' को भी देखना होगा। इनको चाहे कोई रेखाचित्र कहे या संस्मरण अथवा और कुछ लेकिन मेरी दृष्टि में ये अपने कहानीपन के कारण आत्मकथात्मक आख्यायिकाएँ ही हैं। काशीनाथ सिंह की कहानियाँ जीवन से लबालब कहानियाँ हैं। दोस्तोएवस्की ने सही कहा है

कि जीवन के अर्थ को प्यार करने वाले को पहले जीवन को प्यार करना चाहिए। जीवन से गायब होने पर जीवन का अर्थ संतोषप्रद नहीं होता।

काशीनाथ सिंह हिंदी-कहानी में उस समय शामिल हुए जब अधिकांश कहानीकार सार्त्र, कामू, नीत्शे आदि अस्तित्ववादी चिंतकों के आयातित दर्शन का बघार लगाकर कहानियाँ परोस रहे थे। काशीनाथ सिंह की कहानी 'चाय घर में मृत्यु' के शब्दों में कहें तो 'ये लेखक शाम तक कामू सूँघते हैं, काफ्का फाँकते हैं, कविता खाँसते हैं, कहानियाँ काँखते हैं, मक्खियाँ मारते हैं, भाड़ झोंकते हैं और चाय के पैसे देने वाले जजमान की प्रतीक्षा करते हैं।' ऐसे समय में काशीनाथ सिंह चेखव, तुर्गनेव, टॉलस्टॉय, हेमिंग्वे, प्रेमचंद, रेणु, परसाई की ओर जाते हैं और तय करते हैं कि उनको क्या और कैसा लिखना है तथा कैसा नहीं लिखना। इसके संबंध में काशीनाथ सिंह की स्वीकारोक्ति को देखा जा सकता है, जिसे उन्होंने अपनी पुस्तक 'आलोचना भी रचना है' में कुछ इस तरह से बयान किया है—'ऐसे ही अपने दौर के एक और संकट से मुझे उबारा चेखव ने। उस समय हिंदी लेखकों में सार्त्र, काफ्का, कामू वगैरह की धूम मची हुई थी और उनके प्रभाव में हर लेखक अपने बारे में अपनी मुश्किलों और ऊब और घुटन और अकेलेपन के बारे में लिख रहा था। मैं काफी दिनों तक बड़े असमंजस में पड़ा रहा, क्योंकि मेरे उस्ताद यानी क्रांति पूर्व रूसी लेखक और प्रेमचंद मुझे दूसरा पाठ पढ़ा रहे थे। मसलन् चेखव ने कहा कि अपने बारे में लिखना जितना आसान है उतना ही खतरनाक और मुश्किल। खतरनाक इसलिए कि कथाकार तटस्थ और ईमानदार नहीं रह पाता। बहुत जल्दी भावुक हो उठता है। उसे लिखना हो तो तब लिखना चाहिए जब वह 'मेच्योर' हो जाए, अपने प्रति निर्मम हो सके, अपने को दूसरा आदमी मानकर दूर से देख सके। मेरे उस्तादों ने एक-दो ऐसी मोटी बातें बताईं जिन्हें साठ के बाद के कहानी आंदोलन झुठला रहे थे और मुझे दुविधा में डाल रहे थे। उनमें से एक बात यह थी कि कहानी अंततः कहानी है, उसे चाहे जैसे जितना तोड़ो-मरोड़ो। दूसरी बात यह कि कहानी विचारों से नहीं बनती, वह बनती है ज़िंदगी से, वह जिंदगी जो समाज में कई स्तरों पर फैली है और किसी रूप में अपने अस्तित्व के लिए संघर्ष कर रही है।' इसी दौरान काशीनाथ सिंह की 'संकट', 'आखिरी रात', 'कस्बा, जंगल और साहब की पत्नी', 'अपने घर का देश', 'चाय घर में मृत्यु', 'तीन काल कथा', 'अपने लोग', 'आदमी का आदमी', 'लोग बिस्तरों पर' तथा 'सुख' जैसी कहानियाँ सामने आईं। इनके संबंध में स्वयं कहानीकार का कहना है कि ये तब की कहानियाँ हैं जब वे लिखने का मतलब नहीं जानते थे। लिखने का मतलब उन्होंने इन कहानियों के प्रकाशन के बाद ही जाना। यदि हम काशीनाथ सिंह की इस स्वीकारोक्ति को सच मान लें तब हमें मानना पड़ेगा कि ये कहानियाँ निर्मित होते कहानीकार की कहानियाँ हैं लेकिन इतना तो निश्चित है कि निर्मित होता कहानीकार हमें 'सुख' जैसी कहानी तो दे ही देता है जो पूर्ववर्ती

तमाम नयी कहानियों के आगे एक विभाजक रेखा खींचती है। वैसे ये चाहे निर्मित होते कहानीकार की कहानियाँ भले ही हों किंतु ये ('संकट' कहानी को छोड़कर) कहानी के बने बनाए पैटर्न में तोड़-फोड़ करने वाली कहानियाँ हैं।

'लोग बिस्तरों पर' संग्रह में प्रकाशित कहानियों के संबंध में काशी के चार यारों में से एक विजयमोहन सिंह लिखते हैं कि 'लोग बिस्तरों पर' की कहानियाँ इस मामले में भी अपनी पीढ़ी की अधिकांश कहानियों से अलग हैं कि वे 'आत्मकथाएँ' कम से कम हैं—अर्थात् कहानीकार कहानी की वस्तुगतता से अधिक परिचित है। काशी की कहानियाँ अपनी वर्णनात्मकता में 'ट्रेडीशनल' हो गई हैं—कहानी के 'कहानीपन' का मुकम्मल स्वाद उनसे मिलने लगता है—जिससे अपनी रक्षा वे एक 'फ्लाइट' के साथ फैंटेसी में जाकर करते हैं। 'चायघर में मृत्यु' में बाकायदे चायघर कहानी कहने वाला और बीच-बीच में चाय की चुस्कियाँ आदि उपकरण एकत्र कर कहानीकार ओ. हेनरी और मोपासां की वर्णनात्मकता में कहानी को ले जाता है, लेकिन इसके बावजूद कहानी एक विडंबना को धीरे-धीरे खोलती हुई उस सुरक्षित बिंदु पर पहुँचती है जहाँ कहानीकार अपने को बचा ले जाता है।

काशीनाथ सिंह का कहानीकार निरंतर मैच्योर होता गया है। यह मैच्योरिटी 'सुख' से लेकर 'कौन ठगवा नगरिया लूटल हो' तक में साफ देखी जा सकती है। यहाँ मैं एक अन्य बात भी जोड़ना चहूँगा कि चाहे 'सुख' हो या 'सुधीर घोषाल', 'जंगल जातकम' हो या 'मुसईचा', 'कहानी सराय मोहन की' हो या 'सिद्दीकी की सनक', 'अपना रास्ता लो बाबा' हो या 'सदी का सबसे बड़ा आदमी', 'कविता की नयी तारीख' कहानी हो या सदी की शुरुआत में लिखी कहानी 'कौन ठगवा नगरिया लूटल हो', काशीनाथ सिंह यहाँ आदि से अंत तक एक मुकम्मल कहानीकार हैं। ऐसा कहानीकार जिसने बनारस की बानी, गंगा का पानी, जीयनपुर की गुड़धानी' और माँ की कहानी का साथ नहीं छोड़ा। इन सभी के साथ रिश्ता उत्तरोत्तर पुख्ता होता चला गया है। मुझे लगता है काशीनाथ सिंह की कहानियों की जड़ें यहीं से अपनी खुराक लेती हैं। काशीनाथ सिंह की ये कहानियाँ सबसे पहले कहानियाँ हैं—एक बुजुर्ग नगर के मैच्योर कहानीकार की कहानियाँ। विजयमोहन सिंह इनको 'आधुनिक क्लैसिकल अंदाज' की कहानियाँ कहते हुए लिखते हैं, ' 'जंगल जातकम' जैसी बेख्तियन 'पैराब्लास' के कौशल पर आधारित कहानियों से लेकर 'सुधीर घोषाल' जैसी घोषित राजनीतिक प्रतिबद्धता की कहानी में भी कहानी रचने का वही आधुनिक् क्लैसिकल अंदाज है जो चेखव, टॉलस्टॉय तथा गोर्की की महारत-हासिल कहानियों में मिलता है।' एक और बात को भी डॉ. सिंह स्पष्ट शब्दों में कहते हैं कि कहानीकार काशीनाथ सिंह शुरू से अंत तक कहानीकार हैं—कहानी में भी, 'आदमीनामा' में भी और जिंदगीनामा में भी।

काशीनाथ सिंह के कहानीकार में रफ्ता-रफ्ता जो बदलाव आता गया है उसे हम एक कहानीकार की कहानी का विकास कह सकते हैं। इस बदलाव को यदि हम कहानीकार के ही शब्दों में समझें तो बेहतर होगा। मनीष दुबे से होने वाली बातचीत में काशीनाथ सिंह कहते हैं—'इमरजेंसी के बाद मुझे लगा कि हमारे चरित्र इतने क्रांतिकारी हैं, समाज को बदल देना चाहते हैं, सारा कुछ तोड़-फोड़ देना चाहते हैं लेकिन जीवन आगे जाने के बजाय या तो अपनी जगह है या पीछे लौट गया है। जिन क्रांतिकारी परिस्थितियों की कल्पना हम लोग किया करते थे, वे क्रांतिकारी परिस्थितियाँ स्तब्ध हो गई हैं और राजनीति वह रूप नहीं ले रही है जैसा हम चाहते थे। मुझे लगा, समाज को समझने में कहीं न कहीं गलती हुई है। 1978 के आस-पास मैंने 'कविता की नयी तारीख' लिखी जिसमें अपनी उस विचारधारा का अवशेष भले हो शायद अंत दिखाई पड़ता है लेकिन वह मध्यवर्ग जिससे क्रांतिकारी होने की उम्मीद कर रहे थे, उस मध्यवर्ग, निम्नमध्यवर्ग के प्रतिनिधि के रूप में आता है—उस कहानी का साढू भाई। काफी सुविधाभोगी और अपने ही आदमियों, अपने ही वर्ग, अपने ही रिश्ते-संबंधों को वह बहुत ही उपेक्षा, तिरस्कार की नजर से देखता है। मैं कह सकता हूँ कि मध्यवर्ग, निम्न मध्यवर्ग के जीवन पर लिखी गई बेहतरीन कहानियों में उस कहानी को होना चाहिए। यह एक चेंज था मेरे भीतर। 'कविता की नयी तारीख' के बाद एक और चेंज आया जिसके चलते मैंने 'अपना रास्ता लो बाबा', 'कहानी सराय मोहन की' जैसी कहानियाँ लिखीं, अर्थात् वह जीवन जिसके भीतर से आग गायब हो गई और वह तड़प रहा है, टूट-फूट रहा है, समाज बदल रहा है। सन् 1980 के आस-पास वे कहानियाँ आईं जिनमें जातियाँ अपने आप आ गई हैं। 'कहानी सराय मोहन की' में ठाकुर है, ब्राह्मण है, एक हरिजन है। वे तीन घर। कहानी में एक हरिजन है जो अपनी ही कौम के लोगों को हिकारत से देखता है। उस हरिजन की औरत खुद कहती है कि उनसे बात न की जाए जो उसी की जाति के हैं। तो 1980 के आस-पास मेरी कहानियों में समाज का उपेक्षित तबका आना प्रारंभ हुआ।' अपने कथा-विकास को स्पष्ट करते हुए अपनी कहानियों की सीमा की ओर भी वह इशारा करते हुए कहते हैं, 'साथ ही मैं यह भी महसूस कर रहा था कि तीस वर्षों तक लगातार लिखते रहने के बावजूद मैं कहानियों में नहीं आ पा रहा हूँ। मेरी नजर भले कहानियों में आती हो, लेखक छूटा जा रहा है। वह व्यक्त नहीं हो रहा है। मेरे अपने जीवन में जो उमंग, उल्लास, उत्साह, जीने का सलीका था या जिंदगी के बारे में जो मैं सोचा करता था, जब कहानी लिखने बैठता तो कहानियाँ एकदम दूसरी हो जाती थीं। मैं अपनी जगह रह जाता था। वह लिखा जाना चाहिए जिसमें मैं भी हूँ। मेरा पूरा व्यक्तित्व, पूरा जीवन, जीवन-दर्शन सारा कुछ आना चाहिए और साथ ही मेरे सामने, अगल-बगल, आस-पास के ढेर सारे चरित्र जो कहानी के पात्रों की तुलना में ज्यादा दिलचस्प हैं। दिलचस्प ही नहीं ज्यादा संघर्षशील हैं। उनकी

अपनी समस्याएँ हैं। वे लेखक भी हो सकते हैं। तो कहानीकार होते ही मैं वह नहीं रहता था जो हूँ और मुझे लगा कि हमारे जीवन में जो पात्र हैं, हम उनके बारे में न लिखकर उन जैसे पात्रों की कल्पना करके दूसरा नाम देते हैं। वे जैसे हैं, अगर उन्हें ज्यों का त्यों लिखा जाए? कल्पना की आँख से यथार्थ को देखना। वे यथार्थ हैं। उन्हें मैं रीमॉडल करूँ तो कैसा हो?' काशीनाथ सिंह को इस रीमॉडलिंग में पूरी सफलता मिली है। उसकी सफलता का राज उनके देहाती, देसी, खाँटी औजार ही हैं जो समय के अनुसार और अधिक पैने होते चले गए।

बहुत बार मुझे लगता है कि समय की नब्ज टटोलते हुए थोड़ी अक्ल लड़ाकर की जाने वाली एक दिलचस्प गप्प का दूसरा नाम ही कहानी है और इस हुनर में काशीनाथ सिंह का कोई सानी नहीं। इस हुनर को हम 'सुख' से लेकर 'कौन ठगवा नगरिया लूटल हो' तक में देख सकते हैं। मध्यवर्गीय भारतीय मनुष्य के अंतर्विरोधों की छोटी-बड़ी खतूतबदानियों को वह अपनी कहानियों में जिस बनारसी बीजगणित के आधार पर किसानी औजारों से खोलते हैं वह हिंदी के तमाम समकालीन कहानीकारों में उनको अलग पहचान देता है। यही वजह है कि काशीनाथ सिंह के कहानीकार की नक्ल नहीं की जा सकती। काशीनाथ सिंह के कहानीकार की यह बोरसी शुद्ध भारतीय बोरसी है जिसे उन्होंने अपने ग्रामीण रागात्मक बोध और प्रगतिशील जीवन दृष्टि की मिट्टी से स्वयं तैयार किया है। इसी बोरसी की आग पर जब उनके जीवन संघर्ष और जिजीविषा का द्वंद्व तपता है तब सदी के सबसे बड़े आदमी की दिलचस्प और अनूठी कहानियाँ बाहर आती हैं। चाहे वह 'अपना रास्ता लो बाबा' हो या 'संतरा', 'सिद्दीकी की सनक' हो या 'कहानी सराय मोहन की।'

'सदी का सबसे बड़ा आदमी' की कहानियों का विश्लेषण करते हुए श्रीराम वर्मा लिखते हैं कि काशी की कहानियों से प्रथम परिचय उनके पहले कथा-संग्रह 'लोग बिस्तरों पर' से हुआ। तब से अब तक उनकी कहानियों में अनेक बदलाव, अनेक स्तर और शैलियाँ उभरी हैं। वे बाहरी माँग या दबाव से प्रेरित होकर नहीं लिखते। भीतरी माँग या दबाव से तब लिखते हैं, जब उनका कथ्य इतिहास से छनकर उन्हें लिखने को मजबूर कर देता है। वह आगे लिखते हैं कि उनकी कहानियाँ किसी एक खाने में ही नहीं बँधतीं क्योंकि वे उस मनुष्य की कथाएँ हैं जो गाँव में है तो, कस्बे में है तो, शहर में है तो, बहुत बड़े शहर में है तो, सुविकसित आधुनिकता संपन्न विदेश में है तो, मजबूर है, अपनी जगह से हट गया है, सांसत में है, शोषित पीड़ित है, स्थिति परिवर्तन से द्वंद्वग्रस्त है, कभी मोहग्रस्त, कभी बेबस और अमानवीय हो जाने के लिए बेचारगी से भरा, सुरक्षा के लिए चिंतित और आचरण में अंतर्विरोधी, मोहभंग की कई स्थितियों ने इन कहानियों को जन्म दिया है, जहाँ जातिवाद सबसे ज्यादा भयंकर स्थिति है। यह गाँव से लेकर जापान जैसे विकसित देश तक घातक रूप में व्याप्त है। यही स्थिति शोषण, पूँजीवाद और मशीनी तंत्र की है, जिसकी

जड़ों तक ये कहानियाँ गई हैं। इनमें पहले जैसी उग्रता या हताशा नहीं है, बल्कि विसंगतियों का शरारत भरा चित्रण है, धारधार व्यंग्य है, तार्किक ऐतिहासिक विवेचनात्मक संवादों की नाटकीयता है। ये कहानियाँ संस्कारों का आख्यान और व्याख्यान हैं। ऊँच-नीच, छोटे-बड़े और जातिवादी, सामंतवादी, पूँजीवादी तथ्यों और सत्यों का पर्दाफाश करती कलात्मक ऐतिहासिक दस्तावेज हैं।

काशीनाथ सिंह को एक अच्छा गद्यलेखक, किस्सागो तथा जबर्दस्त व्यंग्यकार मानते हुए रेवती रमण का कहना है कि उनका व्यंग्य हरिशंकर परसाई की तरह मात्र काट खाने वाला व्यंग्य नहीं है, वह भीतर से आंदोलित और विक्षुब्ध भी करता है। काशीनाथ सिंह धराशायी करने में भरोसा नहीं करते, वह शत्रु-शिविर का विवरण व्यंग्य के माध्यम से प्रस्तुत करते समय अकसर मानवीय करुणा को तिलांजलि नहीं दे देते। ऊपर-ऊपर व्यंग्य किंतु भीतर से करुणा और विषाद की अंतःसलिला ही उनके गद्य को सामाजिक व्यक्तित्व देती है। रेवती रमण काशीनाथ सिंह को प्रेमचंद की परंपरा का लेखक मानते हुए लिखते हैं कि काशीनाथ सिंह प्रेमचंद की परंपरा के लेखक एक इस कारण से भी लगते हैं कि उनकी कहानियाँ उच्चस्तरीय शिल्प का चमकदार टुकड़ा होने के अतिरिक्त एक अत्यावश्यक जानकारी भी उपलब्ध कराती हैं।

गाँव और शहर की मानसिकता, संवेदना, सोच के ढंग, रहन-सहन मनुष्यता को किस कदर भोथरा कर देते हैं इसे हम काशीनाथ सिंह की अत्यंत मर्मस्पर्शी कहानी 'अपना रास्ता लो बाबा' में देख सकते हैं। गाँव से आए अपने बीमार पिता को शहर में रहने वाला बेटा टालना चाहता है लेकिन जब वे पहुँच ही जाते हैं, तब पत्नी से लड़कर भी उनके अंदर आस्था और विश्वास जगाता है लेकिन शहर में रहने वाले बेटे-बहू की गतिविधियों से शहरी मध्यवर्ग का बुर्जुवा कांइयापन हाण्ट करता रहता है। बीमार पिता अपने गाँव से अपनी ममता का रस (गन्ने का रस) और मिठाइयाँ सिर पर लाद कर लाते हैं लेकिन शहरी बच्चे गन्ने के रस के महत्त्व को न समझते हुए उसे नाली में उँड़ेल देते हैं। पत्नी सड़ी मिठाइयाँ उन्हें परोस देती है। कहानी का नायक सब कुछ देख-सुनकर चुप रहने को विवश है। वह कभी अपने पिता की ओर झुकता है, जिनके कंधों पर चढ़कर वह बचपन में पेशाब करता था और कभी पत्नी की ओर झुकता है। अंततः वह अपने पिता को अपने मित्र डॉक्टर से दिखवाकर सस्ती दवाएँ खरीदकर, झूठी दिलासा देकर गाँव लौटा देता है। मोह और मनुष्यता की जगह स्वार्थ और सुरक्षा किस तरह ले लेती है, इसे इस कहानी में देखा जा सकता है। 'कहानी सराय मोहन की' में दो सवर्ण पात्र पंडित जी और धनुर्धारी सिंह रात के अँधेरे में भूख मिटाने के लिए एक हरिजन पात्र मोहनराम मजदूर के हाथों का पका अन्न खाने में भी संकोच नहीं करते। यह कहानी जहाँ एक ओर ब्राह्मण और ठाकुर के जातिदंभ को ध्वस्त करती है वहाँ दूसरी ओर पाश्चात्य शिक्षा सभ्यता

की परिणति तथा पिता-पुत्र के रिश्तों में आने वाले बदलाव से उत्पन्न मनुष्य की स्थिति को भी व्यंजित करती है। पंडित और ठाकुर दोनों के पुत्र शहर में अच्छे-खासे पदों पर कार्य करते हैं, उन्होंने भरी जवानी में पूरा घर सँभाला है लेकिन बुढ़ापे में उनकी संतानें उन्हें नहीं पूछतीं। इसी तरह 'संतरा' कहानी एक निर्धन परिवार की व्यथा-कथा है। 'सिद्दीकी की सनक' एक अलग तरह की कहानी है। सिद्दीकी साहब इस बात को अच्छी तरह जान गए थे कि शहर में घटने वाली घटनाएँ जैसी ऊपर से दिखाई देती हैं, वैसी वास्तव में नहीं हैं। क्योंकि 'मामले आगजनी के हों या बलात्कार के, राहजनी के हों या लूटपाट के, ठगी के हों या हत्या के, उन्हें गौर से देखो तो पाओगे कि गरीब गरीब से टकरा रहा है, जाति जाति से टकरा रही है, धर्म मजहब से टकरा रहा है लेकिन एक भी दौलतमंद दूसरे दौलतमंत से नहीं टकरा रहा है।' इस कहानी में सिद्दीकी सच्ची इनसानियत के पक्षधर हैं। वे जानना चाहते हैं कि आदमी के खून में छिपा कौन-सा सच है जो उसे सदियों से चकमा दे रहा है और सामने आने में डर रहा है। ऐसे सिद्दीकी को जगह-जगह अकेले उलझना पड़ता है, जूझना पड़ता है। कोई उनका साथ नहीं देता। अंततः सिद्दीकी पागल करार कर दिए जाते हैं।

इधर काशीनाथ सिंह की एक अद्‌भुत कहानी 'कौन ठगवा नगरिया लूटल हो' 'तद्‌भव' के अप्रैल 2001 अंक में प्रकाशित हुई है। इस कहानी के संबंध में कहानी के साथ प्रकाशित संपादकीय टिप्पणी उल्लेखनीय है—'प्रसिद्ध कहानीकार काशीनाथ सिंह द्वारा लगभग एक दशक से लिखी जाने के बाद पूरी हुई इस लंबी कहानी में उनकी प्रिय स्थली अस्सी का यथार्थ राष्ट्रीय रूपक में रूपांतरित हो गया है। काशीनाथ सिंह ने वास्तविक जीवन के चरित्रों, स्थानों और गल्प के मिश्रण से 'कौन ठगवा नगरिया लूटल हो' में कहानी का नया चरित्र तथा विन्यास निर्मित किया है। 'कौन ठगवा नगरिया लूटल हो' जहाँ एक तरफ कहानी की स्वीकृत संरचना में व्यापक तोड़-फोड़ करती है वहीं वह कथा लेखन की नयी प्रविधियाँ और उम्मीदें सामने लाती है।' एक लंबे अंतराल के बाद सामने आई यह कहानी, जो मेरी दृष्टि में समय के सच का कथा नाट्य है, इस ओर इशारा करती है कि काशीनाथ सिंह के लिए कहानी एक परियोजना है—समय, समाज, समसामयिक स्थितियों, समस्याओं, संवेदनाओं, सामाजिक दायित्वबोध से उपजी परियोजना। इस परियोजना पर निरंतर काम करते हुए वह कहानीपन का बराबर ख्याल रखते हैं। इस कहानी में एक के बाद दूसरा दृश्य आता है और दूसरे के बाद तीसरा किंतु कथा का नैरंतर्य कहीं बाधित नहीं होता। पूरी कहानी बनारस के व्याकरण से निकलकर उस व्याकरण पर ही प्रहार करती है क्योंकि काशीनाथ सिंह के कहानीकार की प्रवृत्ति किसी व्याकरण या बीजगणित के फार्मूलों में फिट होने में नहीं उसे तहस-नहस क़रने में है। अंत में स्वयं प्रकाश के शब्दों में कहें तो 'अध्ययन, चिंतन, भाषा भूषा और सोच-विचार

की तमाम आधुनिकता के बावजूद काशी ने अपनी विशुद्ध देहाती जवांमर्दी और खाँटी देसीपन कहानी में भी नहीं छोड़ा है। उन्हें आप आंचलिक या ग्रामीण परिवेश का रचनाकार भूलकर भी नहीं कह सकते, लेकिन जैसे कोई पाँच सितारा होटलों के प्रीति भोज में भी सत्तू या गुड़धानी के लड्डुओं का स्वाद जीभ से न उतरने दे, उन्होंने हिंदी के जातीय संस्कारों को कसकर पकड़ रखा है और इस मामले में वे एक और एकमात्र हैं।'

**'अच्छे आदमियों के बारे में लिखने से अपने को रोक नहीं पाता और उनके वास्तविक नाम छुपाकर उन्हें नकली नाम से पुकारने की इच्छा नहीं होती।'**

***–स्वयं प्रकाश***

---

*'स्वयं प्रकाश की कहानियाँ एक बार नहीं बार-बार पढ़ी जाने वाली कहानियाँ हैं। यह बात उनके समकालीनों में उदय प्रकाश तथा विजयदान देथा की कहानियों में ही मिलती है। स्वयं प्रकाश का कहानी कहने का एक अलग अंदाज है। जिस प्रकार एक अच्छा गुप्तचर विभिन्न दृष्टियों से छानबीन करके असली अपराधी को पकड़ लेता है, उसी प्रकार स्वयं प्रकाश का कहानीकार समय और समाज का मुकम्मल विश्लेषण करते हुए, अपनी कहानियों में पाठक का भी क्रॉस एग्जामिनेशन करते हुए सामाजिक विसंगतियों और अंतर्विरोधों की ओर इस तरह इशारा करता है कि पाठक ठगा-सा रह जाता है।'*

---

# समय और समाज का अनूठा जासूस : स्वयं प्रकाश

विश्वनाथ प्रसाद तिवारी की एक कविता की पंक्तियाँ हैं—'जिस दुनिया में लिखी जाएँगी बेहतर कविताएँ वही होगी बेहतर दुनिया/शब्द और अर्थ नहीं है कविता/सबसे सुंदर सपना है सबसे अच्छे आदमी का।' समकालीन हिंदी कहानी के बेहद गंभीर और ईमानदार कहानीकार स्वयं प्रकाश की किसी भी कहानी को पढ़ने के उपरांत हम पूरे विश्वास के साथ कह सकते हैं कि उनकी कहानियाँ मनुष्य और विश्व को बेहतर बनाने के लिए लिखी गई कहानियाँ हैं। ऐसे समय में जब रेखाचित्र, डायरी, संस्मरण, यात्रा वृत्तांत, निबंध आदि तमाम विधाओं को समेटकर इधर के कुछ कहानीकार कहानी-लेखन कर रहे हैं, स्वयं प्रकाश की कहानियाँ आदि से अंत तक कहानियाँ हैं—एक सजग सामाजिक दायित्वबोध से उपजी कहानियाँ,—हमारी अपनी कहानियाँ। ये कहानियाँ जहाँ एक ओर हमें बेचैन करती हैं, उद्वेलित करती हैं, झकझोरती हैं वहाँ दूसरी ओर हमारे सामने बेशुमार सवाल खड़े करते हुए उनके उत्तर खोजने की चुनौती भी देती हैं। स्वयं प्रकाश लेनिन के हवाले से कहते हैं कि साहित्यकार यद्यपि मसीहा नहीं हो सकता, वह मार्गदर्शक और पथप्रदर्शक (पाठकों के लिए) भी नहीं होता, लेकिन वह एक समझदार और सजग साथी जरूर होता है। इस कथन की ओर यदि ध्यान दें तो स्वयं प्रकाश की कहानियाँ एक समझदार और जागरूक साथी की कहानियाँ हैं जो पाठक की सोच और समझ को पैना करते हुए उसे आने वाले कल के प्रति एलर्ट करती हैं।

स्वयं प्रकाश की कहानियाँ एक बार नहीं बार-बार पढ़ी जाने वाली कहानियाँ हैं। यह बात उनके समकालीनों में उदय प्रकाश तथा विजयदान देथा की कहानियों में ही मिलती है। स्वयं प्रकाश का कहानी कहने का एक अलग अंदाज है। जिस प्रकार एक अच्छा गुप्तचर विभिन्न दृष्टियों से पूरी छानबीन करके असली अपराधी को पकड़ लेता है उसी प्रकार स्वयं प्रकाश का कहानीकार समय और समाज का मुकम्मल विश्लेषण करते हुए, अपनी कहानियों में पाठक का भी क्रॉस एग्जामिनेशन करते हुए सामाजिक विसंगतियों और अंतर्विरोधों की ओर इस तरह इशारा करता है कि पाठक ठगा-सा रह जाता है।

स्वयं प्रकाश की कहानियों के पात्रों को हम उनकी कहानियों के बाहर रोजमर्रा

के जीवन में देख सकते हैं। अपने आस-पास, अगल-बगल के इन पात्रों से हम बतिया सकते हैं। ये पात्र अपनी कहानियाँ पढ़ने के बाद काशीनाथ सिंह के पात्रों की तरह कहानीकार को गालियाँ और धमकियाँ देते हुए उनका हाथ-पाँव तोड़ने तथा अँगूठा काट लेने की बात नहीं करते अपितु फणीश्वरनाथ रेणु के पात्रों की तरह स्वयं प्रकाश द्वारा कहानियों के माध्यम से लड़ी जाने वाली जंग में खुद को एक सिपाही के रूप में शामिल करते हैं। इस बात को हम स्वयं प्रकाश की हिमांशु से होने वाली बातचीत से थोड़ा और बेहतर ढंग से समझ सकते हैं। स्वयं प्रकाश की स्वीकारोक्ति है—'मैं आपको क्या बताऊँ कि मेरे अधिकांश पात्र ऐसे हैं जो यथावत नाम और गुण के साथ कहानी में उतर आए हैं। मसलन 'केवलराम' तो वो टेलीफोन ऑपरेटर है। जैसे 'अविनाश मोटू' मसलन 'पप्पू' वो भी टेलीफोन एक्सचेंज से है। मसलन 'कुर्बानभाई' वो हमारे बहुत अच्छे दोस्त थे। 'कुर्बानभाई' मेरी दो कहानियों के अंदर हैं। 'पार्टीशन' में आए हैं और एक और कहानी मसलन 'पुष्पकांत' जो नीलकांत बनकर मेरी कहानी के नायक बने और खूबसूरत बात यह रही हिमांशु कि जब इन लोगों ने ये कहानियाँ पढ़ीं तो बहुत खुश हुए। अब तक ऐसा नहीं हुआ कि कोई मुझे मारने आया हो कि आपने मुझ पर कहानी कैसे लिखी? आपने मुझे पात्र के रूप में कैसे ले लिया? ये लोगों की आत्मीयता है और इसके लिए मैं उनका जितना आभार प्रकट करूँ उतना कम है। अनेक बार कहानी की तरकीब से या विज्ञान के हिसाब से देखा जाए तो कहानी का कोई भी पात्र जीवन में जैसा होता है कहानी में वैसे के वैसे कभी नहीं आता है। उसकी अलकमी को बदलना पड़ता है। उसमें बहुत सारी चीजों को जोड़ना घटाना पड़ता है। कई बार अनेक लोगों को मिलाकर एक पात्र बनता है और कई बार एक पात्र के कई टुकड़े करने पड़ते हैं। लेकिन दूसरे कहानीकारों के भी ऐसे ही मेरे जैसे अनुभव रहे होंगे। यथावत पात्र उठा लिए जाते हैं। क्योंकि जब मैंने खुद अपने आप को नहीं बख़्शा है तो दोस्ती का नाता सबसे पहले कायम होता है। मैं इसे एक सहचिंतन की प्रक्रिया के रूप में देखना चाहता हूँ। इसलिए क्यों न वे पात्र, जो कि हमारे मित्र थे, उस कहानी के पात्र बनकर उस कहानी का हिस्सा बनें? आपको मालूम है 'मैला आँचल' में रेणु के जो पात्र थे उन्होंने उनके चुनाव प्रचार में भी भाग लिया? और ये मुझे तो बहुत ही स्वस्थ और सामूहिक बात लगती है।' इस प्रकार हम कह सकते हैं कि स्वयं प्रकाश जिन मनुष्यों को लेकर कहानियाँ लिखते हैं वे उनकी कहानियों में पूरे मिजाज़, राज, रिवाज और आवाज के साथ आते हैं। उनकी चिंताएँ हमारी चिंताएँ हो जाती हैं और उनकी तकलीफ हमारी तकलीफ बन जाती है। स्वयं प्रकाश की कहानियाँ हमसे हमारी बात कहने वाली कहानियाँ हैं। इस देश में मास्टर रामरतन वर्मा जैसे व्यक्तियों की संख्या दिन-ब-दिन बढ़ती जा रही है जो एक अंतराल के बाद घर लौटने पर अपना घर भी नहीं ढूँढ़ पाते।

कुमार विकल अपनी एक कविता में लिखते हैं—मुझे नहीं लड़ना किसी नाम

के लिए/किसी प्रतीक के लिए/किसी बड़े प्रोग्राम के लिए/मुझे लड़नी है एक छोटी-सी लड़ाई/छोटे लोगों के लिए/छोटी बातों के लिए। कुमार विकल की ये पंक्तियाँ हमें 'मात्रा और भार' में संकलित स्वयं प्रकाश की कहानियों को पढ़ते याद आती हैं। अपने आत्मकथ्य में स्वयं प्रकाश कहते हैं, 'उस दिन मैंने महसूस किया था कि यह दुनिया न सिर्फ रहने लायक है, बल्कि प्यार करने लायक है। ये लोग...ये उपेक्षित शोषित लोग...मेरे अपने हैं—मैं इनका हूँ। पूरी तरह। और उस दिन मैंने फैसला किया था कि मुझे अपने जोसेफ अंकल के लिए लड़ना है...अपने लिए लड़ना है।' यदुनाथ सिंह इस संग्रह की कहानियों पर टिप्पणी करते हुए लिखते हैं कि ये कहानियाँ लड़ाई की भूमिका निर्मित करने वाले अस्वीकार, तलाश और अवसाद की कहानियाँ हैं जिनका परिदृश्य, चीजों को समझने, अन्याय, शोषण, असमानता, अत्याचार के कारणों को जानने और सम्मानपूर्वक जीने के लिए किए गए संकल्पों की चरितार्थता को व्यक्त करने वाली क्रियाओं द्वारा निर्मित है। कथाकार कहानी की क्रिया में स्वयं एक पात्र के रूप में स्वयं इन्वाल्व होता है और कहानी में निहित संपूर्ण कार्य व्यापार उसकी जीवन-प्रक्रिया का एक अंश होता है। इसीलिए वे सीधे जीवन से जुड़ी होती हैं और उनमें किसी घोषित पक्षधरता, धारणात्मकता, स्थितियों की छाँट, तराश, अतिरंजना, निरूपण, सामान्यीकरण, सरलीकरण या उत्तेजना और आक्रोश के प्रक्षेपण के बिना वह जीवन चित्रित हुआ है जो भयावह और त्रासद तो है लेकिन जीने लायक ही नहीं प्यार करने लायक है। कहानियों के कथ्य को संप्रेषित करने वाली चीजों, स्थितियों, घटनाओं और क्रियाओं के साथ कहानीकार का इन्वाल्वमेंट साक्षी या दर्शक का न होकर प्रत्यक्ष होने के कारण वह ठण्डापन, सपाटबयानी, परिपार्श्वों का भटकाव, अंडरटोन्स या ओवरटोन्स का सायास आरोपित विन्यास नहीं आया है जो अकसर कहानी बनाने की कोशिश में आता है। कहानीकार सीधे चीजों, स्थितियों, घटनाओं और क्रियाओं की परतों, स्पंदनों और अर्थव्यंजनाओं को पकड़ता है और उन्हें उनके मूलाधारों के साथ मूर्त करता है।

'मात्रा और भार' की कहानियाँ यद्यपि स्वयं प्रकाश की आरंभिक कहानियाँ हैं लेकिन यहाँ भी स्वयं प्रकाश का कहानीकार इस बात को बखूबी जानता है कि सजग सामाजिक अध्ययन और सतर्क अंतर्दृष्टि से ही कहानी अधिक प्रासंगिकता प्राप्त करती है इन कहानियों को पढ़ते हुए हमें लगता है कि हम कहानीकार के साथ एक तेज धार में बह रहे हैं उसकी उत्तेजना, नाराजी, हिकारत, चालाकी, अड़ियलपन, सहानुभूति...सिर्फ उसकी नहीं बल्कि हमारी भी है। बल्कि उससे ज्यादा हमारी है। क्योंकि इन्हें भोगकर वह आगे बढ़ चुका है और अब उन्हें भोगने की बारी हमारी है और यह भी कि उसने इनका भोग जरूरी बना दिया है। उदाहरण के लिए 'नगर भक्षी' की स्टेला, 'नदीदे' की बेबी, 'उसके हिस्से का दुःख' की विद्या, 'यारबाज' का मुन्ना और 'नहीं अब नहीं' की गार्था के छोटे-छोटे संसारों की छोटी-छोटी आशाओं, आकांक्षाओं, छोटे-छोटे अभावों, तकलीफों और मजबूरियों को व्यक्त करने

वाली चीजों, स्थितियों, घटनाओं और क्रियाओं में आज के पारिवारिक और सामाजिक जीवन के जो संदर्भ उभरते हैं, अंतर्विरोधों, धूर्तता, अत्याचार, शोषण और असमानता का जो निर्मम संसार उभरता है उसके प्रति वैचारिक उदासीनता व संवेदनात्मक तटस्थता की कोई दीवार कायम नहीं रह सकती। इस संसार की आशाओं-आकांक्षाओं, तकलीफों और मजबूरियों को रचनाकार की भागीदारी और उसकी मनःस्थितियाँ, उसके फैसले, उसकी सक्रियता किसी घोषित संबद्धता, प्रतिबद्धता या समांतरता के बजाय उसके संकल्प की चरितार्थता, विजय की व्यापकता और रचनात्मक आशय की सार्थक गुरुता को प्रमाणित करते हैं।[1]

स्वयं प्रकाश निरंतर कहानियाँ लिखने वाले कहानीकार हैं। इनके 'मात्रा और भार', 'सूरज कब निकलेगा', 'आसमाँ कैसे-कैसे', 'अगली किताब', 'आएँगे अच्छे दिन भी', 'आदमी जात का आदमी', 'पार्टीशन', 'अगले जनम' जैसे कहानी-संग्रह सामने आ चुके हैं। इनकी एक नहीं अनेक कहानियाँ हिंदी कहानी की स्थायी उपलब्धि कही जा सकती हैं। 'नैनसी का धूड़ा', 'बलि', 'क्या तुमने कभी कोई सरदार भिखारी देखा है', 'कहाँ जाओगे बाबा?' 'गौरी का गुस्सा', 'पिताजी का समय' जैसी कहानियों को पाठक भला कैसे भुला सकता है। यही नहीं हम कुर्बान भाई, हबीब और 'बलि' की लड़की की पीड़ा में शिरकत किए बगैर नहीं रह सकते।

स्वयं प्रकाश अपने इतिहास बोध के आधार पर समय, समाज तथा जीवन की पुनर्रचना करते हैं। यह पुनर्रचना करते समय वह इस बात को अच्छी तरह जानते हैं कि कहानी पाठक-केंद्रित विधा है। वह इस बात को भी बखूबी समझते हैं कि कहानी विचाराक्रांत नहीं होनी चाहिए, नारा या भाषण नहीं होनी चाहिए, सिद्धांतों का भाष्य या रूपक नहीं होनी चाहिए, लेकिन हर कहानी जीवन के किसी छोटे या बड़े सत्य का अन्वेषण और उद्घाटन अवश्य करती है। स्वयं प्रकाश की कहानियाँ इसका अपवाद प्रस्तुत नहीं करतीं। स्वयं प्रकाश के कहानीकार की सबसे बड़ी खसूसियत जो मुझे लगती है वह यह है कि स्वयं प्रकाश ने अपनी किसी भी कहानी में कहानीपन को नहीं छोड़ा। इसे स्वयं प्रकाश की उत्तर-आधुनिकता के विरुद्ध अपने परंपरागत किंतु नयी धार वाले औजारों के साथ लड़ी जाने वाली जंग कहा जा सकता है। मुझे यह कहने में कोई संकोच नहीं कि इस जंग में जीत स्वयं प्रकाश के कहानीकार की हुई है जबकि उनके समकालीनों में दर्जनों कहानीकार पराजित हो चुके हैं। क्योंकि उन्होंने कुछ कृत्रिम औजार गढ़कर अपनी कहानियों के द्वारा पाठकों को गुमराह करने का प्रयास ही अधिक किया है। इसे स्वयं प्रकाश के कहानीकार का कहानी कहने का विशेष अंदाज ही कहा जाएगा कि 'बलि' जैसी लंबी कहानी, जिसमें समय और समाज की एक दर्दनाक तस्वीर प्रस्तुत की है, उसे हम एक बार आरंभ करके अंत तक पढ़े बिना नहीं छोड़ सकते। कहानीकार में संवेदना की गहराई, व्यापक दृष्टि संपन्नता तथा सामाजिक दायित्वबोध किस प्रकार की कहानी को जन्म दे सकती

है, यह कहानी इसका सुंदर उदाहरण है। किस प्रकार की भाषा के द्वारा कब कैसी बात कही जा सकती है, इसके लिए स्वयं प्रकाश का सानी नहीं। 'बलि' कहानी के ही कुछ वाक्यों को देखा जा सकता है—'पेट भर भात और आँख भर नींद से ज्यादा भी कुछ चाहिए होता है क्या?...नींद दोस्त है। रहम है। ईश्वरीय कृपा है। वह नहीं होती तो शायद हममें से बहुत से पशु हो जाते।' हम कह सकते हैं कि स्वयं प्रकाश की कहानियाँ अमर्ष और संघर्ष, रंज और जंग, विचार और कर्म के द्वंद्व से निकली गुजरी हुई सदी और नयी सदी की खूबसूरत कविताएँ हैं। संघर्ष, वेदना और परिवर्तन की तमन्ना इन कविताओं को अर्थवान् बनाती हैं।

स्वयं प्रकाश ने हिंदू-मुस्लिम संबंधों पर कई कहानियाँ लिखी हैं। ये कहानियाँ मात्र सतही एकता की जरूरत से प्रेरित नहीं हैं। इस दृष्टि से 'हमला' एक महत्त्वपूर्ण कहानी है। इसके संबंध में जवरीमल पारख लिखते हैं कि यह सीधे-सीधे हिंदू-मुस्लिम संबंधों पर कहानी नहीं है परंतु इस कहानी के माध्यम से मुस्लिम समाज की मानसिकता को समझने की कोशिश की गई है, साथ ही लेखक की वर्गीय दृष्टि इस कोशिश को व्यापक आधार भी प्रदान करती है। एक गरीब मुसलमान किस तरह गरीब और मुसलमान होने के कारण भयावह दबावों के बीच जीने को मजबूर होता है। इसी मजबूरी में पाकिस्तान उसके लिए एक सुहावने सपने का रूप धारण कर लेता है, जो उसे जीने का बहाना देता है—'जुमैदीन किसी से कुछ नहीं कहते। किसी को कुछ नहीं लिखवाते। रोजे नमाज सब छूट गए हैं। आँखों में अकेले सबकी ऐसी-तैसी कर देने वाली मस्ती आ गई है। चुपचाप काम पर जाते हैं और जब नहीं जाते तो मेरे पास आ बैठते हैं। मुझे कराची के, लाहौर के, अपनी जवानी के किस्से सुनाया करते हैं। जब पार्टीशन नहीं हुआ था और उनके बाप ताजुद्दीनखान की खूब बड़ी कपड़ों की दुकान थी। जब वह पिसे-पिटे जुमैदीन नहीं, जुम्मादीन खान थे। उनका ख्याल है पाकिस्तान में चीजें बहुत सस्ती हैं और आदमी बहुत सुखी। मैं कई बार उनसे कहते-कहते रह जाता हूँ कि जहाँ मुट्ठी भर लोग देश की सारी दौलत पर कब्जा किए बैठे हों, वहाँ बाकी सारे लोग सुखी हो ही कैसे सकते हैं? फिर मुल्क का नाम जो हो। पर नहीं कहता। आदमी को जीना मयस्सर न हो तो कोई हीला, कोई बहाना तो हो ही, चाहे अल्ला हो चाहे पाकिस्तान। वह मैं उनसे कैसे छीनूँ।'

स्वयं प्रकाश की कहानियों पर अपनी प्रतिक्रिया व्यक्त करते हुए शशिकला त्रिपाठी एक सही टिप्पणी करते हुए कहती हैं कि स्वयं प्रकाश की कहानियाँ राजस्थान के तमाम शहरों के परिप्रेक्ष्य में विकासशील समाज के अंतर्विरोधों का खुलासा करती हैं। उनकी कहानियों में एक ऐसे आदमी की चिंता है जो भावात्मक रूप से टूट रहा है। मसलन, अल्पसंख्यक समुदाय। 'पार्टीशन' इस दृष्टि से एक बेहतरीन कहानी है। यह कहानी सांप्रदायिकता के ताने-बाने से तैयार हुई है। वास्तविकता यह है कि सन् 1947 तक सांप्रदायिकता राजनीतिक-लामबंदी हुआ करती थी। किंतु अब वह

समकालीन-संस्कृति का अविभाज्य अंग हो गई है। जन-मानस उससे लबरेज हो गया है। बहुसंख्यक समाज में यह सोच अधिक तल्ख है। वह दिन-ब-दिन सांप्रदायिक होता जा रहा है। भारत जैसे धर्मनिरपेक्ष राष्ट्र की ट्रेजेडी यह है कि यहाँ अल्पसंख्यक प्रायः धर्मनिरपेक्ष नहीं रह पाता। 1947 के पार्टीशन को झेल लेने वाले कुर्बान भाई जमीन-प्रेम की वजह से पाकिस्तान नहीं जाते। तमाम कठिनाइयों को झेलकर वह पूरी ईमानदारी से आजीविका चलाते हैं। अदब से प्यार कर अपने को सेक्युलर बनाने का उद्यम करते हैं। लेकिन नतीजे में इमामबाड़ेवाले और शाखावाले दोनों ही उनको घूरने लगते हैं। अंततः जब किसी के संकेत पर एक गाड़ीवाला उनको 'ए मियाँ' कहकर संबोधित करता है तो वह अपने आपको मुसलमान मानने को विवश हो जाते हैं। कुर्बान भाई कह उठते हैं–'आप क्या खाक हिस्ट्री पढ़ाते हैं? कह रहे हैं पार्टीशन हुआ था। हुआ था नहीं, हो रहा है, जारी है...।' कुर्बान भाई टोपी पहनकर नमाज पढ़ने जाने लगते हैं। 'चौथा हादसा' कहानी भी इस देश के मुसलमानों में पैदा होने वाले गुस्से को एक विशेष अंदाज में प्रस्तुत करती है। जैसलमेर जैसे स्थान में गतिहीनता इतनी अधिक है कि कोई हिंदू यदि दाढ़ी बढ़ा लेता है और उर्दू के लफ्जों को बोलता है तो उसे मुसलमान मान लिया जाता है। फिर, फासीवादी-पोंगापंथी की तासीर में अंतहीन घृणा के लिए कुछ लोग तत्पर हो जाते हैं। एक मुसलमान की यातना यह है कि आजादी के इतने वर्षों बाद भी उसे भारत को अपना देश समझने नहीं दिया जाता। इसी पीड़ा से तिलमिलाकर हबीब कहता है–'नंदू! ऐलान कर दो कि हिंदुस्तान सिर्फ तुम लोगों के बाप का ही नहीं है। वह हमारे बाप का भी है।' 'क्या तुमने कभी कोई सरदार भिखारी देखा है', सन् 1984 में प्रधानमंत्री इंदिरा गाँधी की हत्या के बाद हिंदुओं में आए सांप्रदायिक उन्माद की कहानी है। इस उन्माद में किस प्रकार इनसान, इनसान न होकर, हिंदू, मुसलमान और सिक्ख हो जाता है, इन्हीं सबका समाजशास्त्रीय चिंतन कहानी का केंद्रीय कथ्य है। इस कहानी की प्रशंसा करते हुए विश्वनाथ त्रिपाठी अपनी एक बातचीत में कहते हैं कि राजस्थान का एक कहानीकार पंजाब की पीड़ा को किस् तरह महसूस करता है, इसे इस कहानी में देखा जा सकता है। साम्प्रदायिक घृणा को आधार बनाकर लिखी गई यह कहानी, बदलते हुए यथार्थ को सूक्ष्मता से पकड़ते हुए एक सफल तरीके से स्थितियों को सामने लाती है।

स्वयं प्रकाश की कहानियों को पढ़ते समय एक बात अच्छी तरह समझी जा सकती है कि बिना विजन अथवा दृष्टि के कहानी नहीं लिखी जा सकती। इधर कुछ कहानीकार ऐसे भी हैं जो कहानी में आदि से अंत तक कथ्य पर लगातार दबाव बनाते जाते हैं। परिणामस्वरूप कहानी से कहानी गायब हो जाती है। यह बात स्वयं प्रकाश की कहानियों में देखने को नहीं मिलती। कहानी कहने का स्वयं प्रकाश का एक अलग अंदाज है। 'नीलकांत का सफर' रेल के एक साधारण डिब्बे की कहानी

है। रेल के इस भीड़ भरे डिब्बे की सभी खिड़कियाँ बंद हैं, जिसके कारण डिब्बे में घुटन और उमस पैदा हो गई है। डिब्बे में बैठे लोग लगातार खिड़कियों को खोलने की कोशिश करते हैं लेकिन हार जाते हैं। बाद में कुछ मजदूर आते हैं जो खिड़कियाँ खोल देते हैं। स्वयं प्रकाश की यह एक बेहतरीन कहानी है जो एक कहानी के रूप में बहुत कुछ कह जाती है। लगता है हम सभी खिड़कियाँ खोलने का इन्तजार कर रहे हैं। ऐसा लगता है कि बाहर से कोई आएगा और हमारी खिड़कियाँ खोलकर चला जाएगा। यदि हम ऐसा सोचते हैं तो हम बहुत बड़ी गलतफहमी में हैं। हमें अपनी खिड़कियों को खोलने की कोशिश स्वयं करनी होगी। ऐसी कहानियों को पढ़कर हम पूरे विश्वास के साथ कह सकते हैं कि कहानी केवल भावोत्तेजक विधा ही नहीं वह विचारोत्तेजक विधा है।

अंत में एक बात कहकर अपनी बात समाप्त करना चाहूँगा कि स्वयं प्रकाश की कहानियाँ किसी आयातित दर्शन या वाद से प्रभावित कहानियाँ नहीं हैं। वे भारतीय समाज की धड़कनों की कहानियाँ हैं। स्वयं प्रकाश इस बात को अच्छी तरह समझते हैं कि जब पूँजीवाद आ गया, तो पॉप कहानी भी आएगी ही। जैसे पॉप संगीत और पॉप भक्ति आ गई। कहीं वह क्रॉनिकल की शक्ल लेगी, कहीं उसमें मुक्त यौनाचार होगा, कहीं क्षणवाद, कहीं सर्वनकारवाद, कहीं सनकीपन, कहीं पशुता का समर्थन, कहीं नंगी औरतें, कहीं पारलौकिक और तर्कातीत का जय-जयकार और कहीं भाषा-व्याकरण की ऐसी-तैसी। लक्षण दिखाई देने भी लगे हैं। इस राह के पहले राहियों को—खासकर हमारी रावटियों के भगोड़ों को—इनाम-इकराम से नवाजा जाएगा, पद-पैसा-प्रतिष्ठा-पुरस्कार से लादा जाएगा। उनमें से कुछ अंग्रेजी में ही लिखेंगे, पढ़ेंगे, सोचेंगे, छींकेंगे, पादेंगे, इंटरनेटीय अंतरिक्ष में चक्रित-पुनर्चक्रित होंगे और फिर भी हिंदी के महान लेखक कहलायेंगे। इन तमाम चिंताओं पर गंभीरतापूर्वक विचार करते हुए स्वयं प्रकाश इस देश के उन मनुष्यों को अपनी कहानियों में गिरफ्तार करते हैं जो बचपन में पत्थर, मिट्टी, घास, पत्ते, चिड़ियों के पंख, फलों के बीज, लकड़ी के अटपटे खिलौनों, किसी का बछड़ा खोलकर, किसी का कटहल चुराकर, किसी को कीचड़ में धक्का देकर खिलखिल करते बड़े होते हैं और खेत में स्नान करते हुए देशी मिठाइयों की उम्मीद में बैलों की घंटियों के साथ पूरा जीवन गुजार देते हैं। यह वह जगह है जहाँ कितनी ही लड़ाई के बावजूद किसी पर किसी का अधिकार खत्म नहीं होता और जहाँ लड़कर भी कोई पराया नहीं होता। इन्हीं मनुष्यों में खिड़कियाँ खोलने की ऊर्जा बची है। स्वयं प्रकाश की कहानियाँ हमारे भीतर आत्मविश्वास, साहस तथा संघर्ष पैदा करने वाली कहानियाँ हैं।

## संदर्भ संकेत

1. यदुनाथ सिंह, समकालीन कहानी के रचनात्मक आशय, पृ. 120।

**'अनुभूतियाँ ही तय करती हैं कि उसे गद्य में प्रकट होना है या कविता में। अनुभूतियाँ ही जेनर (शैली) तय करती हैं। जेनर द्वारा अनुभूतियाँ तय नहीं होतीं। जेनर तो स्वयं तयशुदा चीज है, वो क्या तय करेगी?'**

***–उदय प्रकाश***

---

*'कौन कहता है कि कहानियों के पेड़ नहीं होते। होते हैं। उदय ने भी अपनी कहानियों को उन पेड़ों पर से तोड़ा है, जैसे हम सेब, आम तोड़ते हैं। उदय की कहानियों के पेड़ न तो रूस के जंगलों में हैं, न चीन में, न जर्मनी के जंगलों में हैं न स्पेन में। वे आज के डरावने समय के जंगल में उगे पेड़ हैं, जहाँ से उदय अमरूद की तरह अनगिनत बीज वाली कहानियाँ तोड़ते हैं। इन कहानियों में उनकी कविताएँ भी निहित हैं जो रात में हारमोनियम की तरह बजती हैं और मनुष्य के भीतंर की रिक्तता को भरती हैं। फिर भी कुछ लोग हैं जो 'चोखी' के मरने और तिरिछ द्वारा काटे हुए पिता की ट्रेजेडी पर जोर-जोर से हँसते हैं। वे शायद नहीं जानते दरियाई घोड़ा जब मरता है तो कितना छटपटाता है।'*

---

# सुनो कारीगर तुम सचमुच कहानी के जादूगर हो, मेरा अभिप्राय उदय प्रकाश से है

जिन दिनों 'इंडिया टुडे' के विशेषांक में उदय प्रकाश की कहानी 'वॉरेन हेस्टिंग्स का साँड' छपी थी उस समय मैंने अपने एक आलेख में लिखा था कि यह कहानी कथा मानदंडों को निरस्त करती हुई आलोचना को पराजित करने वाली कहानी है। इसी में मैंने एक दूसरी बात को भी जोड़ दिया था कि उदय प्रकाश तथा विजयदान देथा की कहानियाँ आज के तमाम कहानीकारों के लिए चुनौती हैं। यदि आज कोई रचनाकार खुद को कहानी विधा में शामिल करना चाहता है तो उसे उदय प्रकाश तथा विजयदान देथा को क्रॉस करना होगा। इस बात से मेरे कुछ रचनाकार मित्रों को बहुत तकलीफ हुई थी। शायद उसी तरह की जिस तरह की 'थर्ड डिग्री' में फकीरा को हुई थी। पर इसके लिए मैं न तब कुछ कर सकता था और न ही आज कुछ कर सकता हूँ क्योंकि सच तो सच ही रहेगा।

कहानी मेरी दृष्टि में एक परियोजना है। समय, समाज, समसामयिक स्थितियों, समस्याओं, संवेदनाओं तथा सजग सामाजिक दायित्वबोध से उपजी परियोजना। ऐसी परियोजना पर काम करते समय कहानीकार आस्थाओं, अनुभवों, अनुभूतियों, अध्ययन तथा आब्जर्वेशन्स के रचनात्मक तनाव के आधार पर इतिहास तथा परंपरा की पुनर्रचना करता है। लेकिन ध्यान रहे यह पुनर्रचना सबसे पहले कहानी होनी चाहिए। इस दृष्टि से देखें तो उदय प्रकाश को समकालीन भारतीय कहानी की इस सदी की धुरीण उपलब्धि कहा जा सकता है। 'वॉरेन हेस्टिंग्स का साँड' जैसी कहानी न तो एक रात में लिखा गया उपाख्यान है और न ही इतिवृत्त अथवा आख्यायिका। वह तो कहानी के कुशल जादूगर की लंबी परियोजना की बेमिसाल परिणति है। मुझे तो लगता है कि जिस तरह मुक्तिबोध अपनी कविता पर कई-कई हफ्तों, महीनों तक काम किया करते थे उसी प्रकार उदय प्रकाश भी अपनी कहानी की प्रयोगशाला में समय और समाज की अन्वीक्षा कई-कई महीनों करते रहते होंगे। तब कहीं एक

कहानी बाहर आती है। चाहे वह 'टेपचू' हो या 'तिरिछ', 'छप्पन तोले का करधन' हो या 'पाल गोमरा का स्कूटर', 'और अंत में प्रार्थना' हो या 'वॉरेन हेस्टिंग्स का साँड'।

हमारा आज का समय संचार, प्रचार, आविष्कार तथा व्यापार का समय है। मनुष्यता पर होने वाले प्रहार का समय, जहाँ दुनिया के बड़े देशों का अहंकार दिन-ब-दिन खूँख्वार होता जा रहा है। इस समय में दुराचार, व्यभिचार, अत्याचार, भ्रष्टाचार, शिष्टाचार, तिरस्कार और रिश्तेदार जैसे शब्द अपना परंपरागत अर्थ खो चुके हैं। यह समय प्यार का समय नहीं बाजार का समय है। इस बाजार में पता नहीं कितने विचार आत्महत्या कर चुके हैं। यह समय गाँधीवाद, मार्क्सवाद का नहीं, आतंकवाद, साम्राज्यवाद, उपयोगितावाद तथा उपभोक्तावाद का है। यह समय राजेन्द्र यादव का नहीं पप्पू यादव का है। यह समय 'इंदुमति' का नहीं ज्येन्द्र सरस्वती का है। यह समय बुधिया के 'कफ़न' का नहीं कारगिल के कोफिन का है। आज हमारे ऊपर जो तारापथ है उसमें टिमटिमाते तारे वो तारे नहीं जो हमारी दादी-नानी या 'चन्दमामा' की कहानियों में चमकते थे। उस तारापथ में सूचनाएँ ही सूचनाएँ हैं—बेशुमार सूचनाएँ और उनके बीच है एक विध्वंसक तड़िता जो किसी क्षण भी इस खूबसूरत वसुंधरा को भस्म कर सकती है। यह ऐसा समय है जब बच्चों की शरारतें मर चुकी हैं। उनके सपने 'गुलीवर' ने नहीं 'ही मैन' ने छीन लिए हैं। बहुत बार सोचता हूँ हमारे शिशुओं के शैशव की शरारतों का मरना क्या भविष्य के मनुष्य का मरना नहीं है! एक समय था जब बाजार मनुष्य की आवश्यकताओं के अनुसार बनते थे, विकसित होते थे लेकिन आज बाजार की आवश्यकता के अनुसार मनुष्य को ढाला जा रहा है। फिर इस बाजारवाद की फाँउड्री में क्या वास्तव में मनुष्य बच पाएगा? ऐसे डरावने वक्त में उदय प्रकाश अपने समय के एक जरूरी कहानीकार के रूप में हमारे सामने आते हैं। एक ऐसे कहानीकार जो कहानी में झूठ और सच का संश्लिष्ट गुम्फन कहानी की संवेदना के साथ करते हुए, दास्तानों और किस्सों की भाषा से गल्प का शिल्प निर्मित करते हैं। ऊपर से देखने पर तो वे सामान्य-सी कहानियाँ लग सकती हैं लेकिन गहराई से देखें तो वे अपने समय के जरूरी सवालों से टकरांने वाली बड़ी चिंताओं की कहानियाँ हैं। हमारे कुछ आलोचक इन कहानियों की जड़ें लातिनी अमरीका में ढूँढ़ने लगते हैं। पता नहीं वह यह क्यों भूल जाते हैं कि हमारी लोक कथाओं में जादुई यथार्थ का भरपूर प्रयोग हुआ है और फिर जादू तो कहानी का मौलिक गुण है। जिस कहानीकार की कहानी आदि से अंत तक पाठक को बाँधने की क्षमता नहीं रखती, उसे भला कोई क्यों पढ़ेगा।

कहानी मिथ्या को तथ्य बनाकर उपस्थित करने का कलात्मक उपकरण है। कहानी समय, समाज, इतिहास तथा जीवन की पुनर्रचना है। जिसे हम कहानी कहते हैं वह वास्तव में रचनाकार की तीसरी दुनिया है जो मन की दुनिया और बाहरी दुनियां के संघर्ष से बनती है। अनुभवों के डिक्टेशन और तथ्य बहुलता की वजह

से कहानी का रचनात्मक तनाव समाप्त हो जाता है। कहानी की सफलता इसी में है कि कहानीकार मिथ्या को तथ्य बनाकर प्रस्तुत करे न कि तथ्यों और सूचनाओं के अनावश्यक विवरणों से कहानी के मर्म को ही दबा दे। कहानी कभी भी हू-ब-हू रीयेलिटी नहीं होती। हिंदी के जो कहानीकार आज भी ऐसा सोचते हैं वे बहुत बड़ी गलतफहमी में हैं 'और अंत में प्रार्थना' पुस्तक के फ्लैप के शब्दों को उधार लेकर कहूँ तो यथार्थ का कंकाल, यथार्थ नहीं है। यथार्थ अपनी 'रचना' चाहता है। यह 'रचना' तभी संभव है जब यथार्थ का संज्ञान सिर्फ चाक्षुष न हो। ज्ञानात्मक और संवेदनात्मक हो। उदय प्रकाश की कहानी 'और अंत में प्रार्थना' हो या 'थर्ड डिग्री', वे हमें इतनी ज्यादा यथार्थ लगती ही इसलिए हैं कि उनमें यथार्थ का इस्तेमाल नहीं उसकी रचना है। उदय प्रकाश की सफलता इस बात में है कि यथार्थ की रचना करते हुए भी वह उसे रचते और बुनते हुए दिखाई नहीं देते।

उदय प्रकाश की कहानियाँ मनुष्य के भावबोध को एक्स्टेंड करते हुए पाठक को एक नये कथा-बोध से इंट्रोड्यूस करवाती हैं। यहाँ मुझे कथाकार राजी सेठ की एक दिलचस्प बात याद आ रही है। उन्होंने अपने एक आलेख में लिखा है कि कहानी का कर्म है–अनुभव को कला में परिणत कर पाना। उसे ऐसे संयोजन में बाँधना कि रचना किसी वाद्ययंत्र की तरह बजे। कहानी मूलतः एक कसी हुई मितव्ययी विधा है, इसलिए कथाकार के रचना-विवेक को बहुत बड़ी चुनौती फेंकती है कि वह 'स्मृत-अनुभूत आत्मसात' के इतने बड़े हिस्से में से किसे चुने, किसे छोड़े ताकि कहानी के प्रभाव की समग्रता खंडित न हो और कहानी एक समूचे अनुभव के आस्वाद की तरह पाठक में संवेदित हो, सहवेदन पैदा करे। संवेदन में ही यह क्षमता होती है कि वह दूसरे तक जा सके, क्योंकि वह चेतनागत है। तथ्य तो अपनी तथ्यात्मकता के कारण ही निष्क्रिय और तस्टथ होते हैं, इसलिए कथा का वाहक विवरण नहीं, संवेदन होता है। कहानी में संवेदन द्वारा पाए अन्वेषित सत्य की तुलना हम उस बल्ब से कर सकते हैं जिस एक के जल उठने से प्रकोष्ठ में सारे आकार-प्रकार प्रकाशित हो उठते हैं। उद्घाटित होता सत्य सत्य होने के कारण ही विश्वसनीय और दृष्टिवान होता है। दृष्टि का गुण विस्तृत और प्रकाशित होना है; किसी ऐसे बिंदु को खोज पाना, जहाँ खड़े होकर भूत, भविष्य, वर्तमान सभी प्रकाशित हो सकते हों। अपने सृजनात्मक उत्कर्ष तक पहुँची ऐसी रचना दृष्टिसंपन्न और स्वायत्त होती है, इसलिए अपने समय के अतिरिक्त हर देशकाल को संदर्भित कर सकती है। अच्छी रचना एक समूचे अनुभव के आस्वाद की तरह पाठक में संवेदित होती है और अपना अचूक प्रभाव छोड़ती है। अचूक प्रभाव ही इस अर्थ में है कि उसने पाठक में सहवेदन जगाकर अपनी परिधि का विस्तार किया है और उसके मन को एक नये भावबोध से समृद्ध किया है। इस नये भावबोध के लिए नये कथाबोध की भी जरूरत है। अन्यथा उदय प्रकाश की 'पीली छतरी वाली लड़की' कहानी को जहाँ क्षमा शर्मा 'कला क्रांति और

रेप' (कथाक्रम, जुलाई-सितंबर 2001) कहेंगी वहाँ रविभूषण जैसे आलोचक उसे जार्ज लुई बोर्खेस की रचना के अंशों को ज्यों का त्यों उद्धृत करने वाली कहानी (कथादेश, 2001) कहकर उदय प्रकाश के कहानीकर का कद छोटा करने की कोशिश में उसे प्रतिलिपिकार कहेंगे।

'नयी सदी की दस्तक और कथा-साहित्य' शीर्षक आलेख में देवेन्द्र इस्सर लिखते हैं कि गत कई वर्षों से कथा-साहित्य से ही नहीं बल्कि समस्त साहित्य से निराशा इस कदर बढ़ गई है कि यह ऐलान कर दिया गया है कि साहित्य का अवसान हो गया है (और साहित्यकार का भी) विशेषकर उपन्यास के अवसान की खबर तो कई बार दी जा चुकी है। यहाँ तक कि एक लेखक रोनल्ड सुकेनिक ने अपनी कहानियों के संग्रह का नाम भी यही रखा 'दि डैथ आव दि नावेल एंड अदर स्टोरीस'। इस पुस्तक में 'दि डैथ आव दि नावेल' कहानी इन वाक्यों से प्रारम्भ होती है : 'समकालीन लेखक जो अपने जीवन से—उस जीवन से जिसका कि वह हिस्सा है—बहुत गहरे तौर पर जुड़ा हुआ है—अब बिलकुल प्रारंभ से शुरू करने पर मजबूर है। यथार्थ का कोई अस्तित्व नहीं। समय का कोई अस्तित्व नहीं। स्वत्व का कोई अस्तित्व नहीं। ईश्वर सर्वज्ञ था। लेकिन उसका निधन हो चुका है। अब कोई भी कथानक के बारे में नहीं जानता। क्योंकि हमारा यथार्थ एक रचनाकार अनुज्ञा से वंचित हो गया है। और प्राप्त वृत्तांत के प्रामाणिक होने की कोई जमानत नहीं।' अर्थात् यथार्थ का कोई अस्तित्व नहीं। समय का कोई अस्तित्व नहीं। स्वत्व (लेखक एवं चरित्र) का कोई अस्तित्व नहीं। कथानक का कोई अस्तित्व नहीं, इसके प्रामाणिक होने की कोई गारंटी नहीं। लेकिन यह प्रसन्नता की बात है कि इन तमाम रहस्योद्घाटनों के बाद भी सुकेनिक ने कोई निबंध नहीं लिखा अपितु कहानी लिखी। बहरहाल सवाल यह है कि नयी सदी का कथा-साहित्य क्या नये सिरे से स्क्रेच से शुरू होगा? देवमालाओं, पुराणों, कथाओं, दास्तानों, किस्से-कहानियों, हिकायतों, आदि से गुजरते हुए कथा-साहित्य का जो सफर जारी है, क्या वह रुक जाएगा? और फिर वर्तमान कहानी की शक्ल क्या बिलकुल बदल जाएगी? इसके उत्तर में उदय प्रकाश के ही शब्द उधार लेकर कहूँ तो जब तक मनुष्य है तब तक उसके शोक एवं हर्ष बने रहेंगे और तब तक साहित्य बना रहेगा। फिर चाहे वह कहानी हो, कविता हो, उपन्यास हो या कोई अन्य विधा। जहाँ तक वर्तमान कहानी की शक्ल का प्रश्न है उसके संबंध में मैं सभी प्रकार के राग द्वेष से मुक्त होकर कहना चाहूँगा कि उसकी एक सही तस्वीर सामने आ चुकी है। वह शक्ल 'टेपचू' और 'तिरिछ' से बननी आरंभ हुई थी। आगे चलकर उसने 'छतरियाँ' और 'वॉरेन हेस्टिंग्स का साँड' का रूप ले लिया है। ये कहानियाँ तमाम समकालीन कहानीकारों के लिए चुनौती हैं। हिंदी के जिन कहानीकारों को इन कहानियों ने झिंझोड़ कर रख दिया है वे ईर्ष्यावश इन कहानियों की ल्युशुन, मार्क्वेज, एडवर्ड सईद आदि रचनाकारों की रचनाओं से प्रभावित कहानियाँ मानते

हुए उनकी मौलिकता पर प्रश्नचिन्ह लगाते हैं। जबकि वास्तविकता यह है कि इन कहानियों को उदय प्रकाश ही लिख सकता था क्योंकि वह समकालीन भारतीय कहानी का भी उदय प्रकाश है। जब तक कोई कहानीकार इनको क्रॉस नहीं करता तब तक 'वॉरेन हेस्टिंग्स का साँड' निरंतर उनका पीछा करता रहेगा।

इस कहानी के संबंध में यदि उदय प्रकाश के ही शब्दों में कहें तो 'वॉरेन हेस्टिंग्स का साँड' एक तरह की रूपककथा है। हमारे देश के औपनिवेशीकरण की प्रक्रिया को समझने की एक कोशिश। वह प्रक्रिया जो इतिहास में घटित होती है और वह इतिहास जिसके अंत की घोषणा उत्तर-आधुनिकतावादी कर रहे हैं। किसलिए? इसलिए कि हम नये औपनिवेशीकरण, अपनी नयी गुलामी को पहचान न सकें। आज का माहौल कैसा है? जरा भी इतिहास या परम्परा की बात करिए, आपको 'ओरिएंटलिस्ट', पिछड़ा हुआ, सांस्कृतिक राष्ट्रवादी इत्यादि घोषित कर दिया जाएगा। हमारी भाषा मर रही है। हमारा खान-पान, वेश-भूषा, पगड़ी-धोती, अचार-चटनी सब मर रहे हैं। हमारे वन्य प्राणी मर गए, जंगल खत्म कर डाले गए। हवा में जहर भर दिया गया। औरतें नंगी होकर शराब और कंडोम बेचने लग गईं। लालच लोभ से भरा भोगवाद किसी सामूहिक उन्माद की शक्ल ले बैठा और लेखक इसलिए चुप रहे कि वह पिछड़ा हुआ, हिंदुत्ववादी और प्रतिक्रियावादी घोषित कर दिया जाएगा। ब्रेख्त की कविता की पंक्ति है : 'मैं नहीं हूँ कोई सीवेज पाइप कि अपने भीतर से बह जाने दूँ इस सदी की सारी विष्ठा।' उदय प्रकाश की स्पष्ट स्वीकारोक्ति है कि 'वॉरेन हेस्टिंग्स का साँड' एक तरह के गहरे सांस्कृतिक-राजनीतिक प्रतिरोध की कहानी है और इतिहास में आख्यान या यथार्थ में कल्पना के संश्लेष की यह पद्धति किसी मार्क्वेस की नहीं आचार्य हजारीप्रसाद द्विवेदी और स्वयं मेरी अपनी है। मौलिकता ऐसी ही होती है। द्विवेदी जी ने 'बाणभट्ट की आत्मकथा' या 'चारुचंद्र लेख' में पाँचवीं-छठी सदी के गुप्तकाल के प्राचीन इतिहास को अपना 'नेरेटिव बेस' बनाया, मैंने सत्रहवीं सदी के 'ईस्ट इंडिया कंपनी' के कुछ तथ्य लेकर, उसी पद्धति का उपयोग करते हुए, पद्धति को उलट दिया।

इस कहानी को उन औजारों के आधार पर नहीं देखा जा सकता जिन औजारों के आधार पर 'थर्ड डिग्री', 'और अंत में प्रार्थना' तथा 'तिरिछ' को हमने देखा था। मधुरेश के वे औजार तो एकदम भोथरे हैं जिनके आधार पर वह 'दरियाई घोड़ा' की कहानियों की भी सही पहचान नहीं कर सके और 'टेपचू' जैसी महत्त्वपूर्ण कहानी को वह 'व्यक्तिवादी रोमानी क्रांति की धारणा को फंतासी से ढाँक-तोपकर हवा देने की कोशिश' मानते हैं। काश! उन्होंने 'दरियाई घोड़ा' कहानी के कैंसर से ग्रस्त पिता की तकलीफ को कहानी में महसूस किया होता। अफसोस कि जिन लोगों ने कभी चकमक के पत्थर अपने हाथ से नहीं रगड़े वे भला कैसे जान सकते हैं कि अँधेरे में उनसे पीली और कभी नारंगी रंग की चिनगारियाँ फूटती हैं जो फूलों की तरह

हथेलियों और कलाइयों पर गिरती हैं। उसमें अग्नि नहीं होती। भार भी नहीं होता। बस वे आग से बनी तिनगियाँ होती हैं और अँधेरा जितना गाढ़ा होता है वे उतनी ही ज्यादा सुंदर होती हैं। (उदय प्रकाश की कहानी 'छतरियाँ' के शब्द) उदय प्रकाश की कहानी के इन शब्दों में कहें तो समकालीन हिंदी-कहानी के नाम पर ज्यों-ज्यों अँधेरा बढ़ता जाएगा उदय प्रकाश की कहानियाँ त्यों-त्यों चकमक की आग की तिनगियों की तरह ज्यादा सुंदर नजर आएँगी। हस्तिनापुर के कुछ तथाकथित आलोचक चीनी, रूसी और न जाने किन-किन देशों के डुप्लीकेट चश्मे पहनकर 'छप्पन तोले का करधन' ढूँढ़ने में अपनी पूरी ऊर्जा नष्ट कर देंगे लेकिन मुझे पूरा विश्वास है कि वे 'दिल्ली की दीवार' भी नहीं फाँद सकेंगे क्योंकि उदय की कहानियाँ आलोचना को पराजित करने वाली कहानियाँ हैं।

आज जिसे हम सच कहते हैं वह वास्तव में झूठ है, छल है, प्रवंचना है। सच वह है जो सामने नजर नहीं आता लेकिन उसका जहर हमारी और आने वाली पीढ़ी के खून में फैल चुका है। इस विषखोपरे अथवा तिरिछ यथार्थ ने हमारे जीवन, हमारे शब्दों को डस लिया है। इस असहनीय यथार्थ को गिरफ्तार करने की जरूरत है। आज आम लोगों की चेतना और संवेदना को व्यवस्था द्वारा इस प्रकार अनुकूलित कर दिया जाता है कि उनकी यदि इनसानियत अवरुद्ध और खंडित हो रही हो तो भी उन्हें लगे कि उनकी मानवीय गरिमा की स्थापना हो रही है और उन्हें अपने व्यक्तित्व को विस्तार देने और समृद्ध बनाने के यथेष्ट अवसर मिल रहे हैं। ओमप्रकाश ग्रेवाल ने इसके संबंध में एक अत्यंत दिलचस्प बात कही है कि प्रचार माध्यमों के सुनियोजित इस्तेमाल के जरिए मध्यवर्ग के व्यापक हिस्सों तथा दूसरे वर्गों से संबंध रखने वाले अधिकांश लोगों की इच्छाओं, आकांक्षाओं को तथा अपनी परिस्थितियों के बारे में उनकी प्रतीतियों को इधर लगातार इस कदर प्रभावित किया जा रहा है कि अपनी अस्मिता के बारे में उनकी परिकल्पना ही काफी हद तक व्यवस्था के आग्रहों के मुताबिक ढलने लगी है और जो वास्तव में प्रायोजित और बाहर से सुझाया हुआ है वह भी उन्हें अपने अनुभवों से निकला हुआ तथा प्राकृतिक-स्वाभाविक लगता है।...ऐसी स्थिति में कुछ कहानीकार अपना प्रमुख रचनात्मक दायित्व इस रूप में देखने लगे हैं कि लोगों की चेतना और संवेदना के निर्माण में व्यवस्था की बढ़ती हुई दखलंदाजी के खतरों का उन्हें किस प्रकार अहसास कराया जाए। अपनी कहानियों में वे पाठकों को ऐसे तरीके से उलझाना चाहते हैं जिससे वे अपनी स्वतःस्फूर्त प्रतीतियों और स्वयंसिद्ध लगने वाली मान्यताओं का आलोचनात्मक निरीक्षण करने की स्थिति में आ जाएँ। उदय प्रकाश की 'थर्ड डिग्री' इस दृष्टि से एक महत्त्वपूर्ण कहानी कही जा सकती है जिसमें कहानीकार पाठक की तीसरी आँख खोलने का सा कठिन काम करते हुए उसके अंदर वैसी ही आत्मसजगता पैदा करता है जैसा ब्रेख्त अपनी रचनाओं के माध्यम से करते थे। उदय ने भी ब्रेख्त की उसी पद्धति को 'थर्ड डिग्री' में अपनाया

है। इस पद्धति के अंतर्गत रचनाकार पाठक को रचना के भीतर इस कद्र नहीं डूबने देता कि वह उसे वास्तविक दुनिया का हू-ब-हू और भरा पूरा प्रतिरूप मानने लगे बल्कि यह सुनिश्चित कर लेता है कि रचना की दुनिया से उसकी इतनी दूरी अवश्य बनी रहे कि वह यह न भूल सके कि रचना की दुनिया एक कृत्रिम निर्मित है, एक गढ़ी हुई चीज है।

कहानी के रचनात्मक तर्क पर विचार करते हुए सरबजीत ने एक खूबसूरत टिप्पणी की है कि यह तय है कि यदि कहानी के पास अपना कोई तर्कशास्त्र न होता तो वह भुला देने वाली चीज होती। पर अच्छी कहानी भूलने बिसरने वाली चीज़ नहीं होती। एक बेहतरीन कहानी का याद रह जाना कहानी की जीवंतता व जरूरत का एक महत्त्वपूर्ण तर्क है। कहानी के तर्क में, अपना निहितार्थ मनवाने की जो ताकत है वो सामान्य व प्रचलित तर्क में नहीं होती। कहानी के रचनात्मक आशय व अभिप्राय में जो गहनतम व गहरी भावात्मक मारकता है वो एक नयी जीवन-दृष्टि तथा यथार्थ-दृष्टि देने वाली है। प्रचलित तर्क में न तो व्यक्ति को अधिक देर तक बाँधने की ताकत है न ही उससे मुक्त करने की। कहानी के रचनात्मक तर्क में ये दोनों चीजें मौजूद हैं। कहानी बाँध कर मुक्त करती है। कहानी के तर्क में अनुभव की व्यापकता और अर्थों की अद्‌भुत विस्तृति की ताकत विद्यमान है। कहानी जैसे यथार्थ का पुनःसृजन करती है वैसे ही अपना रचनात्मक तर्क भी गढ़ती है। प्रत्येक कहानीकार के लिए अपनी कहानी में रचनात्मक तर्क को सँभाल पाना असंभव है। कहानी तब तर्कहीन हो जाती है जब वह प्रचलित तर्कों की सुविधा का उपयोग करने लगती है। प्रचलित तर्क चाहे आदर्शवादी हों, चाहे भाववादी या विचारवादी; यदि ये कहानी में हू-ब-हू बरते जाते हैं तो ये कहानी को छोटा और प्रभावहीन बनाते हैं। उदय की कहानियाँ इसका अपवाद प्रस्तुत करती हैं। वह रचनात्मक तर्क को बेहद खूबसूरत अंदाज में सँभालते हैं इसीलिए उदय की कहानियों में समकालीन हिंदी कहानी के रचनात्मक सरोकारों की एक झलक देखने को मिलती है। 'थर्ड डिग्री' तथा 'और अंत में प्रार्थना' कहानियों की संरचना को यदि देखा जाए तो हम कहानीकार की उस बेचैनी का अनुमान लगा सकते हैं जो उसके रचनात्मक सरोकारों का हिस्सा है। ये कहानियाँ एक ओर यथार्थ के बदलते भयानक रूपों से टकराने तथा जीवन और मानवीय सभ्याचार पर पड़ने वाले इसके नये-नये दबावों को पकड़ने का प्रयास करती हैं तो दूसरी ओर भाव, शिल्प तथा रूप की नयी प्रणालियों को आविष्कृत करती हैं।

'थर्ड डिग्री' तथा 'और अंत में प्रार्थना' यथार्थ को एक नया 'विजन' देने वाली कहानियाँ हैं क्योंकि इनमें यथार्थ का तैयारशुदा और तयशुदा माल की तरह प्रयोग नहीं मिलता। इसीलिए इनमें बने बनाए फार्मूलों को इस्तेमाल नहीं किया गया। ये मध्यवर्गीय लोगों के अपने-अपने यथार्थ से टकराने की कहानियाँ हैं जिसके माध्यम

से उदय मौजूदा सोशल सैट-अप की अंतर्व्यवस्थाओं के अन्यायपूर्ण एवं अमानवीय सलूक का इजहार करते हैं। ओमप्रकाश ग्रेवाल तथा सरबजीत उन आलोचकों में से हैं जिन्होंने उदय की कहानियों की वास्तविक पहचान कायम करते हुए कहानियों का सही विश्लेषण किया है—विशेष रूप से 'थर्ड डिग्री' तथा 'और अंत में प्रार्थना' जैसी कहानियों का, जबकि दूधनाथ सिंह इन कहानियों को दिल्ली के मकड़जाल में फँसे एक भोले-भाले आदमी की चिनचिनाहट कहते हुए चरित्रों का लघु शोध प्रबंध तथा सूचनाओं और प्रचलित ज्ञान के अमित भंडार का निबंधात्मक प्रलेखन (पूर्वग्रह 104) कहते हुए संभवतः अपना ईर्ष्या भाव ही व्यक्त करते हैं। जनतंत्र के मौजूदा ढाँचे में 'और अंत में प्रार्थना' कहानी में जिस यथार्थ से डॉक्टर वाकणकर का सामना होता है वहाँ सचमुच यही लगता है कि 'कहीं हमारे देश में लोकतंत्र का असली अर्थ जनता द्वारा अपनी शत्रु-व्यवस्था का चुनाव तो नहीं?' सरबजीत वाकणकर के इस निष्कर्ष के संबंध में लिखते हैं कि वाकणकर का यह निष्कर्ष उस नाटक में से गुजरने के बाद है जो हमारे समय की 'एब्सर्ड रीयेलिटी' है। हम इसी यथार्थ में रह रहे हैं। इस यथार्थ की मौलिकता असंदिग्ध है और इसकी भयावहता कल्पनातीत। ऐसा लगता है कि जनतंत्र में काम कर रही तमाम प्रणालियाँ मानवविरोधी तथा भविष्यहीन हैं। इसी जनतंत्र के द्वारा लोगों द्वारा चुने गए प्रधानमंत्री के चेहरे पर डॉक्टर को मृत्यु की परछाईं का हलका धुँधलका दिखता है। वह भविष्यहीन व्यक्ति है। उसे कब्ज और बवासीर भी है। ऐसे प्रधानमंत्री का आदिवासियों के गाँव जाना आदिवासियों के लिए दुर्घटना के बराबर है। भूख, गरीबी, कंगाली तथा पिछड़ेपन के मारे उन जिंदा लोगों के पास ऐसा क्या है जो वह बचाए रखना चाहते हैं। सरकार के नाम पर वे पुलिस, पटवारी व आबकारी वालों से परिचित हैं। लोकसंपर्क अधिकारी उन लोगों को लालच देकर अपनी शर्तों पर नचा रहा है—'आदिवासी औरतों को सख्त हिदायत है कि कोई ब्लाउज नहीं पहनेगी। ऐसे ही आँचल से दूध को मूँद लेना है। जिसकी छाती लटक गई है उसे पीछे रहना है।' सरकारी महकमे की यह हिदायत न केवल सरकार की अनैतिकता, संस्कृतिहीनता को दर्शाती है अपितु यह भी दिखलाती है कि 'जन-उत्सव' प्रायोजित करने वाली सरकार जन-संस्कृति को वेश्या से भी बदतर समझती है। उदय की यह बेहतरीन कहानी मुझे कथा-नाट्य का आभास देती है।

जैसा कि मैंने आरम्भ में कहा था कि 'तिरिछ' समकालीन हिंदी कथा-साहित्य की एक महत्त्वपूर्ण उपलब्धि है। इसी शीर्षक से उदय का जो कहानी-संग्रह प्रकाशित हुआ था उसमें आरंभ में तीन कहानियाँ हैं—'नेलकटर', 'डिबिया' और 'अपराध'। इन तीनों को उदय ने 'आत्मकथाएँ' शीर्षक के अंतर्गत प्रस्तुत किया है। आगे 'तिरिछ', 'छप्पन तोले का करधन', 'हिंदुस्तानी इवान दानिसोविच की ज़िंदगी का एक दिन', 'राम संजीवन की प्रेमकथा', 'दद्दूतिवारी गणनाधिकारी' और 'हीरालाल का भूत' कहानियाँ हैं। इन कहानियों को प्रेमकुमार मणि ने समकालीन भारतीय जीवन की त्रासद

स्थितियों की काव्यमयी यात्रा कहा है। वह लिखते हैं कि शायद ही किसी अन्य भारतीय लेखक ने इन त्रासद स्थितियों के चित्रण के लिए इतना काव्यपूर्ण ताना-बाना रचा हो। इन कहानियों की एक अन्य विशेषता का उल्लेख करते हुए वह कहते हैं कि उदय की हर कहानी एक औपन्यासिक विजन लिए हुए उपस्थित होती है। कहानी के साथ काव्यमयता और औपन्यासिकता के विरल समंजन के कारण ही उदय प्रकाश असाधारण रूप से हमारे लिए महत्त्वपूर्ण हो जाते हैं। फिर भी शंभुनाथ जैसे जनवादी आलोचक को उदय की कहानियाँ 'नकली आशा' और 'नकली निराशा' पैदा करने वाली लगती हैं। वह कहते हैं कि 'टेपचू' और 'हीरालाल का भूत' मन में एक नकली आशा तथा 'तिरिछ' एक नकली निराशा पैदा करता है। क्या विडंबना है कि एक ही कहानीकार दो विरोधी इशारे कर रहा है। 'टेपचू' में 'अति आशावाद' और 'तिरिछ' में 'अति निराशावाद' की अभिव्यक्ति कर रहा है। 'तिरिछ' में जो बात उदय प्रकाश कहना चाहते हैं, उसे काशीनाथ सिंह ने 'अपना रास्ता लो बाबा' में ज्यादा अच्छी तरह से कहा है। इस कहानी में मध्यवर्गीय अंतर्द्वंद्व भी है जो 'तिरिछ' में नदारद है। इसका नायक गाँव से लेकर शहर तक एक ही अवस्था में है। उदय प्रकाश दिखाना चाहते हैं कि समाज में संवेदनहीनता ही संवेदनहीनता है। यह यथार्थ नहीं है। समाज में ऐसे लोग भी हैं जिनमें संवेदना बची है ('अब'-20) जो आलोचक काशीनाथ सिंह तथा उनके समकालीनों के साथ उदय की कहानियों की तुलना करके कहानी की पहचान करने का असफल प्रयास करेंगे तो इसी प्रकार के अजीबोगरीब परिणाम सामने आएँगे। क्या समाज में बढ़ रही संवेदनहीनता को प्रस्तुत करना कहानी का मर्म है? सम्भवतः कहानी की ऐसी पहचान करने वाले आलोचकों के संबंध में उदय ने एक दिलचस्प बात कही है, 'यह सच है कि किसी भी संवेदनशील रचनाकार को सर्वाधिक परेशान करने वाला तत्त्व आज की आलोचना ही है। क्योंकि वह किसी न किसी क्लब, गुट, सत्ता केंद्र का वफादार अल्सेशियन है। अंतोन चेखव ने आलोचना के बारे में कहा था—'जुते हुए घोड़े के पुट्ठे के घाव पर बार-बार बैठने वाली, पीड़ा पहुँचाने वाली मक्खी का नाम आलोचक है।' दुर्भाग्य से मैं भी चेखव का घोड़ा हूँ।'

बहरहाल, कौन कहता है कि कहानियों के पेड़ नहीं होते। होते हैं। उदय ने भी अपनी कहानियों को उन पेड़ों पर से तोड़ा है, जैसे हम सेब, आम तोड़ते हैं। उदय की कहानियों के पेड़ न तो रूस के जंगलों में हैं न चीन में, न जर्मनी के जंगलों में हैं न स्पेन में। वे आज के डरावने समय के जंगल में उगे पेड़ हैं जहाँ से उदय अमरूद की तरह अनगिनत बीज वाली कहानियाँ तोड़ते हैं। इन कहानियों में उनकी कविताएँ भी निहित हैं जो रात में हारमोनियम की तरह बजती हैं और मनुष्य के भीतर की रिक्तता को भरती हैं। फिर भी कुछ लोग हैं जो 'चोखी' के मरने और तिरिछ द्वारा काटे हुए पिता की ट्रेजेडी पर जोर-जोर से हँसते हैं। वे शायद नहीं जानते दरियाई घोड़ा जब मरता है तो कितना छटपटाता है।

**'इस सहस्राब्दी के मुहाने पहुँचकर हमें अपने आप से सिर्फ यही प्रश्न करना है कि हमें फिर से सिकंदर, नेपोलियन, चंगीजखाँ, अहमदशाह अब्दाली, हिटलर, मुसोलिनी और ईदी अमीन की आवश्यकता है या गौतम बुद्ध, महावीर, ईसामसीह, संत फ्रान्सिस, रामकृष्ण परमहंस, विवेकानंद, रवींद्रनाथ ठाकुर या मदर टेरेसा की।'**

***—विजयदान देथा***

---

*'सच कहूँ तो विजयदान देथा की कहानियाँ लोक राग, लोक आग, लोक रंग, लोक गंध का खूबसूरत अजायबघर हैं। यहाँ लोक जंग और लोक जागरण के तमाम अस्त्र-शस्त्र मौजूद हैं। ऊपर से देखने पर देथा की कहानियाँ दादी-नानी की कहानियाँ लगती हैं जिनमें राजा-रानी हैं, पशु-पक्षी हैं किंतु ये कहानियाँ राजा-रानी, पशु-पक्षियों की कहानियाँ होकर भी समकालीन मनुष्य की बड़ी चिंताओं की कहानियाँ हैं। विजयदान देथा अपने लोक राग को व्यापक जीवन-संदर्भों से जोड़ते हुए जिस खास अंदाज में ट्विस्ट देकर कहानी में रूपांतरित करते हैं, उससे वे कहानियाँ हमारे दिल और दिमाग में एक गहरी पैठ बनाती हैं।'*

---

# लोक राग और लोक आग से कथा रस पैदा करनेवाला कहानीकार : विजयदान देथा

गर्मी-सर्दी, आँधी-तूफान की परवाह किए बगैर जिस तरह बीज की रखवाली में बिजूका पूरा जीवन बिता देता है ठीक उसी तरह विजयदान देथा भी जोधपुर की रेत पर मानवीय संवेदना के बीज बचाने में दिन-रात खड़े हैं। पराजय बोध से अप्रभावित इस आदमी को पूरा विश्वास है—'आशा अमरधन' है।

विजयदान देथा हिंदी के उन कहानीकारों में से हैं जो लोक-कथाओं से प्रमथ्यू की तरह कहानी की एक छोटी-सी चिनगारी चुराते हैं और फिर उसे समकालीन जीवन की विसंगतियों, अंतर्विरोधों, लोक राग और लोक आग में तपाकर एक ऐसी बेमिसाल कहानी के रूप में प्रस्तुत करते हैं कि पाठक ठगा-सा रह जाता है। मैंने जब पहली बार इस कहानीकार की कहानियों को पढ़ा तो मैं आश्चर्यान्वित हो गया। एक लम्बे समय के बाद मुझे हिंदी-कहानी में एक अद्‌भुत मंत्रमुग्धता का अहसास हुआ था। मैंने किसी विदेशी कहानीकार के साक्षात्कार में बहुत समय पहले पढ़ा था कि जादू कहानी का मौलिक गुण होता है। विजयदान देथा को पढ़ने के बाद मुझे लगा कि जिस कहानी में कोई सरप्राइज नहीं, जिज्ञासा नहीं, कोई सरगर्मी, सन्नाई, औत्सुक्य, अपनापन और कहानीपन नहीं उसे पाठक भला क्यों पढ़ेगा? हिंदी-कहानी में मैं जिस कहानीपन और कथा रस की तलाश कर रहा था वह मुझे आज मिल गया था। इन कहानियों की सबसे बड़ी बात यह थी कि इनमें आदि से अंत तक पाठक को बाँधने का मात्र जादू ही नहीं था अपितु इनमें आज के खतरनाक समय में हमारी ठूँठ होती संवेदनाओं को सींचने की, जीवन-संघर्ष और जिजीविषा के द्वंद्व से उत्पन्न बेशुमार प्रश्नों से टकराने की अद्‌भुत जिंदादिली, ऊर्जा, ओज और एनर्जी थी।

सच कहूँ तो विजयदान देथा की कहानियाँ लोक राग, लोक आग, लोक रंग, लोक गंध का खूबसूरत अजायबघर हैं। यहाँ लोक जंग और लोक जागरण के तमाम खाँटी अस्त्र-शस्त्र मौजूद हैं। ऊपर से देखने पर देथा की कहानियाँ दादी-नानी की

कहानियाँ लगती हैं जिनमें राजा-रानी हैं, पशु-पक्षी हैं किंतु ये कहानियाँ राजा-रानी, पशु-पक्षियों की कहानियाँ होकर भी समकालीन मनुष्य की बड़ी चिंताओं की कहानियाँ हैं। विजयदान देथा अपने लोक राग को व्यापक जीवन-संदर्भों से जोड़ते हुए जिस खास अंदाज में ट्विस्ट देकर कहानी में रूपांतरित करते हैं उससे वे कहानियाँ हमारे दिल और दिमाग में एक गहरी पैठ बनाती हैं। अमृता प्रीतम के शब्दों में कहें तो विजयदान देथा लोक कहानियों की सूरत में कहानी बयान करते हैं और बीच में कहीं एक स्तर पर वह ऐसी बात कह जाते हैं कि कहानी का सारा आयाम बदल जाता है। वह एकदम आज की कहानी हो जाती है। यह उनके पास बहुत खूबसूरत क्राफ्ट है और यह सिर्फ क्राफ्ट ही नहीं है। इसके पीछे एक पूरी विचारधारा है, जो पुरानी बात कहते हुए भी कहानी को शाश्वत कर देती है।

जिस तरह एक कुशल गायक लम्बे रियाज से अपनी आवाज साधता है ठीक उसी तरह देथा ने भी लोकजीवन के विभिन्न लोक छंदों का लम्बा रियाज करने के उपरांत अपनी कहानियों के द्वारा लोकनाद उत्पन्न किया है—मानवीय रागात्मकता का नाद। उनकी सभी कहानियाँ ग्रामीण रागात्मक बोध की 'परिणति' (इस कहानी पर फिल्म भी बनी है) हैं, चाहे वह 'लजवंती' हो या 'इस्तीफा', 'आशा अमरधन' हो या 'जंजाल' या फिर 'दूजौ कबीर' हो या अगस्त 2004 के 'नया ज्ञानोदय' में प्रकाशित 'भगवान की मौत' कहानी। विजयदान देथा की ये कहानियाँ रेगिस्तान में खड़े उस पेड़ की तरह हैं जिसके साथ सिखर दोपहर में हम अपनी पीठ टेक सकते हैं। हम छुपा सकते हैं पूरी तरह उसके नीचे अपने आप को। ये कहानियाँ इस बात की एविडेंस हैं कि मनुष्य और कहानी का जो रिश्ता हजारों सालों से चला आ रहा है, वह आज भी जिंदा है। मनुष्य के दुःख-दर्द, जीवन संघर्ष और जिजीविषा का यदि कोई इतिहास लिखना चाहे तो देथा की कहानियाँ शिलालेखों के रूप में काम आएँगी। हमारा भूत, वर्तमान और भविष्य देथा ने अपनी कहानियों में लिख दिया है।

आज का समय संचार, प्रचार, आविष्कार और बाजार का समय है। यह समय विज्ञान और टेक्नॉलॉजी का है; लेकिन हमें यह नहीं भूलना चाहिए कि विज्ञान और टेक्नॉलॉजी की न तो कोई विचारधारा होती है और न ही संवेदना। ऐसे समय में रचना ही दृष्टि प्रदान करती है और मनुष्य की ठूँठ होती संवेदना को सींचती है। विजयदान देथा इस विज्ञान और टेक्नॉलॉजी के नाम पर नव साम्राज्यवादी विकसित देशों के द्वारा पूरी दुनिया के विनाश की साजिश को साफ-साफ देखते हैं। 'लजवंती' कहानी-संग्रह की भूमिका में वह लिखते हैं, 'आजकल पशुता के धुआँधार विस्तार का कोई पार नहीं। यह विज्ञान, विकास और तकनीक का अभिशप्त पहलू है, जिससे बचने का उपाय शायद ही कोई वैज्ञानिक, कोई साहित्यकार या कोई राजनेता कर सके।' सन् 2000 में भारतीय ज्ञानपीठ से प्रकाशित अपने कहानी-संग्रह 'उजाले के

मुसाहिब' में वह यह कहते हुए भी नहीं चूकते कि 'यदि मनुष्य का चरित्र दिन-ब-दिन भ्रष्ट हो रहा है, यदि लाल व नीली बत्तियोंवाली जीपों की संख्या लगातार बढ़ रही है तो यह परिवर्तन, यह विकास और यह आसुरी सभ्यता सब बेमानी है। मनुष्य के उदात्त गुणों की कीमत पर ये तामम पैशाचिक उपलब्धियाँ निरर्थक हैं और आज हम उसी अधःपतन का जश्न मना रहे हैं। आतंक के प्रति समर्पित हो रहे हैं। इस सहस्राब्दी के मुहाने पहुँचकर हमें अपने-आप से सिर्फ यही प्रश्न करना है कि हमें फिर से सिकंदर, नेपोलियन, नीरो, चंगीजखाँ, अहमदशाह अब्दाली, हिटलर, मुसोलिनी और ईदी अमीन की आवश्यकता है या गौतमबुद्ध, महावीर, ईसामसीह, संत फ्रांसिस, रामकृष्ण परमहंस, विवेकानंद, महात्मा गाँधी, रवीन्द्रनाथ ठाकुर या मदर टेरेसा की? यदि सहस्राब्दी की यही रफ्तार रही तो फिर से इन्हीं तानाशाहों का, इन्हीं शैतानों का, मृत्यु के इन्हीं सौदागरों का आविर्भाव होगा, जिनके स्वागत की हम जोश-खरोश के साथ तैयारी कर रहे हैं। उनके अभिनंदन में बावरे हो रहे हैं। क्या इस सहस्राब्दी के उन्माद में आगामी विध्वंस की आहट तो नहीं छिपी है?...इतिहास अपनी क्रूरतम मंशाओं को किस रूप में वापस दुहराता है? आज से करीब चार सौ शताब्दी पूर्व भारत को लीलनेवाली ईस्ट-इंडिया कंपनी अब विश्व-व्यापार संगठन का छद्म रूप धर कर समूची दुनिया को लील जाने की भयंकर मंत्रणा कर रही है और वह भी मानवता के नाम पर, व्यावसायिक दुरभिसंधियों का जाल रच कर! और हम किस मुगालते में सहस्राब्दी का त्योहार मनाने जा रहे हैं? अब यह कतई जरूरी नहीं है कि सतरहवीं सदी के उनमान स्वर्ण लोलुप पश्चिमी देशों का विभिन्न प्रदेशों पर भौगोलिक कब्जा हो। वे हमें आजाद रख कर भी पूर्णतया गुलाम बना सकते हैं। जो राजनीतिक गुलामी से कहीं ज्यादा शर्मनाक है।' विजयदान देथा की तमाम कहानियाँ इन्हीं चिंताओं की उपज हैं।

उपर्युक्त चिंताएँ देथा के कहानीकार को उद्वेलित करती हैं, झकझोरती हैं किंतु पराजित नहीं करतीं क्योंकि इस अपराजित कहानीकार को विश्वास है कि महाप्रलय की आशंका से कुम्हार अपना चाक तो बंद नहीं कर सकता। वह जब तक जीवित है, माटी खोदेगा, गीली माटी का पिंड चाक पर धरेगा और लोगों के उपयोग की खातिर बासन घड़ता रहेगा। जब तक पृथ्वी घूमती रहेगी, प्रजापति का चाक भी घूमता रहेगा। यही जिजीविषा का मूलमंत्र है। कबड्डी के पाले में जो साथी हिस्से में आ गए हैं, उन्हीं से हमें मैदान जीतना है। अमेरिका और यूरोप का मुहताज नहीं होना है। हालाँकि अन्य विकासरत मुल्कों को आश्रित रखने की उनके पास अदम्य आसुरी शक्ति है। फिर भी हमारी प्रतिभाओं को हमें ही प्रकाश में लाना है, जब तक ला सकें। अमरता का स्थायी पट्टा न यूरोप के पास है न अमेरिका के पास। भस्मासुर की नाईं एक दिन इनका अंत निश्चित है। फिलहाल व्यावसायिक आपाधापी में हम अपना होश गँवा चुके हैं। राह से भटक चुके हैं। लेकिन अंततः हमें ही अपना चिराग

जलाकर सही राह खोजनी है। पश्चिम के आणविक बिजलीघर हमें चकाचौंध तो कर सकते हैं, लेकिन वे हमें प्रकाश नहीं दे सकते। हमें अपनी ही तीलियों का मसाला कायम रखना है। ताजमहल की स्थापत्य कला के प्रमाद में अपने छान-झूंपड़े फूँकने की बजाय उन्हें लीपना-पोतना है। आँगन और दीवारों पर अल्पनाएँ आँजनी हैं। ताजमहल अपनी जगह है, बच्चों के घरौंदे अपनी जगह हैं। दोनों का अपना-अपना महत्त्व और उनकी रचना का अपना-अपना आनंद है। कुछ हद तक यह भी सही है कि ताजमहल या कोणार्क जैसे मंदिरों की स्थापत्य कला का बीज किसी-न-किसी घरौंदे में छिपा रहता है। जिस समाज के पास आँखें होती हैं, वह उस बीज की परख कर लेता है। काव्यशास्त्रियों की दृष्टि में पुनरावृत्ति भले ही दोष हो, पर मनुष्य के जीवन में पुनरावृत्ति साँस के उनमान रसी-बसी ही। वह उसके जीवन की अनिवार्य संचालन-शक्ति है। लाल-सुर्ख गर्म लोहे को एक ही चोट से इच्छानुसार निर्मित नहीं किया जा सकता, उस पर निर्बाध प्रहार की बारम्बार आवश्यकता है। इसी विश्वास के बल पर विजयदान देथा ने मनुष्य की पाश्विक वृत्तियों का परिमार्जन करने वाली कहानियों का निर्माण किया है। ऐसी कहानियाँ हमें आने वाले कल के प्रति एलर्ट करती हैं।

इधर के कहानीकारों की सबसे बड़ी सीमा यह है कि वे कहानी में आदि से अंत तक कथ्य पर लगातार दबाव बनाते जाते हैं, परिणामस्वरूप कथा गायब हो जाती है। इस दोष से कैसे बचा जा सकता है, समकालीन कहानीकारों को इसे देथा की कहानियों से सीखना होगा। विजयमोहन सिंह उनकी कहानियों के संबंध में लिखते हैं कि देथा की कहानियों में अपने-आप नयी अर्थ छवियाँ, नये संकेत, नयी व्याख्याएँ उभरने लगती हैं। चूँकि यहाँ लेखकीय दबाव लगभग शून्य होता है, इसलिए यह सब बहुआयामिता लिए हुए ऐसा विराट रूप प्राप्त कर लेता है कि आप बार-बार उनसे नये अर्थ तथा नये संकेत-सूत्र प्राप्त करते रहते हैं। क्या यह चमत्कार नहीं है कि जहाँ कुछ भी नया नहीं है, वहीं सब कुछ नया तथा अपूर्व प्राप्त हो जाता है।

जिस तरह प्रेमचंद उर्दू से हिंदी-कहानी की ओर आए थे और हिंदी में आकर उन्होंने अपने बाद के कहानीकारों को बाध्य कर दिया था कि वे किसी और तरह से सोचें। उसी तरह विजयदान देथा भी राजस्थानी कहानी से हिंदी-कहानी की ओर आए हैं और आज तमाम हिंदी कहानीकारों के लिए उनकी कहानियाँ एक चुनौती हैं। एक बेहतर कहानी लिखने के लिए हमें निश्चित रूप से उनको क्रॉस करना होगा। उनकी कहानियों को पढ़ने के उपरांत हम यह कह सकते हैं कि विजयदान देथा इस बात को पूरी तरह जानते हैं कि कहानी मूलतः पाठक केंद्रित विधा है। वह इस बात को भी बखूबी जानते हैं कि कहानी के द्वारा पाठक को कैसे बाँधा जा सकता है। मेरी दृष्टि में कहानीपन तथा कथा रस की सघनता ही पाठक को होल्ड करती है।

देथा की कुछ कहानियों को पढ़ते हुए ऐसा लगता है कि उन्होंने चेखव की उस बात को अच्छी तरह याद रखा है कि लोगों और सिर्फ लोगों के बारे में ही लिखना बहुत उबाऊ काम है। यदि आपने लोगों के बारे में तीन कहानियाँ लिखी हैं तो चौथी कहानी घोड़े, कुत्ते या बिल्ली पर लिखिए। भले ही यह कहानी उन कहानियों से घटिया हो जिनमें लोगों के बारे में लिखा गया है, पर इसे बहुत रुचि के साथ पढ़ा जाएगा। लिखने की कला लिखने की कला में निहित नहीं बल्कि जो ठीक नहीं लिखा गया उसकी काँट-छाँट करने की कला में निहित है। चेखव कहानी लेखन के संदर्भ में एक दूसरी बात की ओर भी इशारा करते हैं कि कहानी में कुछ भी आवश्यक नहीं होना चाहिए। वह सब कुछ जिसका कहानी से प्रत्यक्ष संबंध न हो उसे निर्ममता से हटा देना चाहिए। यदि पहले हिस्से में आपने दीवार पर लटकी बंदूक दिखाई है तो दूसरे या तीसरे हिस्से में उसे जरूर चलना चाहिए। यदि न चल रही हो तो वह फिर लटकी हुई भी नहीं रहनी चाहिए। कहानी को जानदार बनाइए। वार्तालाप के बीच घटनाएँ होती रहनी चाहिए। इस संदर्भ में विजयदान देथा की 'आशा अमरधन' कहानी को देखा जा सकता है जिसमें पति-पत्नी के वार्तालाप के बीच एक के बाद दूसरी घटना घटती है और कहानी के अंत में एक ऐसी अप्रत्याशित घटना घटती है कि पाठक उस त्रासदी से लंबे समय तक उबर नहीं पाता। 'आशा अमरधन' की त्रासदी की इंटेंसिटी 'तिरिछ' के बाद किसी दूसरी कहानी में देखने को नहीं मिलती।

'आशा अमरधन', 'भगवान की मौत', 'सपन प्रिया', 'लजवंती', 'उलझन' तथा 'दूजौ कबीर' जैसी कहानियाँ न केवल विजयदान देथा की अपितु समकालीन हिंदी-कहानी की स्थायी उपलब्धि हैं। ये कहानियाँ भारतीय लोकरंगों और लोकवेदनाओं से बनाई गई ऐसी पेंटिंग्स हैं, जिनके संबंध में पिकासो की तरह कहा जा सकता है कि क्या ये तुमने बनाई हैं? नहीं ये तुमने बनाई हैं। सामाजिक दायित्वबोध के साथ गल्प का शिल्प निर्मित करने की विजयदान देथा जैसी दक्षता समकालीन हिंदी कहानी में किसी दूसरे कहानीकार में नहीं है।

विजयदान देथा के पास अर्जित आस्थाएँ हैं, गाथाएँ हैं, चिंतन की पैनी धार है, जीवनानुभव तथा रचनानुभव है। भयावह समय के इस अपराजित कहानीकार को विश्वास है—'राजकुमारी, एक आदमी के क्रोध से कुछ नहीं हो सकता। वो तो खुदकुशी के समान है। जिस दिन मेरे क्रोध की छूत जन-जन के हृदय में खुदबुदायेगी, उस दिन इनसानों की दुनिया में न तो कोई राजा होगा और न रंक। न कोई ऊँच होगा और न कोई नीच, न साँच होगा और न झूठ। न पाप होगा, न पुण्य। न धर्म होगा न अधर्म। न कोई अमीर होगा न गरीब। न कहीं मंदिर होगा और न कहीं मस्जिद। उस दिन न मजहब बचेगा न जात। न फौज होगी और न हथियार। किसी इनसान को यह हक नहीं होगा कि अपनी सत्ता के बल पर, तलवार की ताकत से, अपने आदेश के जरिए किसी कारीगरी के टुकड़े-टुकड़े करवा डाले।' अंत में

योगेश के शब्दों में कहें तो ' 'उलझन' पढ़ने के बाद बहुत समय तक कुछ नहीं पढ़ा। मन-ही-मन लेखक को कोसता रहा। ऐसा कोई क्यों लिखे कि पाठक कुछ और पढ़ ही न सके।' वास्तव में पृथ्वी के छंद को लिखने वाले देथा के कहानीकार के पास कुछ ऐसा ही जादू है। वह लातीनी अमेरिकी देशों से आया हुआ जादू नहीं है। वह शुद्ध भारतीय जादू है। आप चाहें तो इसे राजस्थानी जादू भी कह सकते हैं। जोधपुर की जमीन का जादू जिसमें राजा और रंक, रेत और खेत, देस और परदेस, मनुष्य और मनुष्यता का सारांश है। इस जादू को 'फैंटेसी' और 'पैरेबुल' का बादशाह विजयदान देथा ही जानता है।

# उत्तराभिलेख

'आज हम इक्कीसवीं सदी के प्रवेश-द्वार पर खड़े हैं। इस सदी का प्रवेश-द्वार लगभग पूरा खुल चुका है, जहाँ से हम कुछ चुनौतियों, साजिशों और दुरभिसंधियों को साफ-साफ़ देख रहे हैं। हम देख रहे हैं जिसे हम यथार्थ कहते हैं वह अयथार्थ है। यथार्थ वह है जो सामने नजर नहीं आता लेकिन उसका खतरनाक जहर हमारी आने वाली पीढ़ी के खून में मिल चुका है। उस विषखोपरे अथवा तिरिछ यथार्थ ने हमारे जीवन, हमारे शब्दों को डस लिया है। सदी के अंत में हिमाचल प्रदेश में रहने वाले जागरूक कहानीकारों को इस असहनीय यथार्थ को अपनी कहानियों में समेटने की जरूरत है। इसके लिए आज की हिंदी कहानी को फिनिक्स की मौत मरना पड़ेगा, शायद तभी 'एक था राजा, एक थी रानी' कहानी की फिर शुरुआत होगी।'

# सदी के अंत में हिमाचल की हिंदी कहानी

कहानी का अच्छा या बुरा होना, सफल या असफल होना, संवेदना के स्तर पर नितांत आधुनिक होना, आज कोई अर्थ नहीं रखता। किसी समय कहानी में घटनाहीन जीवन के फोटोग्राफिक चित्रों का अंकन या संवेदना के सूक्ष्म से सूक्ष्म स्तरों का चित्रण या निजी अनुभूतियों का बारीक और ब्योरेवार विश्लेषण एक बढ़िया काम था, लेकिन आज की बदलती हुई स्थितियों में हम देखना चाहते हैं कि कहानी हमारे जीवन-क्रम में कोई हस्तक्षेप भी करती है या नहीं। आज प्रत्येक कहानीकार पूर्ववर्ती कहानियों और समकालीन कहानीकारों की गिरफ्त से निकलकर कुछ ऐसा लिखना चाहता है जिसकी अलग पहचान हो। लेकिन ऐसा वही कहानीकार कर सकता है जो अपनी पूर्ववर्ती तथा समकालीन कहानीकारों की कहानियों को पढ़ने के साथ-साथ अपनी कहानियों पर कथ्य और शिल्प के स्तर पर काम करें। यह लिखते हुए मुझे एक अमरीकी लेखक विलियम सरोयाँ का कथन याद आ रहा है। वह लिखते हैं : "पढ़े बिना मैं रह नहीं सकता था। लेकिन अगर कभी ऐसा होता कि मेरे पास पढ़ने के लिए कुछ भी न रहता तो मैं खुद कुछ न कुछ लिखने लगता और अगले दिन एक पाठक के रूप में उसे पढ़ता। मेरे कई मनपसंद लेखक हैं, लेकिन यह कहना झूठ होगा कि मैं खुद अपना मनपसंद लेखक नहीं हूँ। जिस लेखक को अपने लेखन में दिलचस्पी नहीं है, वह लेखक नहीं बल्कि एक व्यापारी हो सकता है।" कहानी-लेखन अत्यंत जोखिम का काम है। क्योंकि शब्द के इतने प्रभावशाली माध्यम विकसित हो गए हैं कि सुबह नींद से जागकर हम जिन शब्द-माध्यमों के बीच खुद को प्रवेश करते हैं उनका असर बहुत बार एक कहानी से अधिक होता है। वे शब्द अनेक बार हमारी भावनाओं को उद्वेलित करते हैं। अतः कहानी के असर, उसकी शक्ति, और उसके ताप को किस प्रकार बढ़ाया जा सकता है, इस पर गंभीरता से सोचने की जरूरत है।

आज लिखी जा रही कहानी का न तो कोई बीजगणित हो सकता है और न ही कहानीकारों को किसी जरीब से मापा जा सकता है। प्रकाशित रूप में जब एक कहानी पाठक तक पहुँचती है तब एक मनुष्य दूसरे मनुष्य में विस्तार पाता

है। पाठक जब भी कोई कहानी पढ़ता है तो वह बार-बार उसमें अपने आप को, अपने घर, परिवार, अपने गाँव, शहर और अपने देश के मनुष्य को ढूँढ़ने लगता है। आज ऐसी कहानियों की संख्या बहुत ही कम है जिनमें हिंदुस्तानी गाँव तथा शहर, घर तथा परिवार, आस्थाएँ, विश्वास, संस्कार इस देश की अशिक्षित स्मृतियाँ तथा ठेठ मानवीय रिश्तों का ताप विद्यमान हो, जबकि ऐसी कहानियों की अपेक्षा बनी रहती है जिनमें ठेठ हिंदुस्तानी चिंता और चेतना विद्यमान हो। जिसमें लोकचेतना तथा ग्रामीण रागात्मक बोध का पारदर्शी समन्वय देखने को मिले। ऐसी कहानियाँ ही पाठकों को अपनी सगी कहानियाँ लगेंगी। ऐसी कहानियाँ ही मनुष्य को मनुष्य और दुनिया को एक बेहतर दुनिया बनाने में अपनी महत्त्वपूर्ण भूमिका निभा सकती हैं। ऐसी कहानियाँ ही हमें आने वाले कल के प्रति सजग करेंगी। इसके लिए बहुत बार ऐसा भी लगता है कि हम कहानी कहने के उस आदिम तरीके को फिर से जिंदा करें। वह तरीका जो कहानी के जन्म के साथ हमारी जातीय विरासत रहा है और जिसकी आज सख्त जरूरत है, यदि हमें सही अर्थों में अपनी जमीन से जुड़े संघर्ष में शामिल होना है।

यहाँ सन् 1990 के उपरांत सामने आने वाले कहानी-संग्रहों के आधार पर हिमाचल के कहानीकारों की कहानियों की चर्चा की जा रही है। यदि हम चंद्रधर शर्मा गुलेरी, यशपाल तथा निर्मल वर्मा को अलग रखकर हिमाचल प्रदेश की हिंदी कहानी पर विचार करें तो ज्ञात होता है कि हिमाचल प्रदेश में हिंदी कहानी का सार्थक प्रारंभ रत्न सिंह हिमेश की कहानी 'नरक के कीड़े' से होता है। यह धार्मिक अंधविश्वासों पर प्रहार करने वाली पहली प्रगतिशील कहानी है। इसके अतिरिक्त यदि किसी स्वतंत्र कहानी-पुस्तक से इस प्रदेश में कहानी की सार्थक शुरुआत माना जा सकता है, तो वह किशोरी लाल वैद्य का सन् '63 में प्रकाशित कहानी-संग्रह 'सफेद प्रतिमा काले साये' है। इसे एक तरह से हिमाचल की हिंदी कहानी का दुर्भाग्य ही कहा जाएगा कि हिमेश का पहला कहानी-संग्रह 'एक धौलाधार अंदर भी' शीर्षक से सन् '87 में प्रकाश में आ सका। संग्रह की कुछ कहानियाँ आत्मकथात्मक हैं, इनमें जहाँ हिमेश के प्रगतिशील कहानीकार का मन घराट की घुघती की तरह पटपट बोलता है वहाँ अशिक्षति स्मृतियों को पुनर्जीवित करता हुआ छींट का कुर्ता और चूड़ीदार पायजामा को पहनने वाली शुक्रिया तथा बड़ा भंगाल की सबसे सुंदर लड़की सुरमा को भी नहीं भुला पाता। 'क्षेपक' कहानी के तंतु-विन्यास में जो ताज़गी, जीवंतता तथा मौलिकता है, वह रेखांकित करने योग्य है। इस तरह के शिल्प की यह विरल कहानी है।

सुशील कुमार फुल्ल पिछले बीस वर्षों से कहानी-लेखन में सक्रिय हैं। इनका पहला कहानी-संग्रह 'खंड मानसिकता' सन् 1981 में प्रकाशित हुआ। इससे पूर्व सन् '76 में फुल्ल ने 'सहज कहानियाँ' शीर्षक से कुछ कहानीकारों की कहानियों का

संपादन किया था। 'मेमना' शीर्षक से भी सुशील कुमार फुल्ल की कहानियाँ सामने आईं और सात वर्ष पूर्व सन् '90 में 'ब्रेक डाउन' शीर्षक से इनका एक कहानी-संग्रह प्रकाशित हुआ है। सच कहा जाए तो 'ब्रेक डाउन' संग्रह की कहानियाँ कथ्य तथा शिल्प की दृष्टि से हिंदी कहानी के पाठक पर कोई प्रभाव नहीं छोड़ पातीं। 'दंश', 'खड़कन्नू', 'मुण्डू' तथा 'तुम किस देश में आई हो कन्या' जैसी बेशुमार कहानियाँ 'नयी कहानी' आंदोलन से लेकर लिखी जाती रही हैं। 'जमीन' कहानी में 'अंबर गहराने लगा था', 'अंबर हहर-हहर हहराने लगा' जैसे वाक्य न तो आज के परिवेश को ही आलोकित कर पाते हैं और न ही आज के पाठक की संवेदना को ही झकझोर पाते हैं। 'तुम किस देश में आई हो कन्या' कहानी का आरंभ जिस प्रकार की भाषा में कहानीकार ने किया है, वह देखने योग्य है—"फिडरिश और हायडी को आज रात वापस लौट जाना था। पालम हवाई अड्डा दूधिया है कि उसकी परछाईं सिकुड़ती ही चली जा रही है और हायडी की छाया फैलती ही जा रही है। फिडरिश के घिघियाने पर वह और भी बिफर उठी।" इन वाक्यों को पढ़ने के उपरांत हिंदी कहानी का कोई भी पाठक कह सकता है कि आज न तो नयी कहानी का जमाना है न अकहानी का। हो सकता है यह भाषा तथाकथित सहज कहानी का पुनःसृजन हो। ऐसे समय में जब आज की यूनिवर्सिटी का सच जयवंती डिमरी 'इन्क्वायरी कमेटी' जैसी कहानियों के माध्यम से प्रस्तुत कर रही हो तब 'ब्रेक डाउन' कहानी के क्या मायने?

सुंदर लोहिया भी पिछले पैंतीस बरसों से कहानियाँ लिख रहे हैं। वैसे इनका पहला कहानी-संग्रह 'कोलतार' शीर्षक से सन् 1992 में प्रकाश में आया। इस कहानी-संग्रह में चौदह कहानियाँ संकलित हैं। जिस कहानी के आधार पर कहानी-संग्रह का नामकरण किया गया है उसे संग्रह की सबसे कमजोर कहानी कहा जा सकता है। इस भ्रष्ट व्यवस्था में हम चाहे किसी मंत्री अथवा अधिकारी को कुछ कहें, उसमें कोई अंतर आने वाला नहीं। यही 'कोलतार' कहानी का निष्कर्ष है। इस थीम की अनगिनत कहानियाँ लिखी जा चुकी हैं, जो अपनी पैनी धार के कारण अधिक चर्चित रही हैं। 'मंगलाचारी' तथा 'मिलते-जुलते चेहरे' इस संग्रह की बेहतरीन कहानियाँ हैं। इन कहानियों में लोहिया के कहानीकार ने समाज की जीवित प्रक्रिया को पकड़ा है। संग्रह की मात्र इन्हीं दो कहानियों में सुंदर लोहिया सामाजिक जीवन की विभिन्न स्तरों से निरंतर संवेदनात्मक और बौद्धिक संलग्नता से प्राप्त अनुभव की आधार-भूमि पर विभिन्न स्थितियों में विद्यमान आदमी और उसके अनुकूल-प्रतिकूल संघर्षरत-सक्रिय शक्तियों की संघर्षशीलता को एक सार्थक बहस के बिंदु तक पहुँचाते हैं।

हिंदी कहानी के पाठकों ने निर्मल वर्मा की कहानियाँ पढ़ी हैं। निर्मल वर्मा ने अपनी कहानियों को कविता के समान बिंबों, प्रतीकों तथा उपमाओं से सजाते हुए कहानी का एक डिक्शन दिया था। हिंदी कहानी के पाठक तथा आलोचक कुछ समय तक उसी डिक्शन के कायल थे। पच्चीस बरस पुराने उसी ठण्डे डिक्शन को

अपनी कहानियों में अपनाने की एक असफल कोशिश रेखा 'पिआनो' की कहानियों में क्यों कर रही हैं? यह प्रश्न उनकी कहानियाँ पढ़ते समय बार-बार उभरता है। रेखा की कहानियों में 'काले-ठण्डे सीमेंट के गोल खंबे', 'पुराने गिर्जे की बुर्ज फाँद कर लपकता हुआ सूरज', 'शीशे में किरच-किरच टूटता अपंग सूरज', 'नाइट बस का गहरे सलेटी रंग का अँधेरा' तथा 'आईने में ठिठके हुए क्षणों' के अतिरिक्त कुछ खास नहीं मिल पाता। फिर चाहे वह 'हाथ' जैसी तथाकथित चर्चित कहानी हो, 'शंकरदास की चिट्ठी' हो या 'पिआनो' कहानी। 'हाथ' बस के बाहर पतझड़ के जंगल में खोई हुई उस नायिका की कहानी है जो अपने प्रेमी सलिल को पशमीने के हल्के भूरे नरम-नरम दस्ताने भेंट करने के लिए एक बस में सफर करती है और उस भीड़ भरी बस में सरयू, सलिल के लिए 'अपनी पूरी ताजगी में अछूता रहना चाहती है।'

'शंकरदास की चिट्ठी' में जहाँ पंजाब का आतंकवाद है वहाँ कहानी की नायिका में शंकर के मुँह से जादू-टोने, भूत-प्रेत, इतिहास-पुराण के किस्से-कहानियाँ सुनने की ललक भी मौजूद है। 'पिआनो' कहानी की बूढ़ी विलायती मेमें 'शंकरदास की चिट्ठी' कहानी में भी मौजूद हैं। शंकरदास आजादी से पहले इन्हीं मेमों का रिक्शा खींचता था और अब मुहल्ले में बरतन माँजकर जिंदगी गुजारता है। यह कहानी न तो शंकरदास की ही कहानी बन पाती है और न ही पंजाब के आंतकवाद को ही प्रस्तुत कर पाती है। यदि रेखा ने 'मैं शंकर की आँखों को घूर-घूर कर देखती हूँ। उसकी आँखों में आई-ड्रॉप्स डालते हुए जो चैन मेरे रोम-रोम को असीसता है, उसे मैं खोना नहीं चाहती', इस पंक्ति के संदर्भ में शंकर की जिंदगी को प्रस्तुत किया होता तो बेहतर होता। सच पूछा जाए तो रेखा की कहानियाँ आज की कहानियाँ कत्तई नहीं हैं। क्योंकि आज हम जिस दौर से गुजर रहे हैं, जिन दबावों को लगातार महसूस कर रहे हैं, उनकी मात्र हल्की-सी गूँज भी इनमें कहीं नहीं सुनाई देती। इसीलिए इनमें आजादी के बाद विदेश न लौट पाने वाली बूढ़ी विलायती मेमों की झुंझलाहट और छटपटाहट तो जरूर देखी जा सकती है, लेकिन हिंदुस्तान के आम आदमी की जिंदगी तथा उसकी तकलीफ कहीं भी देखने को नहीं मिलती। रेखा की कहानियों का परिवेश-बोध भी नकली और झूठा प्रतीत होता है।

कितनी अजीब बात है कि रेखा ने हिमाचल प्रदेश में रहते हुए जो कहानियाँ लिखी हैं, उनमें न तो यहाँ का परिवेश नजर आता है और न ही यहाँ का जीवन, जबकि तारा नेगी ने दिल्ली जैसे महानगर में रहते हुए 'दायरे' कहानी-संग्रह के माध्यम से जो कहानियाँ हिंदी-कहानी के पाठक को दी हैं, वे सही मायने में एक दृष्टि संपन्न लेखिका की ग्रामीण रागात्मक बोध की कहानियाँ हैं, जिनमें पहाड़ी परिवेश अपनी समस्त जटिलताओं तथा संश्लिष्टताओं के साथ उभरकर सामने आया है। तारा नेगी ने अपनी कहानियों का तंतु-विन्यास जिस पहाड़ी जीवन के संघर्ष, जिजीविषा,

सुख-दुःख, आस्थाओं से निर्मित किया है, वह अद्‌भुत है। यही वजह है कि 'हकीकत', 'सिमटे पल' (जिसका शीर्षक 'बर्फ' बेहतर होता), 'नियति', 'अस्तित्व' जैसी कहानियाँ हमारी सगी कहानियाँ बन जाती हैं। इन कहानियों का सच हमें बार-बार अपनी ओर आमंत्रित करता है, उद्वेलित करता है और हमारे सामने जिंदगी-जीने के कुछ जरूरी सवाल उठाता है। 'हकीकत' की मीता, 'सिमटे पल' की सरजू, 'बिंदी' की बिंदी, 'अस्तित्व' की लीला तथा 'नियति' कहानी की कांता को हिंदी कहानी का पाठक याद रख सकता है। इन कहानियों को पढ़ते समय काशीनाथ सिंह की कहानियाँ (सदी का सबसे बड़ा आदमी) याद आती हैं।

इधर हिंदी-लेखन में दो तरह के रचनाकार सक्रिय हैं। पहले वे जो स्वयं प्रकाश, पंकज बिष्ट, उदय प्रकाश के शेड्स की कहानियाँ लिख रहे हैं तथा दूसरे वे जो ध्रुव शुक्ल तथा उदयन वाजपेयी के ढर्रे की कहानियाँ लिख रहे हैं। तारा नेगी की कहानियाँ पहले वर्ग के अंतर्गत रखी जा सकती हैं (काश, लेखिका ने कहानियों के शीर्षक तय करते समय की होती) जबकि रेखा की कहानियाँ निश्चित रूप से दूसरे वर्ग में आती हैं। तारा नेगी की 'हकीकत', 'सिमटे पल', 'बिंदी', 'अस्तित्व' तथा 'नियति' जैसी कहानियों को पढ़ते समय शिवकुमार मिश्र की वह बात याद आती है जहाँ उन्होंने कहा था कि अच्छी और सार्थक कहानी वही हो सकती है जो हमारी जिंदगी के रू-ब-रू हो, जिंदगी से उठने वाले सवालों के बारे में हमें सजग करती हो, हमें बताती हो कि हम कहाँ हैं, किस जिंदगी को जी रहे हैं, जो जिंदगी के बारे में हमारी समझ को गाढ़ा बनाए। इस संदर्भ में देखें तो तारा नेगी तथा बद्री सिंह भाटिया की कहानियाँ जीवन के ठीक बीच से उठाई गई हैं।

बद्री सिंह भाटिया उन कहानीकारों में हैं जिनके पास कहानी की कला और उसका शिल्प दोनों मौजूद हैं। भाटिया का कहानीकार कहानी कहना बखूबी जानता है। 'यातना शिविर' संग्रह की कहानियाँ इसकी गवाह हैं। चाहे 'सालगिरह-एक' और 'सालगिरह-दो' हो अथवा 'यातना शिविर', 'फोटो' तथा 'तबादला' कहानियाँ हों। 'यातना शिविर' की कहानियाँ मानवीय संबंधों (उसमें भी विशेष रूप से पति-पत्नी संबंधों) में आने वाले बदलाव की कहानियाँ ही नहीं, अपितु इन बदलावों में आने वाले कारणों की तह में जाकर, उन कारणों की पड़ताल करने वाली कहानियाँ हैं। मन, शरीर, घर और दफ्तर के द्वंद्व में फँसा 'यातना शिविर' का नरेन प्रत्येक कहानी में मौजूद है, जो शहर में आकर नौकरीपेशा पत्नी के साथ न तो पूरी तरह सुखी जीवन व्यतीत कर पाता है और न ही गाँव में रहने वाली अपनी बूढ़ी माँ को भुला पाता है। ''वह अपने को एक ऐसे त्रिकोण में फँसा हुआ पा रहा था, जिससे निकलना कठिन प्रतीत हो रहा था। कितनी बार उसने विचार बनाया—नाइट सर्विस से निकलकर गाँव चला जाए, एक दिन रहकर अगले दिन लौट आएगा। कम से कम घर का हाल-चाल तो जान जाएगा। पर शनिवार की सुबह ही पत्नी द्वारा रविवार के अनिवार्य

कार्यों की फेहरिस्त चुपके से उसके मन में सरका दी जाती। क्या करता वह? पहले गाँव जाए या पत्नी की सुने? उसे लगने लगता वह एक यातना शिविर है, जहाँ पत्नी, साहब और माँ तफ्तीशकर्ता सिपाही हैं जो कोड़ों से नहीं शब्दों से उस पर वार कर रहे हैं।''

सच पूछा जाए तो इस 'यातना शिविर' में बद्रीसिंह का कहानीकार पत्नी तथा साहब की यातनाओं और माँ का घर अर्थात् गाँव छोड़ने के द्वंद्व में कुछ इस तरह पिस रहा है कि इसकी रपट न तो किसी पंचनामे में दर्ज करवा सकता है और न ही इस यातना को आसानी से भुला सकता है। 'यातना शिविर' कहानी का नरेन 'तबादला' में शेखर हो जाता है और 'सालगिरह-एक' कहानी में रवि। 'यातना शिविर' कहानी-संग्रह (वैसे राबिन शॉ पुष्प का भी लगभग पच्चीस बरस पहले इसी नाम से कहानी-संग्रह आया था) में जो एक बात खटकती है, वह है 'फोटो' तथा 'तबादला' की कहानियों के अंत में अपनाई गई एक परंपरागत सुधारवादी दृष्टि, जो इन कहानियों को कमजोर बनाती है। 'फोटो' वास्तव में एक ऐसे निर्धन परिवार की व्यथा-कथा है जिसकी नायिका उम्र भर अपने पति के साथ फोटो खिंचवाने की एक छोटी-सी इच्छा भी पूरी नहीं कर पाती, लेकिन पति की सेवानिवृत्ति के समय, जब पति को पति-पत्नी दोनों की एक साथ फोटो खिंचवाने की जरूरत पड़ती है तो पत्नी अपने पति के साथ फोटो खिंचवाने को मना कर देती है। कहानी के अंत में जबरदस्ती जोड़ी गई पंक्तियों को यदि हटा दिया जाए तो यह कहानी इधर लिखी जा रही कहानियों में अपनी एक अलग पहचान बनाने में कामयाब होती। लेकिन बद्रीसिंह ने कहानी के अंत में दो पंक्तियाँ लिख कर कहानी को एक निश्चित निष्कर्ष तक पहुँचा दिया है, जो कहानी की सबसे बड़ी कमजोरी है। यही स्थिति संग्रह की पहली कहानी 'तबादला' की कही जा सकती है। 'तबादला' कहानी का अंतिम वाक्य अनुपमा के मानसिक द्वंद्व को बढ़ाता नहीं घटाता है। ''राखी ने पूछ लिया, 'आजकल कैसे हैं तेरे मियाँ?' 'उन्होंने अपना तबादला करा लिया है। अब तो छः महीने में एक बार ही आया करेंगे।' हँस दी अनुपमा। अनुपमा खुश है। इसको तो छुटकारा मिल गया, पर क्या यहीं अंत है? और वह नहीं आया तो?'' इन सीमाओं के बावजूद भी बद्रीसिंह की कहानियों का सच रचनात्मक दृष्टि से प्रामाणिक तथा विश्वसनीय है।

हिमाचल प्रदेश में सुंदर लोहिया के उपरांत प्रेमचंद की कहानी-परंपरा को आगे बढ़ाने वाले कहानीकार योगेश्वर शर्मा हैं। चंद्रधर शर्मा गुलेरी की तरह हिमाचल में कहानी के मर्म, पात्रों के साथ सही ट्रीटमेंट, परिवेश तथा वस्तु के पारदर्शी समन्वय के प्रति यदि कोई कहानीकार अपने तमाम औजारों के साथ जागरूक है तो वह योगेश्वर शर्मा है। इनकी कहानियाँ एक विशेष अर्थ में पहाड़ी हैं। वे सामान्य पहाड़ी व्यक्ति के संस्कारों और संघर्षों को भी व्यक्त करती हैं और उनके साथ जो पिछड़ापन, अंधविश्वास और पाखंड जुड़े हैं, उसे भी विडंबनात्मक तरीके से उजागर करती हैं।

'नंगा आदमी' संग्रह की कहानियों को पढ़ते समय कहानीकार की अनुभवसंपन्नता तथा दृष्टिसंपन्नता के साथ-साथ कहानियों की तेज धार तथा पैनीमार की ओर हमारा ध्यान जाता है। 'पीलिया' कहानी की बड़ी हवेली में बर्तन माँजने वाली पूरनी तथा जूठे संतरे के रस को पीने वाले पीलियाग्रस्त मनकू को हिंदी कहानी का पाठक याद रख सकता है। चाहे 'काला ढांख का मसाण' कहानी का जीवणू हो या 'नंगा आदमी' कहानी का सीटू, दोनों के जीवन की व्यथा-कथा एक ही है। ऐसा लगता है कि योगेश्वर की कहानियों में मनकू बड़ा होकर कभी जीवणू बन जाता है तो कभी सीटू। 'बाबू राम भरोसे रिटायर नहीं हुए' कहानी को पढ़कर रामदरश मिश्र की कहानी 'शेष यात्रा' की याद आती है। दोनों कहानियों के पात्रों के नाम भिन्न-भिन्न हैं किंतु दोनों कहानियों में रिटायर्ड माँ-बाप की त्रासदी एक जैसी है। कुल मिलाकर देखा जाए तो योगेश्वर असहनीय यथार्थ को प्रस्तुत करने वाला कहानीकार है।

'पीठ पर पहाड़', एस. आर. हरनोट का सन् 1992 में प्रकाशित कहानी-संग्रह है। पूर्व प्रकाशित कहानियों की अपेक्षा हरनोट का कहानीकार जहाँ एक ओर अधिक अनुभवसंपन्न हुआ है वहाँ दूसरी ओर उसकी संवेदना का परिष्कार तथा दृष्टिसंपन्नता में गुणात्मक परिवर्तन भी आया है। 'पीठ पर पहाड़' में हरनोट एक गाँव के कहानीकार के रूप में हमारे सामने आते हैं। एक ऐसा कहानीकार जिसने गाँव की कहानियाँ नहीं लिखीं; गाँव के मनुष्य को लिखा है। ऐसा मनुष्य जो पटवारी की जरीब से बँधा हुआ है, प्रधान के कागज़ों पर लगातार अँगूठे लगा रहा है। देवद्रोह के शिकंजे में जकड़ा हुआ, थानेदार की हथकड़ी में बँधकर शहर की कचहरी के कठघरे में खड़ा होकर न्याय की प्रतीक्षा कर रहा है। पर्वतीय गाँव के छोटे-छोटे विश्वास, महीन-महीन आस्थाएँ, निश्छल, निष्पाप मर्मस्पर्शी रिश्तों की गरमाहट हरनोट की कहानियों में है। हरनोट पहाड़ी गाँव को उसकी समग्रता में जीने वाले कहानीकार हैं। उनमें गाँव की पीड़ा और परिवर्तन दोनों मौजूद हैं। इसीलिए इनकी कहानियों में कहीं इनकी माँ को, कहीं बाप को, कहीं पत्नी की और कहीं बच्चों को संघर्ष करते हुए देखा जा सकता है। स्वयं कहानीकार हर कहानी में मौजूद है जिनमें गाँव के मनुष्य को बेहतर बनाने का संकल्प, कहीं आक्रोश, विरोध, संघर्ष और कहीं एक उम्मीद के रूप में प्रकट हुआ है। इस दृष्टि से देखें तो हरनोट विचार और कर्म के द्वंद्व का कहानीकार है जिसकी कहानियाँ गाँव में आने वाले सामाजिक-राजनीतिक बदलाव को पूरी शिद्दत के साथ व्यक्त करती हैं।

अरुण भारती तथा नरेश पंडित की कहानियाँ सायास तराशी हुई कहानियाँ नहीं बल्कि जिंदगी के वे छोटे-छोटे टुकड़े हैं जिन्हें जिंदगी के बीच से उठाकर लेखक की भाषा में उसके रूप और धड़कन को समझने के लिए पाठकों के सामने रख दिया गया है। वैसे ये सहजता किसी सधे हुए रचनाकार के द्वारा ही संभव हो पाती है। अरुण भारती तथा नरेश पंडित की कहानियाँ आने वाले कल की कहानियाँ हैं

जो समय से पूर्व लिख दी गई हैं। अरुण भारती सामाजिक यथार्थ को पूरे परिवेश की प्रामाणिकता के साथ चित्रित करने वाले कहानीकार हैं। उनकी कहानियाँ कोई फार्मूलाबद्ध कहानियाँ नहीं अपितु सामाजिक सरोकारों से गहराई में जुड़कर उठाई गई कहानियाँ हैं। अरुण भारती हिंदी के उन कहानीकारों में से हैं जिनका खेती तथा साहित्य दोनों के साथ एक नैसर्गिक लगाव रहा है। यही वजह है कि इनकी कहानियाँ ग्रामीण बीजों से उपजी कहानियाँ हैं। 'औरतें' कहानी इस संदर्भ में विशेष रूप से उल्लेखनीय है। 'किंग ऑफ द रिंग' तथा 'डायल टोन' जैसी कहानियों को अरुण भारती के शहरी कहानीकार ने बुना है, इसीलिए इन कहानियों में 'भेड़िये' तथा 'औरतें' जैसी कहानियों का ताप देखने को नहीं मिलता। कुल मिलाकर अरुण भारती तथा नरेश पंडित की कहानियों को देखें तो अरुण को मार्कंडेय तथा नरेश को मंटो की परंपरा में रखा जा सकता है।

नरेश पंडित ने 'इक्कीस तोले सोने का सत्' कहानी में पुलिस के आतंक, पुलिस में व्याप्त भ्रष्टाचार, घूसखोरी, बेईमानी तथा चरित्रहीनता को जिस तरह प्रस्तुत किया है उसे पढ़ते समय उदय प्रकाश की 'टेपचू' की पुलिस याद आती है। पकते हुए मांस तथा शराब की गंध नरेश पंडित के पहले कहानी-संग्रह 'मांस-भात' की प्रायः प्रत्येक कहानी में मौजूद है। चाहे 'नागधार के जंगली फूल' हो, 'इक्कीस तोले सोने का सत्', 'हांडीमीट', 'मांस-भात' हो अथवा 'काला नाग' कहानी। बहुत बार तो ऐसा लगता है कि इस मांस के प्रति नरेश के कहानीकार का कुछ अतिरिक्त मोह है। मांस पकाने का हुनर भी वह बखूबी जानते हैं। अपनी एक कहानी में वह लिखते हैं—"बकरे का मीट बनता है तो बस हाँडी में ही। लाजवाब, कुरमुरा स्वादी मीट। एक डली मुँह में डालें और सारा मुँह स्वाद से भर जाए। हाँडी मीट बनाना आम आदमी के बस की बात नहीं। इसका नपा-तुला नुस्खा है। इस माटी की हांडी में अलग-अलग स्वाद का, तरह-तरह का मीट पकता है। सीने की चापें, रान का गोल मीट, जाँघों के मूरे, कलेजी, पोटी और सिर का भेजा, सबका अलग-अलग ढंग है। एक बात याद रखिए—पानी से मीट को कभी न धोएँ, सारा खून बह जाता है। मांस से खून निकल गया तो गया मीट का स्वाद। मसालों को कूटना और उसको मीट में मिलाने का भी एक हुनर है। हमारे यहाँ तो पत्थर की खास तौर की कुंडी बनी पड़ी है। इसमें हम एक भारी से चिकने सफेद पत्थर से मसाला कूटते हैं। मीट को पकाने के लिए चूल्हे की हल्की-हल्की आँच चाहिए। सुबह का रखा मीट दोपहर तक पकेगा। पकने पर सारी रसोई में मीट की सुगंध तैर जाएगी। मीट खुद बोलेगा कि वह आपके मुँह में आना चाहता है।"

नरेश की कहानियों के तंतु विन्यास में सिपाही, हवलदार, थानेदार, प्रधान, ठेकेदार, इनके जुल्म की शिकार गाँव की लड़कियाँ, औरतें और उनके परिवार, जंगली मुर्गों व बकरों का मांस तथा शराब प्रमुख है। 'मांस-भात' की कहानियाँ वस्तु एवं

शिल्प दोनों स्तरों पर अपनी अलग पहचान बनाती हैं। इन कहानियों का क्राफ्ट नरेश के कहानीकार को मौलिकता प्रदान करता है। 'कालानाग' कहानी में नलारनी द्वारा थानेदार के कच्छे पर लात मरवाना पहाड़ी मंटो नरेश के बस की ही बात है। इसी लात पर कहानी समाप्त नहीं होती, सही मायने में यहाँ से आरंभ होती है। 'नलारन ने सही मौका देखते ही बेटी को आवाज लगाई। बेटी हैरान-सी डरी-डरी कमरे में आई। माँ ने बिजली की फुर्ती से थानेदार के कच्छे पर लात जमा दी। निशाना ठीक बैठा। वह दर्द से तड़प उठा।...बेटी के चेहरे पर राहत की रंगत तैर आई। उसके दिमाग में फैला नाग अब सामने सिकुड़ा पड़ा था।' संक्षेप में कहें तो 'मांस-भात' की कहानियों में नरेश ने मानवीय चिंताओं और संबद्धताओं की गहरी पड़ताल की है।

यदि हमें 'कफ़न' से लेकर 'वारेन हेस्टिंग्स का साँड' तक की हिंदी कहानी के संदर्भ में सन् 1990 के बाद हिमाचल में लिखने वाले कहानीकारों की कहानियों को देखें तो ज्ञात होता है कि जहाँ एक ओर सुंदर लोहिया, योगेश्वर शर्मा, बद्रीसिंह भाटिया, अरुण भारती, नरेश पंडित, श्रीनिवास जोशी, हरनोट, तारा नेगी आदि अधिक महत्त्व की कहानियाँ लिख रहे हैं वहाँ दूसरी ओर रेखा, सुशील कुमार फुल्ल तथा सुदर्शन वशिष्ठ अपनी कहानियों के जरिए पुराने पड़े यथार्थ के नाम पर मृत मुहावरे गढ़ रहे हैं। वैसे सुदर्शन वशिष्ठ की 'हरे-हरे पत्तों का घर' कहानी-संग्रह की कहानियाँ अधिक प्रासंगिक हैं, जो वस्तुगत जीवन और समाज की सच्चाइयों से रू-ब-रू होकर लिखी गई हैं, लेकिन 'पहाड़ देखता है' शीर्षक कहानी-संग्रह में तेरह शीर्षकों के माध्यम से सुदर्शन वशिष्ठ ने संता और भूरी की कथा कहने की जो योजना बनाई है, उस योजना के अंतर्गत कहानीकार न तो संता की जिंदगी को ही प्रस्तुत कर पाया है और न ही भूरी की जिंदगी को।

संता गाँव से शिमला आकर मजदूरी करता है। 'रोज घोड़े की तरह बोझ ढोता है', उसकी यह दुर्दशा देखकर भूरी भी उसका साथ छोड़ देती है और गाँव लौट आती है। किसी दूसरे मर्द के पास। संता शहर से गाँव और गाँव से शहर के बीच में झूलता रहता है। कोई कहता है : "लंपट ही रहा उम्र भर। कभी जाता है, कभी आता है, कोई एक ठिकाना नहीं है इसका।" एक दिन यही संता शहर छोड़कर गाँव लौट आता है। पता नहीं क्यों लग रहा था वह सदा के लिए शहर छोड़ रहा है। पहले वह जाकर बार-बार वापस लौटता रहा है। अब वापस नहीं लौटेगा। कभी नहीं। चाहकर भी नहीं लौट पाएगा। अब जाँघों में जोर नहीं रहा। जब तक जाँघ जानू में जोर है, शहर अपना होता है। एक बार जानू बैठ गए तो शहर क्या, सब पराया। इस बार उसे लग रहा था, वह लौटेगा नहीं, उसकी अंतरात्मा बोल रही थी। गाँव लौटने पर इसी संते को क्या मिलता है? इसका उत्तर निम्न पंक्तियों में ढूँढ़ा जा सकता है—"चौड़े जूतों से थप-थप करता संता आँगन में पहुँचा। बड़के का घर

वैसा ही था—पुराना पुश्तैनी...किनारे खड़ा हो वह खाँसने लगा।...एक बच्चा भीतर से निकला। भाई का पोता होगा। संता खड़ा रहा। बच्चे ने देखा एक बूढ़ा आदमी। कमान की तरह टेढ़ा। पैबंद लगा पैरों तक झूलता कोट, जिसमें पता नहीं चल रहा था कौनसा कपड़ा था, जिसमें वह कोट सिला है। कंधे पर पुराना-सा लंबा झोला। 'मँगता है जा चावलों की मुट्ठी दे।' घूँघट की आड़ में देखती दरवाजे की ओट से एक युवती बोली।''

संवेदना की गहराई और व्यापक दृष्टिसंपन्नता, सामाजिक दायित्वबोध तथा अभिव्यक्ति को प्रभावशाली बनाने वाले भाषा और शिल्प पर समग्रता से विचार करना प्रत्येक कहानीकार का दायित्व है। लेकिन सुदर्शन वशिष्ठ जैसे जागरूक कहानीकार की 'पहाड़ देखता है' संग्रह की कहानियों की जड़ कहानीकार के दायित्व पर प्रश्न चिह्न लगाती है। ''सामने बर्फ से लदा दयार का पेड़ हवा में झूल रहा था। पेड़ की बाँहों में बर्फ ने अपना ठंडा पंजा गाड़ रखा था। पेड़ के बार-बार झूलने से भी बर्फ का शिकंजा नहीं छूट रहा था। संते को लगा यदि ज्यादा देर तक पेड़ झूलता रहा और तेज हवा आई तो यह टूट जाएगा और जड़ से उखड़ जाएगा।...अब पेड़ शांत खड़ा हो गया था। उसकी ऊँची फुनगी पर एक कौआ आ बैठा। धूप उसके बाएँ किनारे तेजी से चमकने लगी। पेड़ की एक बाँह से बर्फ का शिकंज़ा छूटा और धड़ाम से नीचे गिर गया। थोड़ी देर बाद दूसरी बाँह गिरफ्त से मुक्त हो गई और पेड़ तनकर खड़ा हो गया।''

'पहाड़ देखता है' वास्तव में कहानी-संग्रह नहीं 'सिमले वाले संते' की एक उपन्यासनुमा लम्बी कथा है, जिसे पढ़कर पाठक के मन में न तो उस पात्र के प्रति कोई करुणा उत्पन्न होती है, न सहानुभूति। वह जिस जगह घोड़े की तरह काम करता है, उस शहर के प्रति अथवा व्यवस्था के प्रति किसी प्रकार की कोई वितृष्णा भी हमारे भीतर उत्पन्न नहीं होती। वशिष्ठ का कहानीकार यहाँ एक द्वंद्वात्मक स्थिति में स्वयं भी कुछ प्रश्नों के उत्तर ढूँढ़ता फिरता है, ''चौदह-पंद्रह बरस की उम्र में जब गाँव छोड़कर आया तो बाद में कभी मुड़ कर नहीं देखा। जवानी में बाजुओं में ज़ोर था। पीठ में ताकत थी। इसीलिए भागता रहा। क्या मिला है उसे! क्या दिया है इस बेरहम शहर ने! शरीर तोड़ा, मन परेशान हुआ। ये सब किसलिए! आज वह सोचता है ये सब क्यों ? गाँव में रहता तो उसका एक अस्तित्व होता, एक जगह होती। एक पहचान होती।'' कहानीकार संते के अस्तित्व, उसकी पहचान खोने का दोषी शहर को ठहराता है, जिसे कहानीकार की दृष्टिहीनता कहा जा सकता है।

इसी वर्ष श्रीनिवास जोशी की सोलह कहानियों की एक किताब 'घुघुतिया' नाम से सामने आई है। इस पुस्तक में छपी सभी कहानियों को मैं आत्मकथात्मक कहानियाँ कहना चाहूँगा। ये कहानियाँ उस आदमी की कहानियाँ हैं जिसके पूर्वज कुमाऊँ की पहाड़ियों को छोड़कर रोजी-रोटी की तलाश में शिमला की पहाड़ियों और

उसमें भी विशेष रूप से शिमला शहर का घेरा बनाती एक छोटी-सी रियासत क्यार-कोटी में आ बसे थे। श्रीनिवास जोशी का कहानीकार इसी रियासत के जिस गाँव में जन्मा, पला और बड़ा हुआ उसी गाँव के विश्वासों, अंधविश्वासों, रूढ़ियों तथा परंपराओं को जीता हुआ तथा उनसे मुक्ति का मार्ग खोजता हुआ इन कहानियों में मौजूद है। संग्रह की 'परिंदा' तथा 'ग्रहण' जैसी कहानियाँ अशिक्षित स्मृतियों के क्षणों को पुनर्जीवित करने वाली सुंदर कहानियाँ हैं जहाँ श्रीनिवास जोशी के कहानीकार ने प्रामाणिकता तथा ईमानदारी के साथ कहीं 'दिन्ना बाबू जी' के माध्यम से तो कहीं 'मंगला' के माध्यम से इनोसेंस के उन क्षणों को पुनर्जीवित किया है जिनको कथाकार की अशिक्षित स्मृतियों के अंश कहा जा सकता है। इन क्षणों के रिवाइवल के लिए इन कहानियों से मिलने वाले संकेतों को तब तक नहीं पकड़ा जा सकता जब तक कि कहानी के तंतु-विन्यास को पूरी तरह से न समझा जाए। इस प्रकार की समझ के अभाव में श्रीनिवास जोशी की कहानियाँ क्षणिक प्रभाव डालने वाली ही प्रतीत होंगी।

जोशी की इन आत्मकथात्मक कहानियों में एक पहाड़ छोड़कर दूसरे पहाड़ में पुनः जीवन आरंभ करने का पारदर्शी द्वंद्व देखने को मिलता है। 'घुघुतिया' वास्तव में सोलह खंडों में विभक्त एक लंबी आत्मकथा है। यहाँ जो कंटिनजैण्ट मैटीरियल कहानीकार ने प्रस्तुत किया है वह इन कहानियों को एक नयी ऊर्जा, ताप तथा जीवंतता प्रदान करता है। क्योंथली, कुमाऊँनी, बघाटी बोलियों तथा पंजाबी भाषा के शब्दों के प्रयोग से इन कहानियों में जो सगापन आया है, वह वास्तव में उल्लेखनीय है। कुछ शब्दों के प्रति श्रीनिवास जोशी का अतिरिक्त मोह भी है। लेकिन फिर भी ऐसा प्रतीत होता है कि उन शब्दों के साथ जोशी के कहानीकार का अत्यंत निकट का रिश्ता रहा है।

आज हम इक्कीसवीं सदी के प्रवेश-द्वार पर खड़े हैं। इस सदी का प्रवेश-द्वार लगभग पूरा खुल चुका है, जहाँ से हम कुछ चुनौतियों, साजिशों और दुरभिसंधियों को साफ-साफ देख रहे हैं। हम देख रहे हैं जिसे हम यथार्थ कहते हैं वह अयथार्थ है। यथार्थ वह है जो सामने नजर नहीं आता लेकिन उसका खतरनाक जहर हमारी आने वाली पीढ़ी के खून में मिल चुका है। उस विषखोपरे अथवा तिरिछ यथार्थ ने हमारे जीवन, हमारे शब्दों को डस लिया है। सदी के अंत में हिमाचल प्रदेश में रहने वाले जागरूक कहानीकारों को इस असहनीय यथार्थ को अपनी कहानियों में समेटने की जरूरत है। इसके लिए आज की हिंदी कहानी को फिनिक्स की मौत भी मरना पड़ेगा, शायद तभी 'एक था राजा, एक थी रानी' कहानी की फिर शुरुआत होगी।

●●●